DIE MAGIE DES ZEHNKAMPFS

DIE MAGIE DES ZEHNKAMPFS

Achim Dreis mit Niklas Kaul

EDEL SPORTS

Inhalt

DER ZEHNKÄMPFER

Der Moment

München, 16. August 2022, Leichtathletik-Europameisterschaften. Zehnkampf, Tag zwei, die neunte Disziplin. Ein lauer Sommerabend, kurz nach 20 Uhr. Niklas Kaul tritt an zum Speerwerfen. Es ist sein dritter Versuch.

Er trippelt ein paarmal auf der Stelle. Über den Ellenbogen seines rechten Wurfarms trägt er eine schwarze Armmanschette. Noch einmal animiert er das Publikum. Dann läuft er an, dreizehn, vierzehn Bodenkontakte, Stemmschritt, ein mächtiger Hieb – und kaum dass er den Speer auf seine Flugbahn geschickt hat, bricht Niklas Kaul in Jubel aus. Im Moment des Abwurfs weiß er, dieser Versuch ist richtig gut. Und tatsächlich: Einstich deutlich hinter der 75-Meter-Marke. Es ist mit Abstand der beste Wurf des Abends. Wahnsinn.

Die Anspannung bricht sich Bahn. Mit weit ausgebreiteten Armen rast er los, dreht eine halbe Ehrenrunde. Mit diesem entscheidenden, phänomenalen Wurf prescht Niklas Kaul in der Gesamtwertung auf den Bronzerang vor und hat Silber so gut wie sicher – sogar Gold ist in greifbarer Nähe. „Oh, wie ist das schön!“ 40 000 Leichtathletikfans im Olympiastadion im Freudentaumel.

76,05 Meter ergibt die Weitenmessung. Ein fantastisches Ergebnis für einen Zehnkämpfer. Vor dem abschließenden

1500-Meter-Lauf hat Kaul damit umgerechnet nur noch 27 Sekunden Rückstand auf den Schweizer Simon Ehammer, den Gesamtführenden bei dieser EM. Das ist zu schaffen!

Denn: Zehnkampf ist nicht nur laufen, werfen und springen, sondern auch kopfrechnen. Permanente Leistungsvergleiche. Reell und virtuell. Was war und was kommt? Wer hat wie weit geworfen? Wer kann wie schnell rennen? 27 Sekunden mögen wie eine Ewigkeit klingen, aber Niklas Kaul weiß, er kann diese Zeit herausholen.

Die Gegensätze

Des einen Lieblingsdisziplin ist des anderen Fluch. Ehammer wirft den Speer an diesem Abend lediglich 53,46 Meter weit, also über 20 Meter weniger als Kaul. Und das ist für seine Verhältnisse noch ziemlich gut. Ehammers Bestwert liegt bei 55,98 Metern.

Und erst recht sind die 1500 Meter auf der Bahn nicht Ehammers Sache. Im Gegensatz zu ihm läuft Kaul über diese Distanz so schnell wie kaum ein anderer Zehnkämpfer. Ehammers Bestzeit liegt bei 4:42,52 Minuten, die von Kaul bei 4:15,70, gelaufen bei seinem WM-Triumph 2019. 27 Sekunden, tatsächlich. Gold scheint möglich. Zwei Konkurrenten um einen Titel, aber so gegensätzliche Typen. Das gibt es nur im Zehnkampf.

Ehammers Leistungskurve verläuft in diesem 2-Tages-Vergleich genau entgegengesetzt zu der von Kaul. Der Schweizer gehört zur Klasse „Sprinter-Springer“. Er ist 1,84 Meter groß, aber keine 80 Kilogramm schwer. Seine besten Disziplinen stehen zu Beginn des ersten Tages auf dem Programm. Die 100 Meter sprintet er in phänomenalen 10,5 Sekunden. Erst recht im Weitsprung kann Ehammer es mit den Spezialisten aufnehmen. 8,45 Meter ist seine Weite im Frühsommer 2022 in Götzis: Das ist Weitsprungweltrekord für Zehnkämpfer! Auch das: Wahnsinn.

1178 Punkte erhält Simon Ehammer für seine Weitsprungleistung. Bei einer persönlichen Bestleistung von 8468 Punkten macht das fast 14 Prozent der Gesamtpunktzahl aus.

Niklas Kaul dagegen, 5 Zentimeter größer und 10 Kilo schwerer, muss sich bei den Schnellkraftdisziplinen quälen. Er braucht länger, um in den Flow zu kommen. Seine Stunde schlägt aber am Ende des zweiten Tages.

Der Endspurt

Neun Disziplinen lang führt Simon Ehammer das Feld der Zehnkämpfer bei dieser Europameisterschaft an. Doch nach der zehnten Prüfung steht Niklas Kaul ganz oben. Eine atemberaubende Aufholjagd, die ihn an diesem Augustabend 2022 den Sieg beschert. Das Olympiastadion steht Kopf, als er spätabends, es ist 21:45 Uhr Ortszeit, den 1500-Meter-Lauf von vorn angeht und in persönlicher Bestzeit gewinnt. Er startet unwiderstehlich, schnell, schüttelt alle Gegner ab – und hält sein Tempo bis zum Ende durch. *„Es gab ein Konzept“*, sagt er nach dem Lauf, *„aber es hat nicht funktioniert.“*

Denn er unterbietet seine geplante Durchgangszeit für 1000 Meter um 5 Sekunden. Das hätte auch schiefgehen können. Aber das Publikum peitscht ihn nach vorn. Vor dieser Kulisse steigert er sich in einen Rausch: *„Lauf, lauf, lauf – ein Schritt nach dem nächsten, irgendwann kommst du an …“*

Die Uhr stoppt bei 4:10,04 Minuten. Noch einmal: Wahnsinn!

Kaul gibt zu Protokoll: „*Wenn man fest wird, wirds langsam. Ich musste also zwanghaft locker bleiben. Die letzte Runde ist zwar hart, aber 300 Meter gehen immer.*" Letzteres ist seine goldene Laufregel. Mit 8545 Punkten krönt er sich in München zum König der Leichtathleten in Europa, der nächste Schritt einer atemberaubenden Karriere. „*Dieser Titel ist noch viel mehr wert als der WM-Titel vor drei Jahren.*" 2019 war Niklas Kaul Weltmeister geworden.

Die Stimmung in München ist unbeschreiblich. Der Funke der Begeisterung springt vom Athleten zu den Zuschauern und von diesen wieder zurück. „*Mir sind fast die Ohren weggeflogen*", sagt der Sieger im Rückblick, „*es war einfach der Wahnsinn.*" Ehammers Vorsprung vom ersten Tag schmilzt von Disziplin zu Disziplin, bis am Ende nichts mehr davon übrig ist. Der Schweizer schleppt sich nach 4:48,72 Minuten als Letzter ins Ziel, 38 Sekunden nach Niklas Kaul. In der Endabrechnung reicht es aber für die Silbermedaille – mit Schweizer Rekord: 8468 Punkten. (Zehnkampf ist immer auch Mathematik ...)

Gold fürs Publikum

> *„Nach dem Stabhochspringen habe ich nicht mehr an die Goldchance geglaubt. Aber nach der Mittagspause sagte ich mir: Gut, die Goldchance mag weg sein, aber in den letzten beiden Disziplinen will ich den Zuschauern wenigstens eine Show bieten.*

Man hat es mir, glaube ich, beim Speerwurf angemerkt, was für ein Stein mir vom Herzen gefallen ist. Ich kanns ja noch mit dem Speer, dachte ich nur. Und dann war sie plötzlich doch wieder da, die Chance auf Gold.

Über die 1500 Meter wollte ich mit einer 69er-Runde anlaufen, dann wäre ich bei 1000 Metern so bei 2:52 Minuten angekommen und hätte das Tempo langsam anziehen können. Aber dann waren es 2:47 Minuten, und da wusste ich: Die letzten 400 Meter werden hart. Wenn das Publikum mich nicht getragen hätte …

In der letzten Runde kreiste nur noch ein Gedanke in meinem Kopf: Laufen, laufen, laufen. Einen Schritt nach dem anderen setzen, irgendwann ankommen. An die letzten 100 Meter kann ich mich nicht mehr erinnern. Aber dann die Ehrenrunde mit den anderen Zehnkämpfern: So etwas habe ich noch nicht erlebt. Das war etwas ganz, ganz Besonderes.“

Ziemlich beste Konkurrenten

Nach dem 1500-Meter-Lauf verharren Kaul und Ehammer Arm in Arm auf der Bahn, in Erwartung des Gesamtergebnisses, das sie in diesem Moment noch nicht überblicken. Kameras fangen das Konkurrentenpaar ein. Niklas Kaul bezeichnet diesen Augenblick als einen der schönsten des Wettkampfes. Nicht nur Ehammer und er liegen sich in den Armen. Alle Zehnkämpfer bilden irgendwie ein Team. Das ist der Spirit des Zehnkampfs.

Niklas Kaul, geboren am 11. Februar 1998 in Mainz, und Simon Ehammer, geboren am 7. Februar 2000 in Stein im

Kanton Appenzell Ausserrhoden, sind herausragende Vertreter einer neuen Generation. Sie sind so professionell wie lässig; dazu ehrgeizig und doch großzügig, sie gönnen sich gegenseitig ihre Erfolge. Sie duellieren sich, aber sie schätzen und respektieren sich. Was sie alle vereint, ist die Leidenschaft für den Zehnkampf, die härteste Disziplin in der Leichtathletik.

Am 27. April 2023 erhalten die beiden den Fair-Play-Preis des deutschen Sports, überreicht in Schloss Biebrich. „Ihr seid ziemlich beste Konkurrenten", sagt Thomas Weikert, Präsident des Deutschen Olympischen Sportbundes, in seiner Laudatio.

Können sie so locker miteinander umgehen, gerade weil sie so unterschiedlich sind? Tatsache ist, dass sie sich gegenseitig zu Höchstleistungen antreiben, ohne ihre Bestmarken dem anderen zu neiden. Sie verharren gemeinsam vor der Ergebnistafel, und einer gönnt dem anderen den Sieg.

In Zeiten eines ellenbogengeprägten Konkurrenzdenkens, im Sport wie im richtigen Leben, ist das offenbar so selten, dass Kaul und Ehammer für ihre Geste ausgezeichnet werden. Für sie ist es eine Selbstverständlichkeit. *„Ich freue mich sehr über den Preis"*, sagt Kaul nach der Auszeichnung, *„wundere mich aber auch. Der Preis an uns ist stellvertretend für unsere Sportart zu sehen. Es geht nur miteinander."*

Will sagen, alle, die die Prüfung Zehnkampf bestehen, sind Sieger. Das ist Kauls Credo. Die Ehrenrunde laufen die Athleten nach zwei Tagen, die sie im Stadion mit- und nebeneinander verbracht haben, traditionell gemeinsam, als

Freunde fürs Leben. In München gestaltete sich diese Tour d'Honneur besonders emotional, denn neben dem neuen Champion wurde auch der entthronte König gefeiert: Alle Athleten standen Spalier für den Schwaben Arthur Abele, den Europameister von 2018, der diesmal mit 7662 Punkten den letzten Platz belegte – aber immerhin noch einmal einen Zehnkampf beenden konnte. Stehende Ovationen sowohl für den abgehängten Abele als auch den Ersten: Das gibt es vielleicht nur im Zehnkampf.

Die Würdigung im Kleinen speist sich aus der Haltung im Großen: *„Zehnkampf ist die Teamsportart der Leichtathletik"*, sagt Kaul. „Man baut sich gegenseitig auf", ergänzt Ehammer. In jedem Wettkampf komme man irgendwann an den Punkt, an dem es einem schlecht gehe und die Gefahr des Ausscheidens drohe. *„Wenn du dann niemanden hast, der dir hilft, machst du das nicht lange"*, sagt Kaul.

Der Fair-Play-Preis ist nicht die einzige Ehrung, die Niklas Kaul für seine mitreißende Darbietung im Münchner Olympiastadion erhält. Am 18. Dezember 2022 gewinnt er in Baden-Baden die Wahl zu Deutschlands Sportler des Jahres. Der Ritterschlag.

Die Laudatio

Emma Kaul, Jahrgang 2006, hat bei der Gala im Kurhaus von Baden-Baden ihren großen Auftritt. Vor über 500 geladenen Gästen im festlichen Ballsaal und vor rund drei Millionen Zuschauern vor den Fernsehern tritt die damals Sechzehnjährige im schwarzen Gala-Outfit auf, um ihren großen Bruder zu ehren. Ein Manuskript hat sie nicht dabei. Sie spricht frei – und hat sich den Text für ihre Rede erst zehn Minuten vorher überlegt.

> *„Ich glaube, du bist genauso überrascht, wie ich es vor vier Tagen war, als die Mama mich angerufen und gefragt hat: ‚Emma, willst du deinem Bruder bei der Ehrung zum Sportler des Jahres 2022 eine Laudatio halten?‘ Ich habe gesagt: ‚Äh, mhm, okay!‘ Wie ist es, als kleine Schwester zu sagen, man sei stolz auf den großen Bruder? Das geht eigentlich gar nicht. Aber was ich sagen kann: Für unsere Generation bist du ein wahnsinniges Vorbild. Und nicht nur für das, was du im Sport machst, sondern die Art Mensch, die du auch bist. Und die du uns auch jeden Tag im Training zeigst. Mit deiner Hilfsbereitschaft. Und zu zeigen, wie du es gelernt hast, wie du uns immer weiterhelfen kannst. Und mit deiner Großzügigkeit. Was ich sagen kann: dass ich super stolz bin und super dankbar, dass ich dir diesen Preis heute verleihen darf. Weil: Dir habe ich es zu verdanken, dass ich auf dem Sportplatz aufgewachsen bin. Und in Handballhallen. Danke!“*

Familienangelegenheit

Emma Kaul rundet mit ihrer Rede die Familienangelegenheit ab, denn die sportlichen Kinder werden von ihren Eltern Stefanie und Michael Kaul trainiert. Dass die Familie in Baden-Baden komplett anwesend ist, weiß Niklas Kaul nicht. Er wähnt sie „zu Hause auf dem Sofa“.

Denn er hat seinen Vater noch nie in einem Anzug gesehen. „Wenn man einen Anzug braucht, komme ich nicht", ist ein Standardsatz von Vater Michael. Und bislang hat er tatsächlich noch keine Veranstaltung besucht, bei der diese Kombination vorgeschrieben ist.

Die Kauls sind eine Leichtathletikfamilie durch und durch. Mutter Stefanie Kaul, geborene Zotter, Jahrgang 1971, war 1991, 1994 und 1995 österreichische Meisterin über 400 Meter Hürden. Ihre Bestmarken über 400 Meter flach (54,69 Sekunden) und Hürden (57,27 Sekunden) werden noch heute in der Liste der Landesrekorde der Steiermark geführt. Stefanie Zotter kommt als Sportstudentin nach Mainz, wo sie ihren späteren Mann Michael kennenlernt – auch er ein Hürdenläufer über die Stadionrunde und 1993 sogar Deutscher Meister. Niklas' Eltern heiraten 1997. Im Februar 1998 kommt Niklas zur Welt. Und kaum dass er anfängt zu laufen, ist er auch schon ein Sportler.

„Ich bin auf dem Sportplatz und in der Turnhalle aufgewachsen. Es gibt schlimmere Orte. Ich habe mit fünf Jahren mit Handball angefangen und mit sechs mit der Leichtathletik. Meine Freunde aus dem Kindergarten und der Grundschule haben das auch so gemacht. Und gemeinsam macht das ja auch mehr Spaß.

Meine Eltern haben mir eigentlich immer die Freiheit gelassen und mich zu nichts gedrängt. Handball? Leichtathletik? Sport auf Leistungs- oder doch lieber Freizeitniveau? Es war gut, dass ich immer die freie Entscheidung hatte, das zu machen, was mir am meisten Spaß macht.

Wenn man von den Eltern in irgendeinen Bereich gedrängt wird, funktioniert es nicht. Natürlich möchten sie ihre Faszination für ihren Sport oder was es ist an ihre Kinder weitergeben. Mein Weg war schon ein bisschen vorgezeichnet, aber niemals so, dass meine Eltern gesagt haben: Du musst jetzt Leichtathletik machen! Es war meine eigene Entscheidung, die ich bis heute nicht bereue.“

Stefanie und Michael Kaul teilen sich ihre Trainertätigkeit in Mainz als Nebenjob. Beide sind hauptberuflich Lehrer – sie arbeitet als stellvertretende Leiterin einer Gesamtschule, er ist als Referatsleiter im Bildungsministerium von Rheinland-Pfalz. Dass Niklas ein Lehramtsstudium (Sport und Physik) gewählt hat, ist sozusagen naheliegend.

Zur Trainingsgruppe Kaul gehört neben Niklas und Emma auch Mareike Rösing. Die aus Lübeck stammende Siebenkämpferin ist Niklas' Freundin. Kennengelernt haben sie sich vor seinem WM-Triumph bei einer Juniorenmeisterschaft – seit 2019 wohnen sie zusammen in Mainz.

„Wir wollten da sein“

„Es war nicht geplant“, sagt Michael Kaul über den Familienbetrieb mit weltmeisterlichem Ertrag. Er erinnert sich an die Anfänge seiner Trainertätigkeit bei seinem Heimatverein in Saulheim unweit von Mainz. „Wir wurden gefragt, ob wir Zeit haben.“ Damals ist Niklas sechs Jahre alt. Nach kurzer Überlegung kommen die Kauls auf die Formel: „Zweimal pro Woche können wir.“ Wenn nicht ehemalige Leichtathleten das Training übernehmen, so ihr Gedanke, wer dann? „Und dann wurde das immer mehr."

Ein erster Umbruch steht an, als Niklas Kaul als Jugendlicher von Saulheim nach Mainz wechselt. „Wir haben angeboten, dass wir das Training bei Bedarf übernehmen können", erinnert sich Stefanie Kaul. „Aber wir hatten keinen Plan", ergänzt Michael Kaul. „Wir wollten einfach da sein." Und so kommt es dann.

Die Kauls bieten von Anfang an Leichtathletik als Wettkampfsport für Jugendliche an. Es geht immer auch darum, sich zu messen: „Das ist das, was Spaß macht und die Kinder weitermachen lässt", sagt Michael Kaul, das gelte für Jungs und Mädchen gleichermaßen. Was als Erfolg gesehen wird, ist dabei immer individuell unterschiedlich. Der eine freut sich über einen Kreismeistertitel, die andere ist geknickt, wenn sie bei deutschen Meisterschaften Zweite wird.

„Wirklich gut sein"

Herausragend innerhalb der Gruppe ist der Sohn des Trainerpaars – von Anfang an: „Ich würde schon sagen, Niki hat früh für sich erkannt, dass er das wirklich will", erinnert sich Stefanie Kaul an den Ehrgeiz ihres Sohnes. „Er hat neben dem Handball begonnen stabzuspringen – das war etwas, was ihn sehr gereizt hat. Das hat er bereits früh ziemlich konsequent trainiert."

Irgendwann entscheidet sich Niklas, mit dem Handballspielen aufzuhören und sich ganz auf die Leichtathletik zu werfen. Von nun an gilt seine gesamte Konzentration nur dieser, ein Schritt, der die Voraussetzung für die Karriere ist. Hinzu kommt: Neben der Begabung sind auch der Wunsch und der Wille da, das eigene, sich abzeichnende Talent auszuschöpfen.

Stefanie Kaul erinnert sich an diese entscheidende Phase: „Niklas hat schon mit dreizehn den Entschluss gefasst, gut sein zu wollen in dem, was er macht, und das war der Mehrkampf. Er hat immer schon Ziele für sich definiert und sich ausgerechnet, was er erreichen will, und diese Punktzahl stand in seinem Kopf." Seine Eltern haben auch ein klares Ziel: „Es ging darum, ihn darin zu bestärken, was er wirklich will." Der Plan geht auf.

Die Ehrung

Dass Niklas Kaul von den deutschen Sportjournalisten zum Sportler des Jahres 2022 gewählt wird, ruft nicht nur Anerkennung, sondern auch Verwunderung hervor. Auch bei ihm selbst: Er hatte damit nicht gerechnet. Schließlich ist er „nur" Europameister, während andere Athleten im Saal als Olympiasieger geladen sind.

Zum Beispiel Francesco Friedrich, Olympiasieger von Peking mit dem Zweier- und Viererbob. Doch Friedrich und sein Team werden bei der Wahl nur Vierte. Rodel-Olympiasiegerin Natalie Geisenberger wird Dritte bei den Sportlerinnen und Vinzenz Geiger, Goldmedaillengewinner in der nordischen Kombination, kommt auf Rang zwei bei den Männern, hinter Niklas Kaul.

Es ist unmöglich, die verschiedenen Leistungen zu vergleichen, weiß Niklas Kaul. Tatsache ist: Er erhält 1256

Stimmen, Vinzenz Geiger 871, Schwimmweltmeister Florian Wellbrock 761.

Niklas Kaul vermutet drei Gründe, warum es die Wintersportler in der öffentlichen Meinung so schwer hatten: die Zeitverschiebung von sieben Stunden, weshalb die Peking-Spiele hierzulande nicht ohne Weiteres zu verfolgen waren; die politische Situation und der wirtschaftliche Gigantismus in China; und schließlich machte es Corona noch komplizierter – es waren keine Zuschauer zugelassen, die Winterspiele in den chinesischen Mondlandschaften, die wenig bis keinen olympischen Geist verströmten, hinterließen einen tristen Eindruck. *„Dadurch konnte Begeisterung einfach nicht aufkommen."*

Dazu kam umgekehrt: *„Wir hatten mit München einfach Glück."* Die European Championships, in die auch die kontinentalen Leichtathletiktitelkämpfe integriert waren, überzeugten mit neun gleichzeitig ausgetragenen Europameisterschaften in einer Stadt. Die Leichtathletik-EM im Olympiastadion bildete das Herzstück dieser Wettkämpfe, die als stimmungsvolle Sportveranstaltung mit einem begeisterungsfähigen Publikum durchaus an die Olympischen Sommerspiele 1972 in der bayerischen Hauptstadt erinnerten.

Herausragende Vorstellungen, die Begeisterung des Publikums, eine grandiose Stimmung – so lief es wunderbar. Sport ist eben mehr als Zahlen und Medaillen. Insbesondere die Leichtathletik profitierte davon.

Ohne dass es ihm bewusst war, erfüllte Niklas Kaul die Rolle des Türöffners. Denn der Zehnkampf war von den Organisatoren der EM für die beiden Auftakttage terminiert worden – in der Hoffnung, dass für die Gastgeber ein doppelter Ertrag herausspringt: Medaillen und die dadurch aufkommende Begeisterung, die, einmal geschürt, bis zum letzten Tag anhält und die Veranstaltung trägt. Dass neben Niklas Kaul keine Stunde später auch noch Gina Lückenkemper den 100-Meter-Sprint der Frauen gewann, machte diesen Dienstagabend zu einer Sternstunde der deutschen Leichtathletik.

Folgerichtig wurde Lückenkemper Sportlerin des Jahres 2022. Die schnellste Frau des Kontinents und der König der Athleten – ein Traumpaar und ein Traumerfolg für die deutsche Leichtathletik.

Totgesagt und quicklebendig

Dass die Leichtathletik in Deutschland plötzlich wieder so sehr gefeiert wurde, nachdem sie wenige Wochen zuvor wegen enttäuschender Leistungen der DLV-Athleten bei den Weltmeisterschaften in Eugene noch heftig kritisiert worden war, zeigt, wie groß die Aufmerksamkeit ist, die ihr zukommt, wie viel Emotionen bei den Zuschauern und Fans sie auslöst, zwischen Jubel und Kritik. Sie bietet in der Tat eine ganze Farbpalette, mehr als nur Schwarz und Weiß.

Bei der WM hatten die deutschen Starterinnen und Starter nur einen Titel gewonnen: Malaika Mihambo hatte sich Gold im Weitsprung gesichert. Hinzu war lediglich eine weitere Medaille für das gesamte Team gekommen. Die Statistik lügt nicht: So eine geringe Ausbeute hatte es für die deutschen Leichtathleten bei einer Weltmeisterschaft noch nie gegeben, entsprechend heftig fiel die Kritik aus. Dass für viele der Sportlerinnen und Sportler die „Europameisterschaft dahoam" in München den eigentlichen Saisonhöhepunkt darstellte, wie unter anderem Niklas Kaul immer wieder betonte, ging im Orkan der Kritik unter. Und siehe da: In München war kurz darauf nicht nur die Stimmung fantastisch, sondern auch das Resultat: 16 Medaillen, darunter 7 goldene. Platz eins in der Nationenwertung. Gestern schlecht, heute wieder top. Ging es wirklich so schnell wieder nach vorn?

Das nun auch wieder nicht, wie sich ein Jahr später zeigen sollte. Bei der WM 2023 in Budapest lief es erneut bescheiden für die deutschen Leichtathleten. Ohne gesetzte Stars und Medaillenhoffnungen wie Mihambo oder Langstreckeneuropameisterin Konstanze Klosterhalfen gewann das deutsche Team nicht eine einzige Medaille, es war wie beim Eurovision Song Contest – Germany: zero points.

Plötzlich erschien wieder alles schwerfällig und zäh, und sofort wurde wieder der Ruf nach Konsequenzen laut. Cheftrainerin Annett Stein wurde abgesetzt, Sportdirektor Jörg Bügner mit größeren Kompetenzen ausgestattet. Doch ist so etwas auch im Sinne der Athleten?

Niklas Kaul wünscht sich bei der Beurteilung der sportlichen Leistungen mehr Wertschätzung – vonseiten der Öffentlichkeit ebenso wie von den Medien. *„Eine gesunde Einordnung würde helfen, die Sportler bei der Stange zu halten"*, gibt er im September 2023 zu bedenken. Statt sich einmal in die Situation der Sportler hineinzuversetzen, heiße es hierzulande schlecht gelaunt und kategorisch: „Wieder nur Platz acht." Was ist mit der individuellen Situation der Athleten? Unter welchen Bedingungen und Strukturen versuchen sie, sich nach ganz oben vorzuarbeiten, sich in der Spitze zu etablieren? Oft gehen sie halbtags einem Brotberuf nach, trainieren ohne finanzielle Sicherheit, in nicht immer optimal ausgestatteten Sporthallen und auf bisweilen sanierungsbedürftigen Sportplätzen. Und auch die Trainer können ihren Job nicht immer hauptberuflich ausüben. In diesem Zusammenhang lohnt der Blick auf Niklas Kaul, der mit seinem speziellen Umfeld den Sprung in die Weltelite geschafft hat. Sein Beispiel ist die Ausnahme. *„Wir haben in Deutschland zu wenig Trainer für die vielen Menschen, die Sport treiben wollen"*, stellt er nüchtern fest.

Die Leichtathletik ist zudem sehr global aufgestellt. Laufen, Springen, Werfen lassen sich überall praktizieren, und entsprechend fällt der Medaillenspiegel aus. Bei der WM 2023 taucht Deutschland gar nicht auf, dafür aber 46 andere Nationen. Insgesamt waren 2187 Athleten aus 202 Ländern von Afghanistan bis Zypern für die 49 Wettbewerbe in Budapest gemeldet.

Zudem ist die Leichtathletik eine zutiefst individuelle Sportart. Ein Einzelkönner wie der indische Speerwerfer Neeraj Chopra genügt da schon, um eine leichtathletische Außenseiternation mit einer Goldmedaille zu verwöhnen. Weltmeistertitel sicherten sich in Budapest Sportler aus Uganda, Marokko, Venezuela und Burkina Faso. Leer gingen dagegen große Leichtathletiknationen wie Gastgeber Ungarn und Frankreich aus, die Nation, die 2024 zu den Olympischen Sommerspielen nach Paris einlädt.

Im Zehnkampf, Kauls Disziplin mit der großen Breitenwirkung, Stichwort: Könige der Athleten, gewannen die beiden Kanadier Pierce LePage und Damian Warner in Budapest Gold und Silber. Kaul scheidet nach gutem Beginn mit einer Fußverletzung aus, wie schon bei den Olympischen Spielen in Tokio 2021, erneut passiert es beim Hochsprung. Er hätte in Budapest weitermachen können, aber nicht mit voller Kraft, deshalb brach er den Wettkampf ab, auch mit Blick auf Paris 2024. Der deutsche Rekordhalter Leo Neugebauer wird nach Halbzeitführung Fünfter und zeigte, was für ein Potenzial in ihm schlummert. Insgesamt aber galt allgemein und speziell für die Zehnkämpfer in Budapest: Keine Medaille für Deutschland.

Überraschend gewann Lindon Victor aus Grenada Bronze mit 8756 Punkten – persönliche Bestleistung und Landesrekord mit dreißig Jahren. Victor trainiert in den USA und startet für einen Klub in Texas, wo er zuvor auch studierte. Und: Er ist der fünf Jahre jüngere Bruder des Zehnkämpfers Kurt Felix, der bei den Olympischen Spielen von Rio 2016 Neunter wurde. In diesem Fall war es das familiäre Vorbild, das den Bronzegewinner pushte.

Was aber bedeutet das Ergebnis von München für den Stellenwert der deutschen Leichtathletik insgesamt? Niklas Kaul nach seinem Coup im Olympiastadion:

> *„Es gibt Dinge, die nicht ganz optimal laufen. Die sollte man ansprechen. Aber wer den heutigen Abend verfolgt hat, wird gesehen haben, dass die gern totgesagte deutsche Leichtathletik zumindest noch ein bisschen lebt."*

Chaos mit Happy End

Niklas Kaul hatte stets betont, dass im Sportjahr 2022 die EM für viele deutsche Athleten und vor allem für ihn der emotionale Höhepunkt der Saison sein würde – trotz der vorgeschalteten WM, die vom Stellenwert her höher einzustufen ist. Hat sich seine Erwartung an München also erfüllt?

„Nein – es war besser, viel, viel besser."

Dass Kaul im Nachgang seines Triumphs zum zweiten Mal zu Deutschlands Sportler des Jahres gekürt wurde, könnte auch mit seiner besonderen Geschichte zusammenhängen. Schon 2019 hatte er die Wahl gewonnen. Zuvor hatte er als jüngster Zehnkämpfer der Geschichte den Thron des Weltmeisters erobert. Niklas Kaul war der *upcoming star*, der künftige Stern, nicht nur am deutschen Sportlerhimmel. Doch die Zeit nach dem sensationellen Erfolg waren eine harte Schule für den jungen Eroberer der Festung Zehnkampf.

Aus dem Olympiajahr 2020 wurde das Coronajahr. Kaul ließ sich am Ellenbogen operieren – ein fälliger, aber zu diesem Zeitpunkt nicht zwingend notwendiger Eingriff –, weil er sowieso keinen einzigen Wettkampf bestreiten konnte. Beim nachgeholten Olympiazehnkampf 2021 startete er fulminant, um dann im Rollstuhl aus dem Stadion geschoben zu werden. Er hatte sich wie gesagt im Hochsprung beim geglückten Versuch über 2,11 Meter am Fuß verletzt. Den 400-Meter-Lauf ging er zwar noch an, musste dann aber unter Schmerzen abbrechen.

Auch das Wettkampfjahr 2022 begann mit einem abgebrochenen Zehnkampf. Es passierte in Ratingen, diesmal stoppte ihn ein eingeklemmter Halswirbel. Ellenbogen, Fuß, Nacken: Ist er womöglich nicht hart genug, um dauerhaft in der Zehnkampfszene zu bestehen? Er selbst wirkte nach dem Rückzug von Ratingen resigniert: *„Ich möchte einfach mal wieder befreit Sport machen können."*

Am Jahresende, nach erfolgreich verlaufenem Rehaprogramm, sprach er im Interview mit der *Frankfurter Allgemeinen Zeitung* mit der Zufriedenheit und der Erleichterung des Wiedergenesenen über seinen Saisonverlauf:

> *„Ganz kurz kann man es als ‚Chaos mit Happy End' beschreiben. Es lief am Anfang gar nicht gut. Ich denke an den Mehrkampf in Ratingen, bei dem ich aussteigen musste. Rückblickend kam er einfach zu früh für mich. Dann musste ich nach Götzis und quälte mich mit Fußproblemen. Deshalb fehlten an der ein oder anderen Stelle ein paar Punkte. Dann kam immerhin ein sehr versöhnlicher Wettkampf bei der WM in Eugene. Plus das Highlight in München. Und damit kann ich sehr, sehr zufrieden aus der Saison rausgehen."*

Wenn man EM-Gold gewinne, so Kauls Fazit, sei es eigentlich egal, wie der Rest der Saison verlaufen sei, dann war es eine gute Saison. Aber für ihn sei es vor allem wichtig gewesen, drei Zehnkämpfe durchgestanden zu haben – erst das Meeting in Götzis, um sich überhaupt für die EM zu qualifizieren, was ihm mit 8303 Punkten auch gelang. Dann die WM in Eugene, bei der er als Titelverteidiger mit einer Wildcard antrat und den sechsten Rang belegte. Es war kein glanzvoller Wettkampf, aber er hatte mit 8434 Punkten seinen Nimbus als bester Deutscher vor dem aufstrebenden Leo Neugebauer gewahrt, der Zehnter wurde und 8182 Punkte erzielte.

Zuvor hatte Niklas Kaul seit seinem WM-Sieg 2019 zweieinhalb Jahre lang pausieren müssen, er hatte keinen einzigen Zehnkampf durchgestanden – in dieser Zeit war ihm die Wettkampfroutine abhandengekommen:

> *„Es ist das eine, Dinge im Training zu ändern, und das andere, sie im Wettkampf auch rüberzubringen.“*

Und dann gehört auch Taktik dazu, etwa Prioritäten zu setzen. Obwohl die Weltmeisterschaft der wichtigere Wettbewerb war, hatte Kaul stets seinen Fokus auf die Europameisterschaft gelegt.

Es war dem unglücklichen Timing der Wettkampfplaner geschuldet, dass wegen einer aufgrund der Coronapandemie ausgefallenen WM binnen eines Sommers zwei Großereignisse zu bewältigen waren. Die eigentlich für 2021 geplante WM in Eugene war wegen der verschobenen Olympischen Spiele von Tokio um ein Jahr nach hinten gerutscht. Auch das war eine Folge von Corona.

Der Zehnkampf wurde bei der WM als traditioneller Abschluss an das Ende des Wettkampfprogramms gelegt (23./24. Juli). Bei der EM jedoch wurde er gleich als Knaller zum Auftakt ins Programm gesetzt, mit Kaul als Top Act.

Das alles machte die Trainingsgestaltung für die doppelt startenden Athleten sehr kompliziert.

Niklas Kaul hatte schon als junger Athlet die EM 2018 in Berlin erleben dürfen und als emotionalen Höhepunkt in seinen Erinnerungen abgespeichert. Nicht nur weil er beim Sieg seines Teamkollegen Arthur Abele (er erreichte 8431 Punkte) mit damals persönlicher Bestleistung von 8220 Punkten überraschend Vierter geworden war, sondern wegen der überragenden Stimmung im Berliner Olympiastadion. Er ahnte daher, dass in München eine ähnlich gewaltige Atmosphäre herrschen würde, vielleicht sogar noch eine Prise gewaltiger. Deshalb fiel es ihm leicht, Eugene als eine Art Generalprobe für die beiden Wettkampftage im Olympiastadion zu kategorisieren. Es ist tatsächlich aufgegangen.

Weltmeister 2019

Der Name Niklas Kaul war am späten Abend des 3. Oktober 2019 erstmals auch einer größeren, an Sport interessierten Öffentlichkeit in Deutschland präsent. An jenem Feiertag überträgt das ZDF den Zehnkampf der Männer aus dem Khalifa International Stadium von Doha live, die Quote ist beachtlich: Leichtathletikgroßereignisse sind Zuschauermagneten. Und plötzlich sorgt ein deutscher Zehnkämpfer für Furore, steigert sich von Disziplin zu Disziplin.

An seinem traditionell schwächeren ersten Tag findet sich Kaul noch im hinteren Teil des Feldes wieder. Einigermaßen unbeachtet startet der WM-Novize mit einem „langsamen“ Sprint: 11,27 Sekunden – für einen Zehnkämpfer ist das unterdurchschnittlich. Platz zwanzig nach der ersten

Disziplin. Doch es geht kontinuierlich nach vorn: Kaul verbessert sich über die Plätze sechzehn und zwölf auf Rang elf mit 4164 Punkten nach den fünf Disziplinen des ersten Tages. Rückstand auf die Spitze: 349 Punkte. Ganz vorne liegt der Kanadier Damian Warner (4513 Punkte). Er führt knapp vor seinem Landsmann Pierce LePage (4486) und dem Topfavoriten und Weltrekordhalter Kevin Mayer (4483) aus Frankreich.

Zweieinhalb Monate zuvor, am 13. und 14. Juli bei der U-23-Europameisterschaft in Gävle, Schweden, hatte Kaul seine persönliche Bestmarke auf 8572 Punkte gesteigert. Er gewinnt mit dieser Leistung nicht nur den EM-Titel bei den Junioren, sondern erfüllt damit zu diesem frühen Zeitpunkt bereits die Olympianorm für Tokio. Seine Punktzahl von Gävle ist vor dem Start in Doha die drittbeste aller 24 WM-Teilnehmer. Nur Mayer und Warner liegen in der Weltjahresbestenliste davor. Ein Außenseiter ist er also nicht, zumindest nicht im Kreis der Teilnehmer. In der öffentlichen Wahrnehmung sieht das jedoch anders aus, dort fliegt er unter dem Radar.

WM-Tag zwei ist dann sein Tag. Immer näher rückt der U-23-Europameister an die Spitze heran, immer verblüffender wird seine Aufholjagd, bis die Frage nach einer Medaille im Raum steht und welche Farbe sie haben könnte. Mayer verletzt sich beim 110-Meter-Hürdenlauf, Disziplin sechs von zehn, er übersteht den Diskuswurf nur mit Mühe und muss schließlich beim Stabhochsprung passen, der achten Zehnkampfstation. Warner büßt an seinem schwächeren zweiten Tag wie erwartet Boden und Punkte ein – und fällt zurück. Und Kaul? Nimmt seine Chance wahr und greift an.

Er steigerte sich über die Plätze neun und sechs auf drei – nach seinem unfassbaren Speerwurf, der neunten Disziplin, über mehr als fabelhafte 79 Meter steht Kaul auf einem Medaillenrang.

Kauls Fähigkeiten spiegeln sich in einer außergewöhnlichen Leistungskurve, die es ihm ermöglicht, lange Zeit unbeachtet im Klassement nach vorne zu surfen, bis auch dem letzten Starter klar wird, dass da plötzlich ein Konkurrent mitmischt. Kaul gerät in einen Flow, spätestens nach dem Speerwurf aufgeputscht von Adrenalin und dem begeisterten Publikum, und ist nicht mehr aufzuhalten. Dabei bleibt er stets ganz bei sich, unabhängig von den Zwischenresultaten. Das ist sein Markenzeichen, das er schon in jungen Jahren perfektioniert. Eine außergewöhnliche mentale Stärke.

Im 1500-Meter-Lauf gewinnt Niklas Kaul, der Außenseiter aus Mainz, der Mann des zweiten Tages, den Weltmeistertitel im Zehnkampf. König der Athleten mit 8691 Punkten. Mit gerade mal 21 Jahren. Als bisher jüngster Goldgewinner in dieser Disziplin.

Persönliche Höhepunkte

Niklas Kaul hebt in der Rückschau der beiden Tage von Doha vor allem zwei seiner Leistungen als seine größten Highlights hervor. Da ist zunächst der Speerwurf, sein zweiter Versuch. 79,05 Meter – ein Weltrekord für Speerwerfer innerhalb eines Zehnkampfs. Eine Fabelweite. Eine Sensation. Mit diesem Wurf hätte er einen Tag später sogar bei den Spezialisten einen Platz in den Top Ten erreicht.

Doch für ihn war dieser fulminante Speerwurf in den Abendhimmel von Doha auch ein persönlicher Auftrag:

> *„In dem Moment, wo mein Speer bei über 79 Metern gelandet ist, wusste ich, das reicht auf jeden Fall für eine Medaille. Und da war schon jede Menge Druck abgefallen. Weil ich doch sehr aufgeregt war vor dem Speerwurf. Die Zeit zwischen Stabhochsprung und Speerwurf war sehr schwierig zu verarbeiten für mich. Da bin ich erstmals hibbelig geworden."*

Nach dem Stabhochsprung, bei dem er 5,00 Meter überquerte – Warner aber nur 4,70 Meter – befasste sich Kaul erstmals mit dem Gedanken, dass er hier in der Wüste der Arabischen Halbinsel tatsächlich gewinnen könnte. Ein Wort setzte sich in seinen Gedanken fest: „Weltmeister". *„Und ab da kam ich nicht mehr richtig zur Ruhe."*

Diesmal empfindet er die Zeit zwischen Stab und Speer, mit mehr als zwei Stunden äußerst üppig bemessen, als sehr schwierig, ist entgegen seiner sonstigen Erfahrung sehr nervös. *„Sonst habe ich in den Zehnkampfpausen immer geschlafen."*

Das klingt abgebrüht, doch es gelingt Niklas Kaul diesmal nicht. Umso erstaunlicher daher, dass ihm dann trotzdem der Speerwurf seines Lebens gelingt, der ihm die Chance auf Gold eröffnet. Das spricht für Kauls außergewöhnliche mentale Stärke.

Der Augenblick, als ihm das klar wird, war sein zweiter magischer Moment. Der 1500-Meter-Lauf:

„Als ich auf die Zielgerade komme, weiß ich: Das reicht. Hundertprozentig."

Es ist die Nacht des 4. Oktober, 0:30 Uhr Ortszeit, als der Lauf beginnt. Kaul rennt dem Feld mit großem Vorsprung davon. Nur sein Teamgefährte Tim Nowak, in der Gesamtwertung auf Rang zehn, kann noch halbwegs mithalten. Im Ziel hatte der Este Maicel Uibo als Dritter 15 Sekunden Rückstand. Warners Abstand beträgt über 25 Sekunden.

Aus den Augenwinkeln sieht Kaul eingangs der Zielgeraden seitlich die mitlaufende Zeit auf der Uhr: *„Die stand bei 3:58, und ich ahnte, das kann knapp Bestleistung werden."*

Auf alle Fälle schnell genug für den Titel. Die Zielgerade ist eine Art Ehrenavenue für den kommenden Sieger. *„Diese letzten 100 Meter, die tun zwar weh wie Sau. Aber die machen auch einen Riesenspaß. Weil du weißt, jeder Schritt mehr ist ein Schritt Richtung Ziel, Richtung WM-Titel, und auch wenn du es da noch nicht so richtig fassen kannst, fällt doch viel Spannung von dir ab."*

Bei 4:15,70 Minuten stoppt die Zeit. Kaul gewinnt mit 8691 Punkten – persönliche Bestleistung – die Goldmedaille, Uibo holte mit 87 Zählern Rückstand Silber. Warner blieb Bronze mit weiteren 75 Punkten Rückstand. Niklas Kaul gelingt das Wunder von der Wüste. Unglaublich.

Die Ruhe nach dem Sieg

„Der Moment der Zielüberschreitung war ganz komisch. Weil: In dem Moment habe ich es überhaupt nicht verstanden. Klar, ich wusste: Ich bin jetzt Weltmeister. Aber

so richtig verstanden habe ich es noch nicht. Und das hat auch noch gedauert bis zur Siegerehrung, bis ich mal ein paar Minuten Ruhe hatte und diesen Zehnkampf reflektieren konnte."

In Doha sind so gut wie keine Zuschauer im Stadion, als Kaul sein Husarenstück gelingt. Zu heiß, zu wenig Interesse im Golfstaat, der es ohnehin nur darauf anlegt, der Welt zu zeigen, dass er in der Lage ist, sportliche Großereignisse auszurichten. Schon vor der viel diskutierten Fußball-WM 2022 bekommt Katar den Zuschlag für die Schwimm-WM 2014, die Handball-WM 2015, die Rad-WM 2016, die Turn-WM 2018 und auch die Leichtathletik-WM 2019.

„Klar hätte das mehr Spaß gemacht in einem vollgepackten Berliner Olympiastadion. Aber am Ende wird Doha trotzdem immer der Ort sein, an dem ich Weltmeister geworden bin im Zehnkampf. Und ich glaube, allein deshalb wird es immer ein Ort sein, mit dem ich etwas Positives verbinde. Ob das am Ende so sinnvoll war, die WM nach Katar zu vergeben, darüber kann man streiten, ganz klar. Aus politischer Sicht und aus der des Publikums. Aber am Ende bleibt für mich dieser Wettkampf im Kopf. Und nicht so sehr die Situation drum herum. Als Sportler hat man wenig Zeit, sich darüber Gedanken zu machen. Wir Athleten sind im Stadion, da machen wir unseren Wettkampf. Und da ist es erst mal egal, wo der gerade stattfindet. Wir wollen abliefern, das steht für uns im Vordergrund."

Kaulheim

Die Ehrenrunde von Niklas Kaul in Doha ist noch nicht beendet, da entbrennt in den sozialen Medien bereits eine nicht ganz ernst gemeinte Diskussion darüber, ob sein Heimatort nun nicht umbenannt werden und aus Saulheim Kaulheim werden sollte. Und parallel wird die Frage diskutiert, ob der jüngste Weltmeister überhaupt als Saulheimer oder doch eher als Mainzer in die Sportgeschichte eingehen werde.

Journalisten setzen gern als Synonym für den Namen eines Sportlers dessen Herkunftsort, wie nicht nur Tennisfreunde wissen, seitdem Mitte der 1980er-Jahre „der Leimener" von Wimbledon aus die Tenniswelt eroberte und später ein „Kerpener" die Formel-1-Rennstrecken dominierte. Dabei wohnten sowohl Boris Becker als auch Michael Schumacher längst nicht mehr dort. Aber die Medien und mit ihnen die Fans identifizieren beide Sportler nach wie vor mit Leimen und Kerpen.

Niklas Kaul betrifft das alles weniger. Als Leichtathlet hat er einen solchen Hype um seine Person, der für Boris Becker und Michael Schumacher Alltag wurde, kaum zu befürchten. Doch es liegt gewiss auch an ihm und seinem Auftreten, das durch und durch bodenständig ist: *„Ach, berühmt bin ich nicht!"*

Im ersten großen Interview nach seinem WM-Titel legt Kaul am Jahresende in der *FAZ* sehr deutlich die Linie seiner Selbstwahrnehmung fest. Was sich auch am Umgang seiner Kommilitonen an der Uni ausdrückt:

„Eigentlich gehen meine Studienkollegen ganz normal mit mir um, wie vorher auch. Das finde ich auch schön so, das ist ganz wichtig. Ich habe mich durch die zwei Tage WM-Wettkampf nicht grundlegend verändert. Und das Schöne ist, dass ich die Uni als Ruhepol habe. Klar, es ist viel zu tun, auch eine zusätzliche Belastung zum Sport. Aber auf der anderen Seite gibt es mir natürlich ein bisschen Alltag. Ich bin viel unterwegs gewesen nach der WM, und da ist so ein bisschen Normalität, die ich in der Uni habe, einfach wichtig, um auf dem Boden zu bleiben."

Die Frage, ob sich in seinem Umfeld etwas geändert habe oder der Blick auf ihn anders geworden sei, beantwortet er drei Jahre später so:

„Nee, das ist schon so geblieben. Da hat sich nichts in der Wahrnehmung verändert. Mein Umfeld, das mich seit Jahren kennt, ist ja auch gleichgeblieben. Das passt schon alles."

Attribute, die mit ihm verbunden werden, sind folgerichtig „bescheiden" und „bodenständig" – vorgelebt auch von seinen Eltern, die ihn trainieren. Zur WM in Doha reisen Stefanie und Michael Kaul auf eigene Faust – und bezahlen die Reise auch selbst.

Seit seinem elften Lebensjahr startet Niklas Kaul für den USC Mainz, seit August 2019 wohnt er auch an seinem Studienort Mainz, ungefähr zwanzig Kilometer von Saulheim entfernt. Kurze Wege im Alltag sind für ihn ein wesentlicher

Bestandteil seines persönlichen Wohnfühlmodus und seines Erfolgskonzepts. Stadion, Uni und Wohnung im Radius von wenigen Minuten – das passe für ihn perfekt, wie er Jahr für Jahr betont.

> *„Ich hatte noch nicht das Gefühl, dass ich ein neues Umfeld oder einen neuen Standort brauche. Ich genieße den großen Vorteil, dass ich den perfekten Standort schon immer hier hatte und noch immer habe. Bei mir waren die Bedingungen von Beginn an optimal, und sie sind es beim Übergang von der Schule an die Uni auch geblieben."*

Schon die ersten offiziellen Ehrungen, Gala-Empfänge und Auszeichnungen nach seinem WM-Sieg – mit der Bambiverleihung im Fernsehen als Krönung – nimmt der damals 21-Jährige mit der Gelassenheit hin, die ihn kennzeichnet.

> *„Diese Auszeichnungen sind natürlich eine große Ehre und eine große Anerkennung für meine Leistung und meine Karriere. Deshalb ist es schon schön, und ich habe mich auch riesig gefreut. Aber am Ende ist wichtig, dass du dich von so etwas nicht blenden lässt. Dass du dich nicht auf dem Erfolg ausruhst, weil du einmal etwas gewonnen hast und glaubst: Trainieren muss ich nicht mehr. Es geht jetzt genauso weiter und wird nicht unbedingt einfacher. Denn natürlich wollen die anderen jetzt besser sein als man selbst."*

Das größte Problem für ihn besteht darin, die angemessene Garderobe für die Sportlergala in Baden-Baden zu finden.

Als er nach der WM ahnt, dass er nun bei der ein oder anderen Veranstaltung auftreten darf, kauft er sich einen Smoking, was aber eine längere Geschichte ist, wegen seiner für Normalbürger „atypischen Körperform“:

> *„An den Schultern war der Smoking zu eng, an der Hüfte zu weit, an den Oberschenkeln auch zu eng. Herzlichen Glückwunsch. Ich weiß jetzt, dass ein Smoking nicht geschnitten ist für einen Leichtathleten.“*

Sein Vater weigert sich zunächst, seinen Sohn bei Veranstaltungen zu dessen Ehren zu begleiten, wenn dort eine Anzugpflicht herrscht. Erst bei der Gala zum Sportler des Jahres 2022 gibt Michael Kaul nach, folgt dem Beispiel seines Sohnes und lässt sich elegant einkleiden.

Im Ringen um die offiziellen Ehrungen des Jahres 2019 hat Mainz gegen Saulheim gewonnen: Schon unmittelbar nach seiner Rückkehr aus Doha darf Niklas Kaul sich ins Goldene Buch der Stadt eintragen. Saulheim aber benennt sich um. Auf Initiative eines privaten Radiosenders wird das gelbe Ortsschild mit dem Schriftzug „Kaulheim“ überklebt – zumindest für ein paar Tage.

Über Nacht weltberühmt

„Ich habe dreißig Jahre gebraucht, um über Nacht weltberühmt zu werden“, sagte Harry Belafonte einst in der Retrospektive über seinen Durchbruch als Sänger. Ganz so lange hat es bei Niklas Kaul nicht gedauert. Aber selbst bei einem so jugendlichen Sieger kommt ein unerwarteter Erfolg nicht über Nacht, auch wenn es von außen so erscheinen mag.

Bevor er mit 21 jüngster Zehnkampfweltmeister der Geschichte wird, hat er schon eineinhalb Jahrzehnte intensiv Sport getrieben. Zunächst spielt Kaul Handball beim TuS Saulheim, später betreibt er Leichtathletik beim USC Mainz. Spätestens als er dreizehn ist, ist den Trainern und Beobachtern klar, dass Niklas Kaul ein besonderes Talent für die Leichtathletik besitzt. Damals übertrifft er erstmals im Speerwerfen die 50-Meter-Marke. Gemessen werden 51,83 Meter.

Seinen ersten großen Titel gewinnt Niklas Kaul 2015 in Kolumbien. Bei den U-18-Weltmeisterschaften in Cali tritt er zum abschließenden 1500-Meter-Lauf mit der Aussicht an, den Weltmeistertitel zu erringen. Es ist 20:20 Uhr Ortszeit, 15 000 Zuschauer im Stadion jubeln, als der Startschuss fällt.

Daheim in Rheinhessen geht Niklas Kaul zu diesem Zeitpunkt noch zur Schule, seine Leistungskurse am Gymnasium in Nieder-Olm sind Mathe, Physik und Sozialkunde – in Rheinland-Pfalz müssen die Schüler drei Leistungskurse à vier Stunden belegen. Sport hat Kaul nicht gewählt – weil er als angehender Leistungssportler beim Schulsport mit bisweilen übermotivierten Mitschülern eine viel zu große Verletzungsgefahr für sich sieht.

Schon damals beeindruckt er mit einer Mischung aus Zielstrebigkeit und bodenständiger Gelassenheit. Einen strikten Ernährungsplan verfolgt er damals noch nicht. Am Wochenende geht er mit Freunden aus. Askese ist bei aller

Konsequenz im Training und bei allem Ehrgeiz nichts für ihn. Ein noch heute gepflegtes Ritual von damals: Nach sechs Stunden Schule legt er sich erst mal zum Mittagsschlaf hin. Sein tägliches Training als Schüler beginnt am späten Nachmittag – auf sechzehn, siebzehn Stunden beziffert er den damaligen wöchentlichen Umfang.

Szenenwechsel: Bei der WM in Cali beendet der junge Niklas Kaul den 1500-Meter-Lauf „nur" als Dritter. Doch seine Zeit von 4:42,29 Minuten bedeutet eine persönliche Bestleistung. Und mit 8002 Punkten übertrifft er erstmals die mythische 8000er-Marke: Das ist nicht nur eine persönliche Bestleistung, sondern Juniorenweltrekord. Und auch sein erster WM-Titel. Was für ein Karrierestart.

Von Kauls damaligen Konkurrenten im Kampf um die Medaillen – dem Franzosen Ludovic Besson (Silber), dem Esten Hans-Christian Hausenberg (Bronze) oder dem Amerikaner George Patrick – schafft es keiner in die Elite der erwachsenen Zehnkämpfer.

Kaul dagegen, der damals in Cali nebenbei auch noch die Silbermedaille im Speerwerfen bei den Spezialisten gewinnt, mit einer enormen Weite von 78,05 Metern, legt nach. 2016 wird er bei der U-20-WM in Bydgoszcz (Polen) mit 8162 Punkten abermals Weltmeister. Und auch dort flankiert der Tausendsassa seine Goldmedaille mit einem Weltrekord. Auch zwei EM-Titel gewinnt Niklas Kaul: 2017 in der Altersklasse U 20 sowie 2019 in der U 23, jeweils im Zehnkampf.

Doch Niklas Kaul ist klug genug, sich nicht nur auf seine sportlichen Talente zu verlassen. Schon nach seinem ersten großen Weltmeistertitel im Jahre 2015 sagt er über seine Berufsziele: *„Irgendwas in sportlicher Richtung würde mich sehr interessieren, vielleicht ein Studium zum Sportlehrer."*

Völlig fertig 2018

Seine erste große Meisterschaft bei den Erwachsenen bestreitet Niklas Kaul direkt auf der größtmöglichen Bühne.

Eigentlich hat er seine Saison zum Zeitpunkt der kontinentalen Titelkämpfe des Jahres 2018 in Berlin schon beendet. Beim Meeting in Götzis erzielt Kaul 8205 Punkte, zieht sich aber beim Speerwerfen eine leichte Rückenverletzung zu. In der Rangliste der deutschen Mehrkämpfer rangierte er auf Rang vier. An der EM aber dürfen nur drei Athleten einer Nation teilnehmen. Doch dann sagt Kai Kazmirek kurzfristig ab, der Olympiavierte von Rio 2016 und WM-Dritte von 2017 hat sich ebenfalls verletzt. Niklas Kaul ist der erste Nachrücker: Start bei der EM der Erwachsenen, der nächste große Karriereschritt.

Dass er nicht top vorbereitet ist, belastet ihn nicht besonders: *„Ich kann in Berlin nur gewinnen"*, sagt er sich und geht ohne Scheu an den Start. Gelassenheit und Nervenstärke – seine Trümpfe.

Mit 90 Kilogramm Körpergewicht, verteilt auf 1,90 Meter Größe, ist Niklas Kaul schon in jungen Jahren eine Erscheinung. Dass er es so schnell „zu den Großen" geschafft hat, beeindruckte ihn schließlich aber doch selbst. Die Wettkämpfe im Berliner Olympiastadion empfindet er als eine ganz andere Nummer im Vergleich zu den Meisterschaften bei den Junioren.

Der Wettkampf startet, Kaul findet bestens hinein und erlebt einen Höhepunkt in Disziplin vier, dem Hochsprung. Er, der Novize aus Mainz, beendet diese Übung als zweitbester aller Teilnehmer mit übersprungenen 2,08 Metern. Vor seinen Sprüngen animiert er das Publikum, das in ihm nun seinen Favoriten entdeckt. Mit 4089 Punkten übernachtet Kaul auf Rang dreizehn.

Am Ende des zweiten Tages schiebt sich Kaul sich mit persönlicher Bestleistung von 8220 Punkten – auch dank zweiter Plätze beim Speerwerfen und über 1500 Meter – bis auf Rang vier der Gesamtwertung nach vorne. Zu Bronze und dem Belarussen Witalij Schuk fehlen lediglich 70 Punkte, was angesichts des EM-Sieges seines Teamkollegen Arthur Abele ein wenig untergeht.

„Es gibt kein schöneres Gefühl, als am Ende von zwei Wettkampftagen völlig fertig zu sein", erklärt Niklas Kaul damals seine Faszination für den Zehnkampf: *„Am Boden liegen und die Gewissheit fühlen, es geschafft zu haben."*

Und ja: Er hatte es geschafft. Und zwar in die Elite der Zehnkämpfer. Mit zwanzig Jahren.

Der nächste Schritt

Als Höhepunkt des Jahres 2019 ist für Niklas Kaul die U-23-Europameisterschaft in Gävle (Schweden) Mitte Juli vorgesehen. Zuvor erreicht er beim Mehrkampfmeeting in Götzis Ende Mai den vierten Rang, 8336 Punkte – persönliche Bestleistung.

Sein geplantes Ziel für Gävle: der EM-Titel der Junioren.

Und das erreicht Kaul: den EM-Titel der Junioren plus die Qualifikation für die Olympischen Spiele 2020. Plus den Sprung in die Weltelite. Das lässt sogar für die WM 2019 in Doha hoffen.

8572 Punkte schafft Niklas Kaul in Gävle schließlich – schon wieder persönliche Bestleistung. Die Olympianorm übertrifft er gleich um 222 Punkte. Sein Fazit: *„Ich bin ein glücklicher Mensch und hoffe, dass es in den nächsten Jahren so weitergeht"*.

Zehnkampfbundestrainer Christopher Hallmann überschlägt sich in seiner ersten Stellungnahme nach den Titelkämpfen vor Freude: „Niklas hat in Gänze überzeugt; ihn zu begleiten, hat sehr viel Spaß gemacht. Was er geschafft hat, ist für sein Alter exorbitant."

Kaul setzt sich in Gävle vor dem Esten Johannes Erm (8445) durch. Bronze gewinnt der Ulmer Manuel Eitel, der mit 8067 Punkten allerdings schon einen erheblichen Rückstand aufweist.

Kauls Schlüssel zum Sieg: erneut das Speerwerfen mit starken 77,36 Metern und hervorragende 4:17,63 Minuten im 1500-Meter-Lauf. Die Disziplinen Nummer neun und zehn werden in den kommenden Jahren zu seinem Markenzeichen. Und auch das: dass er dank seiner überragenden Fähigkeiten mit dem Speer und dem Lauf über 1500 Meter in der Lage ist, die Spitze des Siegertreppchens sozusagen aus der Tiefe des Raumes zu erstürmen.

In Gävle erkennt Kaul: *„Sport ist nicht annähernd planbar und Zehnkampf erst recht nicht."* Nach den damals erreichten 8572 Punkten bescheinigt er sich selbst: Es ist *„noch Luft nach oben"*.

Auch Bundestrainer Hallmann sieht das so. Aber er weiß, dass eine weitere Steigerung Zeit benötigt. Auf die Frage, ob er glaubt, einmal die magische 9000-Punkte-Grenze überschreiten zu können, antwortet Niklas Kaul: *„Der perfekte Zehnkampf ist eine Wunschvorstellung von uns allen – die meistens nicht eintritt.“*

Tiefen und Höhen

Im Nachhinein wirkt die Kaul-Story der Jahre 2019 bis 2022 wie der Plot eines Hollywooddrehbuchs, in dem der Held nach einem märchenhaften Auftakt durch tiefe Täler gehen und Selbstzweifel überwinden muss, um am Ende doch zum strahlenden Helden aufzusteigen. Wenn er auf die Verwicklungen dazwischen auch gerne verzichtet hätte, so räumt Kaul doch ein, dass es die Erfolge noch ein bisschen wertvoller macht, wenn sie mit der Überwindung von Widerständen verbunden sind. *„München war für mich der viel, viel emotionalere Titel im Vergleich zu Doha.“*

Die Hochstimmung im Stadion, der Heimspielcharakter haben ihn gepusht, und er will beweisen, dass er es kann – gerade weil es die zwei Jahre davor nicht funktioniert hat.

> *„Der Tiefpunkt war im August 2021 im Olympiastadion in Tokio erreicht. Da war die Enttäuschung groß. Aber im Nachhinein hat mich das Event in München wieder rausgeholt.“*

Bei allen Problemen, die er zu überwinden hat, hat Kaul nie den Eindruck, dass es sich nicht lohne, die Qualen in Kauf zu nehmen, die ein Leben als Zehnkämpfer mit sich bringt. Den

Gedanken hinzuschmeißen habe er nie gehabt: *„Ich bin noch relativ jung. 24 ist kein großes Alter für einen Zehnkämpfer"*, sagt er damals.

Und obwohl ein Zehnkampf gemeinhin nur dann als gelungen angesehen werden kann, wenn er zu Ende gebracht wird, schafft es Kaul in seiner persönlichen Sicht der Dinge, auch aus den Ansätzen zwischen Doha und München positive Schlüsse zu ziehen.

> *„Die ersten vier Disziplinen in Tokio waren richtig gut, und das Training vor Olympia fühlte sich auch gut an. Deshalb dachte ich nie, es geht gar nicht mehr."*

Der gleiche Gedanke treibt ihn auch für die Olympischen Spiele von Paris wieder an.

Im Hof hüpfen

Nun also 2024. Eigentlich sollte schon 2020 „sein" Olympiajahr werden. Das erste Problem: Aus 2020 wurde 2021, Verschiebung der Tokio-Spiele um ein Jahr.

Kaul macht sich für Japan große Hoffnungen, schließlich ist er der aktuelle Weltmeister und gilt als möglicher Kandidat für den Olympiasieg. Doch dann kommt Corona, der Lockdown – und alles zum Erliegen. Niklas Kaul weilt noch im Trainingslager in Südafrika, als klar wird, dass diese Saison ganz anders verlaufen würde. Er bricht sein Trainingslager ab, in dem er mit seiner Freundin Mareike, seiner damaligen Trainingspartnerin Carolin Schäfer und seinen Trainereltern weilt, und reist zurück nach Mainz.

Der Dreiklang aus Joggen, Ergometertraining und „Hüpfen im Hof“ sollte in den darauffolgenden Wochen den Trainingsalltag des Weltmeisters bestimmen. Mit Hanteln und Gewichten lässt sich zumindest Krafttraining machen. Und – Lob des Lebens in der Provinz – Kugelstoßen und Diskuswerfen kann er auf einem rheinhessischen Acker in der Nähe seines Heimatortes Saulheim üben. Speerwerfen dagegen nicht – er will ja niemanden gefährden und kein Wild erlegen.

Einen Ausgleichswettbewerb absolviert Niklas Kaul dann doch während des Lockdowns. Anfang Juni 2020 beteiligt er sich an einem Sonntagnachmittag am „Ultimate Garden Clash“ – und tritt dabei in einem Spezialdreikampf gegen den französischen Weltrekordhalter Kevin Mayer und den WM-Zweiten Maicel Uibo aus Estland an. Alle drei kämpfen auf ihrer eigenen Anlage – und sehen sich gegenseitig via Liveübertragung online zu.

Bei dem Dreikampf gilt es zunächst, im Stabhochsprung binnen 10 Minuten so oft wie möglich die 4-Meter-Marke zu überwinden; dann im Kugelstoßen serienweise mehr als 12 Meter zu stoßen; und in der dritten Disziplin im Hütchenlauf die 20 Meter auseinanderstehenden Pylonen 5 Minuten lang zu umrunden. Übertragen wird der Showwettbewerb in den sozialen Medien auf YouTube, Twitter und Facebook. Während Mayer in Montpellier und Uibo in Clermont (USA) unter freiem Himmel kämpfen, geht der Weltmeister für seine Disziplinen in die Mainzer Unihalle. Anschließend sagt er: *„Ich bin froh, endlich mal wieder einen Wettkampf gemacht zu haben.“*

Die Verschiebung der Spiele 2020 ist eine Enttäuschung für Niklas Kaul. Doch er betrachtet sie trotz der persönlichen Nachteile angesichts der allgemeinen Lage als richtig. Mit seinen damals 22 Jahren wähnt Kaul sich noch am Anfang seiner Karriere – auch wenn ihm bewusst ist, dass der Sport schnelllebig ist und man seine Zeit nutzen muss. Denn wer weiß schon, was in einem Jahr sein wird. Ob die Form stimmt, die Fitness, das mentale Gerüst? *„Ich hoffe, dass wir 2021 die Spiele bekommen, die wir uns erträumen."*

Nun ja, es kommt anders.

Tokio im Rollstuhl

Statt in Tokio um Medaillen kämpfen zu können, muss sich Niklas Kaul dort wie erwähnt im Rollstuhl aus dem Olympiastadion schieben lassen. Es ist ein trauriger und etwas dramatischer Abgang, so gar nicht nach seinem Geschmack. Kaul zieht sich beim Hochsprung eine Quetschung im Sprunggelenk seines rechten Fußes zu. Immerhin war er 2,11 Meter gesprungen – persönliche Bestleistung –, nun kann er nicht mehr auftreten. Kein Zehnkämpfer kam an diesem Tag höher hinaus im Hochsprung. Doch keiner fällt auch so tief wie er.

„Ich stelle den Fuß zu dicht hin", analysiert Kaul später sein Missgeschick, das auf den ersten Blick nicht als solches zu erkennen ist. Der Absprung gelingt, der Flug auch. Doch schon beim Wechseln von den Sprungschuhen in die Badeschlappen schwant nicht nur ihm, sondern auch den Zuschauern, dass da etwas nicht stimmte: Blut suppte durch die Socken. Kauls „zu dicht Hinstellen" hat zur Folge, dass zu

hohe Kräfte auf den Sprungfuß wirken. *„Da muss ich gucken, dass ich weiter weg bleibe."* Doch er hat auch die Erklärung parat: *„Höchstleistungssituation."* Da horcht der Athlet von Welt nicht immer so in sich hinein, wie es wohl sinnvoll wäre.

Ohne Weiteres aufhören will er aber nicht. Nach Beratung mit dem deutschen Teamarzt Andrew Lichtenthal versucht Kaul, den ersten Tag noch zu Ende zu bringen. *„Ich wusste, es wird kein großer Spaß"*, sagt er über das Vorhaben, die 400 Meter noch zu laufen, um dann über Nacht auf eine Wunderheilung zu hoffen. Doch nach 280 Metern ist Schluss. Kaul sinkt in sich zusammen und bleibt auf der Laufbahn liegen, bis die Helfer mit dem Rollstuhl kommen. *„Das war nicht schön"*, sagt er am Tag danach: *„Aber es bringt ja nichts, das Fußgelenk zu zerschleißen."*

So muss Kaul tatenlos zuschauen, wie der Kanadier Damian Warner mit herausragenden 9018 Punkten zum neuen König der Athleten ausgerufen wird. Der Franzose Kevin Mayer, genau wie Kaul ein Mann des zweiten Tages, gewinnt nach starker Aufholjagd mit 8726 Punkten Silber. Bronze sicherte sich überraschend der Australier Ashley Moloney (8649).

Gemessen an seinem Start in den Wettkampf hätte Niklas Kaul mitreden können bei der Medaillenentscheidung. Nach persönlichen Bestleistungen im Weit- und Hochsprung und für ihn guten Resultaten in Sprint und Kugelstoßen liegt er gut 100 Punkte über seiner Zwischenmarke von Doha und auf Kurs Richtung 8700 Punkte.

Immerhin: Nichts war gerissen, es gab keine Fraktur. *„Körperlich gehts besser als mental. Der Stachel sitzt tief."*

Immerhin kann er einen Teil des Erfolges eines anderen für sich verbuchen. Weltrekordhalter Mayer hatte sich mit YouTube-Videos auf Olympia vorbereitet und im Speerwerfen Anschauungsmaterial von Niklas Kaul erhalten. *„Dafür bekomme ich von ihm Hürdenvideos"*, meint Kaul, das Motto der gegenseitigen Unterstützung innerhalb der Zehnkampffamilie mit Leben füllend.

Doppelt Corona

Und dann hat Niklas Kaul auch mal Glück im Unglück. Nach dem verletzungsbedingten Ausscheiden bei Olympia 2021 und der pflichtgemäß absolvierten WM 2022 hätte er den emotionalen Höhepunkt seiner Comebacksaison beinahe vor dem Fernseher verbringen müssen.

Nach seiner Rückkehr aus Eugene informiert ihn sein Teamkollege Tim Nowak, dass er mit Corona infiziert sei. Kaul testet sich und ist ebenfalls positiv, wenn auch nur schwach und zu seiner Erleichterung lediglich an einem Tag.

Die Gefahr, die von der USA-Reise ausgeht, sieht Kaul schon vor dem doppelten Saisonhöhepunkt voraus – und auch deshalb ist seine Lust auf den WM-Start gering. Das Ziel, Europameister zu werden, will er auf keinen Fall gefährden. Da er von der deutschen Teamleitung aber keinen garantierten Startplatz für München zugesagt bekommt, muss er in Eugene starten. Ohne zu glänzen, belegt er dort als bester Deutscher Rang sechs (8434 Punkte) vor Neugebauer (Rang 10, 8182 Punkte) und Kazmirek (Rang 12, 8113 Punkte). Nowak wird nach einer Nullwertung im Stabhochsprung mit 7008 Punkten Letzter.

Im Nachhinein ist klar: Die Gefahr einer Ansteckung war sehr groß. Denn auf dem Rückflug aus Amerika sitzt Kaul im Flugzeug neben Malaika Mihambo. Und die Weitsprungweltmeisterin bringt neben ihrer Goldmedaille auch eine Coronainfektion aus den USA mit nach Hause. Bei ihr mit erheblichen Auswirkungen. Zwar kann Mihambo nach der obligatorischen Pause und der anschließenden Schonzeit bei der EM in München antreten. Doch dort kollabiert sie nach ihrem Wettkampf, den sie trotz ihres geschwächten Körpers auf dem Silberplatz beendet. Das Weitsprungfinale durchzustehen, hat sie gerade noch hinbekommen – das anschließende Fernsehinterview nicht mehr.

Unter diesen Umständen einen Zehnkampf erfolgreich zu absolvieren, wäre unmöglich gewesen. Der von den Coronanachwirkungen geschwächte Tim Nowak versucht es zwar, logisch, es war ja eine Heim-EM, muss aber schon nach der dritten Disziplin kapitulieren – auch er bricht in der Hitze von München zusammen. Niklas Kaul kann von Glück sprechen, dass ihn das Virus offenbar nur gestreift hat.

Dass die Coronakrise noch nicht beendet ist, muss er dann aber bei den Weltmeisterschaften im darauffolgenden Jahr in Budapest am eigenen Leib erfahren.

„Er hatte keine Lust auf den Wettkampf“, sagt Stefanie Kaul, seine Mutter, im Nachhinein – und erklärte sich das zunächst mit einer anstehenden Physikklausur an der Uni. Doch das Problem ist ein anderes.

Schon während des ersten Wettkampftags wirkt Niklas merkwürdig matt. Sein Ausscheiden nimmt er einigermaßen emotionslos hin. Am Tag danach plagen ihn Hals- und

Kopfschmerzen, nach seiner Rückkehr folgt in Deutschland die Gewissheit: Er hat Corona. Auch Vater Michael und Schwester Emma leiden unter Erkältungssymptomen. „Dabei saßen wir im Flieger als Einzige mit Maske", betont der Vater.

Die Nachwirkungen sind gerade für Hochleistungssportler nicht zu unterschätzen. Noch Wochen später sind Niklas Kauls Ausdauerwerte auf dem Laufband nicht im üblichen Bereich.

Die Kauls haben sich in der Folge dieser Erfahrung fest vorgenommen, vor den Olympischen Spielen in Paris an keinem der Vorbereitungscamps des Deutschen Leichtathletik-Verbandes (DLV) teilzunehmen. Sie wollen unter keinen Umständen die Gefahr einer abermaligen Infektion riskieren. „Wir werden uns nur zu Hause vorbereiten", erklärt Stefanie Kaul – und dann zwei Tage vorher anreisen, Akkreditierung abholen, keine Kontakte eingehen, starten, fertig.

DER ZEHNKAMPF

Decathlon

Die zehn Disziplinen des Zehnkampfs sind von Beginn seiner olympischen Geschichte an die gleichen und können als die Basisdisziplinen der Leichtathletik angesehen werden. Kurzgefasst sind Laufen, Werfen und Springen in etwa gleichrangig abgebildet.

Im Detail gehören Sprint, Langsprint und Mittelstrecke ebenso zum Kanon wie Hürdenlauf, außerdem die drei klassischen Wurfdisziplinen mit Kugel, Diskus und Speer sowie die Sprünge hoch, weit und mit Stab.

Auch die Verteilung der Disziplinen auf die beiden Tage ist von Anfang an die gleiche. Jeder Zehnkampf beginnt mit einem Sprint und endet mit einem Dauerlauf. Auch die Reihenfolge ist immer gleich, nur die Startzeiten variieren. Für Tag eins gilt folgendes Programm: 100 Meter, Weitsprung, Kugelstoß, Hochsprung, 400 Meter. Es sind die „einfachen Disziplinen", die auch bei Kreissportfesten mehr oder weniger problemlos, ohne großen Aufwand, bestritten werden können. Und zumindest die ersten drei hat fast jeder auch schon mal ausprobiert, sei es bei den Bundesjugendspielen in der Schule oder bei einem Dorfsportfest im Turnverein.

Tag zwei beinhaltet das kompliziertere Programm mit größeren technischen Anforderungen, sowohl was das sportliche

Können als auch die Geräte angeht: 110 Meter Hürden, Diskuswurf, Stabhochsprung, Speerwurf, 1500 Meter.

Vielleicht steckt auch das im Wort Zehnkampf: Es ist kein reines Vergnügen, sich in zehn so unterschiedlichen Disziplinen zu messen; allein der zeitliche Aspekt – ein Wettkampf über zwei Tage. Zehnkampf ist ein Sport der Leidenschaft – und ein Sport, der Leiden schafft. Das französische „décathlon" klingt nur etwas eleganter ...

Schnell an- und abschalten

„Natürlich sind die zehn Einzeldisziplinen, die es auch als einzelne Disziplinen in der Leichtathletik gibt, Teile des Zehnkampfs. Aber der Zehnkampf als Ganzes ist eine Disziplin für sich, weil währenddessen so viel drum herum passiert – Faktoren, die man bei den Einzeldisziplinen eigentlich kaum berücksichtigen muss: Verpflegung, ausruhen, schlafen, dazu Behandlungen. All diese Dinge gehören beim Zehnkampf dazu, sind Teil der Disziplin und müssen berücksichtigt und trainiert werden.

Oft hat man es zum Beispiel mit schlechten Diskusanlagen zu tun, und es dauert ewig, bis man dran ist. Oder man hat nur eine halbe Stunde nach dem Hochsprung bis zum 400-Meter-Lauf, wie ich es bei der Jugend-WM erlebt habe. Oder nehmen wir das Warm-up. Wenn man sich für einen Einzelwettkampf im Diskus warm macht, hat man viele Würfe zum Einwerfen, im Zehnkampf sind es meist nur zwei. Das heißt, wir müssen die Einzeldisziplinen so trainieren, dass sie in der Disziplin Zehnkampf auf Anhieb funktionieren. Man muss sofort da sein und ebenso schnell abschalten, das ist eine geradezu zwingend notwendige Bedingung. Die Techniken müssen automatisch funktionieren. Man hat nicht zehn Würfe, um reinzukommen. Das passt allein zeitlich nicht. Darauf muss man im Training hinarbeiten, auf das Spezifikum: zwei Würfe zum Warmwerden, drei Wettkampfwürfe.

Ich trainiere also auch, während des Wettkampfs abzuschalten und mich zu sammeln, mich aus der Situation rauszuziehen. Es ist zwar überall Publikum, aber ein Stadion ist groß, man findet immer irgendwo einen Platz, an dem man ein bisschen Ruhe hat. Wenn es nicht gerade 35 Grad sind: Jacke an, Kapuze auf, irgendwo hinsetzen, wo sonst keiner ist. Und dann: resetten, konzentrieren, bevor es zurück in den Wettkampf geht.“

Tag 1, Part 1: 100 Meter – „Spezielle Aufregung“

Jeder Zehnkampf beginnt mit einem Sprint am Morgen. Schnelligkeit ist eine wichtige Voraussetzung für Bewegungen aller Art, und deshalb kommt dem Sprintvermögen auch im Zehnkampf eine Schlüsselposition zu. In der Szene der vielseitigen Alleskönner ist der Kanadier Damian Warner, Olympiasieger von Tokio, der Schnellste. Ihm gelang in der japanischen Hauptstadt 2021 mit einer Sprintleistung von sensationellen 10,12 Sekunden über 100 Meter ein Start nach Maß. Nie zuvor war ein Athlet schneller als der damals 31-Jährige in einen Zehnkampf gestartet. Sein Rekordsprint brachte ihm 1066 Punkte ein. Das war die Grundlage für seinen überlegenen Start-Ziel-Sieg zu Olympiagold.

Das Sprint-Ergebnis zu Beginn des Wettkampfs ist ein guter Gradmesser für die Erfolgsaussichten eines Zehnkämpfers, wie sich regelmäßig zeigt. Der Amerikaner Ashton Eaton etwa, Olympiasieger von 2012 und 2016, hat eine 100-Meter-Bestleistung von 10,23 Sekunden, die er bei seinem WM-Sieg in Peking 2015 lief. Sein Landsmann Bryan Clay, Olympiasieger 2008 in Peking, lief die 100 Meter in 10,40 Sekunden. Niklas Kaul ist die Ausnahme dieser Sprintregel, das Gegenteil eines Schnellstarters. Der Sprint zählt zu seinen schwächsten Disziplinen, bereits mit dem Start hat er einige Probleme. In Tokio war Kaul nach 11,22 Sekunden im Ziel und belegte mit 812 Punkten Platz 22 von 24 Teilnehmern. Und auch bei der WM in Doha 2019, die er als Weltmeister beendete, wies Kaul nach der ersten Disziplin 210 Punkte Rückstand auf Warner auf und belegte den 20. Platz im Klassement.

Für ihn gilt nach einem 100-Meter-Lauf vor allem: ruhig bleiben, Schuhe wechseln, weitermachen. Aber vorher ist es doch ein bisschen anders, wie er bekennt:

„Die 100 Meter sind nicht meine Lieblingsdisziplin. Grundsätzlich gibt es drei Disziplinen, bei denen du wirklich nervös bist im Zehnkampf. 100 Meter ist eine davon, die anderen beiden sind die 400 und die 1500 Meter – das ist einfach der Anstrengung geschuldet. Die 100 Meter sind allerdings meine ganz spezielle Herausforderung. Es bewegt sich alles immer im Bereich plus/

minus eine Zehntelsekunde von dem, was du als Bestleistung draufhast. Trotzdem sind alle Zehnkämpfer vor der ersten Disziplin angespannt. Das merkt man auch im Call-Room. Bei den großen Wettkämpfen ist es so: Wir wärmen uns auf dem Warm-up-Platz auf und gehen dann in den Call-Room. Da wird gecheckt, ob die Startnummern richtig sitzen, ob die Spikes festgeschraubt sind – das ist immer mit ein bisschen Stress verbunden. Man ist zusätzlich aufgeregt und froh, wenn es endlich losgeht."

Im Zehnkampf gibt es für jede Disziplin Faustregeln. Für 100 Meter lautet sie: Um 1000 Punkte zu erhalten, muss ein Läufer 10,40 Sekunden schaffen, für 800 Punkte 11,28 Sekunden. Eine Zehntelsekunde ist 22 Punkte Wert, 5 Hundertstelsekunden 10 Punkte. Rückenwind von einem Meter pro Sekunde begünstigt die 100-Meter-Zeit um eine Zehntelsekunde. Abzüge gibt es für Windunterstützung jedoch nicht.

Neben dem König der Athleten gibt es noch einen zweiten Ehrentitel in der Leichtathletik: den schnellsten Mann der Welt. Derzeit ist das Usain Bolt, der 2009 in Berlin in 9,58 Sekunden über die Bahn jagte und dessen Weltrekord noch immer gilt. Usain Bolt hätte als Zehnkämpfer für seinen Weltrekord 1202 Punkte erhalten.

Tag 1, Part 2: Weitsprung – *„Protest gehört dazu"*

Möglichst schnell anlaufen, um möglichst weit zu springen: So banal es klingt, so richtig ist das. Schnelligkeit im Anlauf ist, gekoppelt mit Sprungkraft, der maßgebliche Faktor beim Weitsprung. Die Schwierigkeit dabei ist, nach schnellstmöglichem Anlauf über rund 40 Meter einen 20 Zentimeter schmalen Balken, der als Absprunghilfe dient, perfekt zu treffen – also vor dem Querriegel, der einen Übertritt markiert.

Beim Weitsprung wird nicht das reine Maß genommen, sondern die Weite ab der Vorderkante des Absprungbalkens. Wer den Balken nicht richtig trifft oder aus Sicherheitsgründen zu früh abspringt, verschenkt einige Zentimeter und damit Punkte. Schlimmer dran ist, wer übertritt. Wenn nur der Abdruck eines einzigen Spikenagels in der Plastelinmasse zu sehen ist, die die verbotene Zone markiert, dann ist der Sprung ungültig. Bei modernen Anlagen hat die Videomesstechnik das Nachspüren eines Fußabdrucks obsolet gemacht. Das Resultat ist das Gleiche: Bei drei ungültigen Versuchen ist der Zehnkampf verloren, denn als Ergebnis stehen dafür 0 Punkte.

Welche Taktik also wählen? Gleich einen „raushauen", um mit der größtmöglichen Weite die Konkurrenz zu schocken? Oder lieber einen Sicherheitssprung in den Sand setzen, um die Gefahr eines „Salto nullo" (dreier ungültiger Versuche) zu vermeiden?

Um den Anlauf möglichst zielgenau hinzubekommen, setzen die Weitspringer Zwischenmarken vor dem Balken. Wenn sie fünf, sechs Schritte vor dem Absprung erkennen, dass sie zu nah dran oder zu weit weg sind von der magischen Absprungkante, können sie noch Korrekturen beim Anlauf vornehmen.

Der mit Abstand beste Weitspringer unter den Zehnkämpfern ist Simon Ehammer. Seine 8,45 Meter, die er in Götzis

2022 erzielte, bedeuten Weltrekord für Zehnkämpfer, der Lohn: 1178 Punkte. Auch für Spezialisten stellen 8,45 Meter absolute Weltklasse dar. Ehammer, der stets volles Risiko geht, hat mit diesem Sprung nicht nur einen allgemeinen Schweizer Rekord aufgestellt, sondern sich auch auf Rang zwölf der All-Time-Bestenliste der europäischen Leichtathletik im Weitsprung platziert. Bei der WM 2022 sprang er zwar „nur" 8,16 Meter, gewann damit aber die Bronzemedaille im Weitsprung der Spezialisten. Niklas Kaul staunt jedes Mal wieder aufs Neue über die Sprungfähigkeit seines Freundes: *„Vielleicht erklärt er mir irgendwann einmal, wie er das macht."* Seine persönliche Bestmarke liegt bei 7,36 Meter (was 900 Punkte ergibt).

> *„Vom 100-Meter-Lauf ziehst du direkt zur Grube der Weitspringer weiter. Da bleibt meist keine Zeit, um noch mal mit den Trainern zu sprechen. Wenn der 100-Meter-Lauf nicht ganz so optimal gelaufen ist, musst du das mit dir selbst ausmachen, um den Kopf für den Weitsprung freizubekommen. Und wir haben im Gegensatz zu den Spezialisten mit ihren sechs Versuchen nur drei Sprünge. Deswegen ist beim ersten Versuch immer etwas Nervenflattern dabei. Du willst eine Weite erzielen, eine Marke setzen, die schon mal steht. Das muss jetzt nicht in Richtung Bestleistung gehen, aber etwas Solides sollte es schon sein – um danach angreifen zu können! Für den ersten Sprung gehe ich immer 20 bis 30 Zentimeter weiter nach hinten, um nicht in die Verlegenheit zu kommen, mit einem ungültigen Sprung zu starten. Ein ungültiger Sprung erhöht*

das Stresslevel ungemein. Das kannst du bei einem kräftezehrenden Zehnkampf nicht gebrauchen.“

Niklas Kaul sah sich bei seinem Wettkampf in Doha mit einem besonderen Problem konfrontiert. Die Auswertung seines ersten Sprungs hatte nur 6,36 Meter ergeben – was definitiv nicht sein konnte. *„Ich wusste, dass der Sprung auf jeden Fall weiter war.“* Deshalb stellte er sich unmittelbar nach dem Sprung in die Anlaufspur, um den Wettbewerb zu unterbrechen und gegenüber dem Kampfrichter seinen Protest anzumelden. *„Denn wenn der Sand erst mal wieder glatt geharkt ist, kannst du gar nichts mehr messen.“* Die nochmalige Überprüfung der Weite zahlte sich aus: 7,19 Meter gingen am Ende als offizielle Weite in die Wertungsbücher ein.

„Es braucht Geistesgegenwart, um sofort zu reagieren. Es kommt immer mal wieder vor, dass man Protest einlegen musst. Auch das ist Stress.“

Für die magische Marke von 1000 Punkten muss ein Springer 7,76 Meter weit springen. Für 800 Punkte reichen 6,94 Meter. 10 Zentimeter entsprechen 24 Punkten. 4 Zentimeter sind 10 Punkte wert.

Die legendären 8,90 Meter des Amerikaners Bob Beamon, erzielt 1968 bei den Olympischen Spielen von Mexiko-Stadt, entsprechen 1298 Punkten. Der derzeit gültige Weltrekord von Mike Powell, 8,95 Meter (aufgestellt bei der WM 1991 in Tokio), wären innerhalb eines Zehnkampfes 1312 Punkte.

Tag 1, Part 3: Kugelstoßen – „Maximale Spannung"

Nach den beiden Sprintdisziplinen steht bei der dritten Prüfung des ersten Tages die Kraft im Vordergrund: Kugelstoßen. Das klingt im ersten Moment sehr nach Muskelmasse, dabei kommt es aber auch hier auf Technik und Schnellkraft an. Die Kugel mit einem Gewicht von 7,26 Kilogramm muss aus dem Kugelstoßring gestoßen werden, wie der Name sagt: Werfen ist nicht erlaubt! Der Abstoßkreis mit einem Durchmesser von 2,135 Metern, von einem bogenförmigen Balken begrenzt, ist 10 Zentimeter hoch und dient als Stemmpunkt, an dem die Athleten ihr Stoßbein ansetzen und die Kugel beschleunigen. Dieser Stemmpunkt darf nicht von oben berührt werden – dann wäre der Stoß ungültig. Ein kegelförmiger Bereich mit einem Winkel von 34,92 Grad begrenzt den Sektor, in dem die Kugel landen darf. Landet sie außerhalb, ist der Versuch ungültig.

Drei Versuche stehen jedem Zehnkämpfer zur Verfügung. Die meisten Zehnkämpfer wenden die sogenannte Angleittechnik an. Dazu stellen sie sich mit dem Rücken zur Stoßrichtung auf, halten die Kugel am Hals und bewegen sich durch ein Abstoßen des Schwungbeins bei gleichzeitigem Abdrücken des Stoßbeines in einer fließenden Bewegung zum Balken hin. Durch die Koordination von Bein-, Hüft- und Armstreckung wird die Kugel beschleunigt und abgestoßen.

Die andere Variante, die anspruchsvolle Drehstoßtechnik, die Spezialisten wie Weltrekordhalter und Olympiasieger Ryan Crouser anwenden, wird von den Zehnkämpfern vernachlässigt. Sie basiert auf eineinhalb Drehungen im Ring, wodurch sich der Beschleunigungsweg der Kugel verlängert. Diese Technik bedarf eines ausgeprägten Gleichgewichts- und Orientierungsvermögens und eines hohen Trainingsaufwands, die Gefahr von Fehlversuchen ist größer.

Im Vergleich zu den Spezialisten sind Zehnkämpfer eher schwache Kugelstoßer. Leistungen von über 20 Metern sind bei ihnen undenkbar, was mit den körperlichen Voraussetzungen zu tun hat. Es gilt: Kraft gleich Masse mal Beschleunigung. Um die Weite signifikant zu steigern, müsste der Athlet Körpergewicht zulegen, was im Hinblick auf die anderen Disziplinen keine Option ist.

Von den aktuell aktiven Zehnkämpfern ist Kevin Mayer der beste Kugelstoßer. Seine persönliche Bestleistung von 17,09 Metern ist 919 Punkte wert. Der Jamaikaner Maurice Smith, Vizeweltmeister 2007, schaffte sogar 17,32 Meter. Niklas Kauls persönlicher Rekord liegt bei 15,19 Metern (801 Punkte).

> *„Während du beim Weitsprung versuchen musst, möglichst locker anzulaufen, damit du den Absprung optimal vorbereiten kannst, brauchst du beim Kugelstoßen maximale Spannung. Wenn du versuchst, locker weit zu stoßen, scheiterst du. Diese Umstellung hinzubekommen, ist die Herausforderung.“*

Zur Vorbereitung auf das Kugelstoßen wärmt sich Niklas Kaul mit dem Therapieband und mit Sprüngen aus einem kleinen Kniewinkel auf. Denn während man beim Weitsprung mit dem langen Bein abspringt, gilt es beim Kugelstoßen, sich aus dem gebeugten Bein abzudrücken. Und noch etwas ist zu beachten:

> *„Kugelstoßen ist die letzte Disziplin vor der Mittagspause am ersten Tag – meist gegen 12 Uhr. Im Stadion ist oft kein Schatten, und je nach Austragungsort ist es auch schon sehr heiß. Man muss mit seinen Kräften sehr haushalten. Zwar fühlt man sich in der dritten Disziplin körperlich noch gut, aber wenn man übertreibt, bekommt man dafür recht bald die Quittung – spätestens am zweiten Tag. Deshalb geht es beim Kugelstoßen vor allem um die Frage: Wie kann man Körner sparen, ohne dass die Leistung leidet?"*

Für 1000 Punkte sind 18,40 Meter nötig. Für 800 Punkte reichen 15,16 Meter. Ein halber Meter entspricht etwa 30 Punkten. 10 Punkte gibt es für 15 Zentimeter.

Der Kugelstoßweltrekord des Amerikaners Ryan Crouser aus dem Jahr 2023 liegt bei 23,56 Meter und würde 1323 Punkte ergeben.

Tag 1, Part 4: Hochsprung – „Links wie rechts"

Nun kommt nach der Zeit und der Weite eine neue Dimension in den Zehnkampf: die Höhe. Beim Hochsprung ist der Athlet vor allem im Kopf gefordert. Die Schwierigkeit besteht darin, vom horizontalen Bewegungsablauf der ersten drei Disziplinen in den vertikalen Absprung umzuschalten. Außerdem kommt hinzu, dass ein um die 90 Kilogramm schwerer Zehnkämpfer wie Niklas Kaul deutlich mehr Gewicht über die Latte stemmen muss als die gewöhnlich extrem schlanken und leichten Spezialisten. Für die Umstellung benötigt Niklas Kaul jedoch nicht viel Vorbereitungszeit: „*Nach der Mittagspause mache ich mich nur wenig warm. Ich absolviere einige lockere Kurvenläufe und ein, zwei Steigesprünge.*"

Als Technik hat sich der Fosbury-Flop durchgesetzt – benannt nach seinem Erfinder Dick Fosbury, der 1968 mit dieser Sprungform für Furore sorgte. Nach einem bogenförmigen Anlauf von sieben bis neun Schritten – Spezialisten laufen länger an – springt der Athlet mit dem Rücken zur Latte ab. Dabei wird über das gestreckte Sprungbein die Anlaufgeschwindigkeit in den Absprung umgesetzt. Die Latte überwindet der Sportler anschließend rücklings in Brückenform – wobei die Beine nach- und die Füße hochgezogen werden, um die Latte nicht mit den Hacken abzuräumen.

Dass beim Absprung ein enormer Druck auf dem Fuß lastet – ein Vielfaches des Körpergewichts –, musste Niklas Kaul mehrmals schmerzlich erfahren. Um Rückschläge wie die Fußverletzungen von Tokio und Budapest zu vermeiden, wechselte Kaul den Sprungfuß und springt nun mit links statt mit rechts ab, auch wenn er nicht beidseitig gleich stark ist.

> *„Mit dem rechten Fuß habe ich eine Bestleistung von 2,11 Metern – mit dem linken glatt 2 Meter. Ich habe in den letzten zehn Jahren aber auch nur einen Wettkampf ‚mit links' gemacht. Ich tippe mal, dass ich schon in den Bereich von 2,05 Metern springen kann, wenn ich es ein Jahr forciere. Mit links abspringen ist nicht wie zum Beispiel mit links Speerwerfen – das könnte ich gar nicht. Wir schulen im Hochsprungtraining im Herbst und Winter immer beide*

Seiten – wenn auch nur nach freiem, nicht nach rhythmischem Anlauf. Aber ich weiß, wie es sich anfühlt, von der anderen Seite zu springen.“

Da die Hochspringer bei jeder Höhe drei Versuche haben und ihr Sprungvermögen sehr unterschiedlich ausgeprägt ist, zieht sich die vierte Zehnkampfdisziplin oft sehr in die Länge.

„Beim Hochsprung beginne ich mit einer Höhe, von der ich weiß, dass ich sie relativ sicher meistere – damit ich nicht schon bei der Einstiegshöhe in den zweiten oder dritten Versuch muss. Es gibt Athleten, die zwischendurch immer mal eine Höhe auslassen, das mache ich nicht, weil ich es nicht mag, wenn ich zwischen meinen Versuchen lange Pausen habe. Und eine Höhe auszulassen, bringt auch nur dann was, wenn man danach die Höhe im ersten Versuch springt – weil man sich nur dann einen Sprung spart. Zudem ist das Risiko beim Auslassen groß: Wenn man die nächste Höhe nicht springt, fällt man bei der Wertung logischerweise gleich um zwei Höhen zurück.“

Die bis heute beste Einzelleistung in einem Zehnkampf gelang einem Springer in der eigentlich als veraltet geltenden Straddle-Technik. Der DDR-Athlet Christian Schenk wälzte sich bei den Olympischen Spielen 1988 bäuchlings über die Latte – und schaffte damit 2,27 Meter. 1061 Punkte waren der Lohn und bildeten die Grundlage seines Olympiasiegs in Seoul.

Für 1000 Punkte sind 2,20 Meter gefordert. Für 800 Punkte reichen 1,99 Meter. Die Höhe wird stets in 3-Zentimeter-Schritten gesteigert, jede Höhe Differenz bedeutet 28 Punkte Unterschied. 10 Punkte entsprechen somit ungefähr einem Zentimeter.

Der Hochsprungweltrekord des Kubaners Javier Sotomayor aus dem Jahr 1993 liegt bei 2,45 Metern (das bedeutet 1244 Zehnkampfpunkte). Zum Vergleich: Ein Fußballtor ist 2,44 Meter hoch.

Tag 1, Part 5: 400 Meter – „Fast schwarz vor den Augen"

Zum Abschluss des ersten Tages, der acht bis zwölf Stunden dauern kann, steht den Zehnkämpfern die härteste Disziplin des ersten Tages bevor: der 400-Meter-Lauf.

Der Langsprint über die Stadionrunde stellt eine anaerobe Belastung dar, bei der der Sportler in eine Sauerstoffschuld gerät, die sich mit brennender Lunge und schmerzenden Beinen bemerkbar macht. Vor allem die letzten 100 Meter erscheinen den Athleten in der Regel endlos – wer in diesem Bereich einbricht, zahlt mit gefühltem Stillstand bei tickender Uhr.

Der zweimalige Olympiasieger und Doppelweltmeister Ashton Eaton war ein Meister der Stadionrunde. Sein Rekord, aufgestellt bei der WM in Peking 2015, liegt bei glatt 45 Sekunden, wofür er 1060 Punkte erhielt. Niklas Kaul liegt mit 47,87 Sekunden Bestzeit im Mittelfeld der Mehrkämpfer.

„Die 400 Meter sind die Disziplin, vor der ich am meisten Angst habe. Hier erreichst du die höchsten Laktatwerte.

Und auf den letzten 50 Metern kannst du eigentlich nicht mehr richtig geradeaus gucken. Es wird dir fast schwarz vor Augen. Du konzentrierst dich nur noch drauf, dass die Arme die Schwungbewegung mitmachen. Denn wenn die Arme sich noch bewegen, schaffen das die Beine auch. Und eigentlich dauert es ja auch gar nicht so lange: Für die letzten 100 Meter brauche ich maximal 13,14 Sekunden. Wenn ich da langsamer bin, weiß ich, dass ich zu schnell begonnen habe. Das Härteste sind die 5 bis 10 Minuten danach, in denen es eher schlimmer wird. Du bist völlig erledigt. Völlig.“

1000 Punkte erhält derjenige, bei dem die Uhr nach 46,17 Sekunden stehen bleibt. 50,32 Sekunden reichen für 800 Punkte. Für jeweils eine halbe Sekunde sind 24 Punkte fällig. 10 Punkte werden im Abstand von 0,2 Sekunden verteilt.

Der Weltrekord des Südafrikaners Wayde van Niekerk, aufgestellt bei seinem Olympiasieg 2016, liegt bei 43,03 Sekunden, das entspricht 1164 Zehnkampfpunkten.

Die Nacht dazwischen

Die Regeneration nach dem ersten Tag und die Vorbereitung auf den zweiten beginnt unmittelbar im Anschluss an den 400-Meter-Lauf. Dazu gehören: leichtes Auslaufen zur Lockerung der Muskulatur, kurzes Bad in der Eistonne zur Schockregeneration des Körpers, Massage und Physiotherapie besonders belasteter Körperteile und Gelenke – Schulter, Hüfte, Knie oder Sprunggelenk sowie die entsprechende Muskulatur drum herum. Dazwischen Abendessen, um den

Energieverbrauch von rund 5000 Kalorien auszugleichen und die Grundsubstanz für den kommenden Tag wiederherzustellen. Viel trinken, um den Flüssigkeitsverlust des Tages auszugleichen.

Auf dem Programm steht schließlich die Aufarbeitung, das bilanzierende Gespräch mit dem Trainer: Wie hat es sich angefühlt, was war gut, was lief nicht so toll? Und weiterhin taktische Fragen: Wie sieht der Punktestand aus? Was machen die Konkurrenten? Wie gehts weiter?

„Die Kohlenhydratzufuhr ist eine echte Herausforderung. Sei es in flüssiger Form, sei es in Form fester Nahrung, sofern der Körper dazu wieder bereit ist. Aber du brauchst Energie, damit der Körper regenerieren kann. Je nachdem wie weit das Hotel vom Stadion entfernt ist, nehme ich die erste kleine Mahlzeit bereits im Bus ein. Im Hotel geht es direkt zum Abendessen. Je früher der Körper Kohlenhydrate und Proteine erhält, desto früher kann er anfangen, sich zu erholen. Erst danach geht es zum Duschen und zum Physio: Muskulatur ausstreichen lassen; checken, was an kleinen Problemchen über den Tag aufgetreten ist; überlegen, was am zweiten Tag auftreten könnte. Dann das weitere Vorgehen planen und endlich ins Bett.“

Und vor dem Einschlafen hat Kaul ein Ritual, damit er am nächsten Tag in der Hektik des Aufbruchs nichts vergisst:

„Sachen packen für den zweiten Tag. Ich lege die immer schon am Vorabend des ersten Tags raus. Dann muss ich

am Abend nur den Koffer einmal im Zimmer auskippen und die neuen Sachen reinlegen, und dann ist es gut. Denn meistens ist man bei den großen Wettkämpfen nicht vor halb eins im Zimmer, und spätestes um 6, eher halb 6 klingelt schon wieder der Wecker.“

Nicht wenige Athleten haben wegen des hohen Adrenalinspiegels ein Problem, runterzukommen, abzuschalten. Bei Niklas Kaul ist das weniger der Fall:

„Ich schlafe meist sofort ein und wache erst vom Wecker auf. Ich schlafe wie ein Stein. Es ist nicht so, dass der erste Tag mir groß im Kopf herumgeistert. Das kenne ich eigentlich gar nicht. Der erste Tag ist rum, ich kann sowieso nichts mehr daran ändern, egal was passiert ist, ob positiv oder negativ. Ich konzentriere mich voll und ganz auf den zweiten Tag.“

Der Morgen danach

Früh raus, ordentlich frühstücken, warm machen, dehnen, sich konzentrieren, abschotten von der Umwelt, weitermachen. Drei bis vier Stunden vor dem ersten Startschuss stehen die Sportler wieder auf – dass nicht viel Zeit für Schlaf bleibt, ist leicht nachzurechnen.

Aber die Nacht zwischen den Wettkämpfen ist für die Athleten nicht nur kurz, sondern für manche auch belastend. Körperlich, weil die Strapazen des ersten Tages sie nicht zur Ruhe finden lassen. Psychisch, weil die erhofften, angestrebten und die erzielten Resultate mitunter erheblich auseinanderliegen. Und sowieso ist die Anspannung in einem großen Wettkampf enorm aufwühlend.

Nicht jeder Zehnkämpfer ist in der Lage, die Geschehnisse des Tages so locker beiseitezuschieben wie offensichtlich Niklas Kaul. Stichworte sind mentale Stärke, eine positive Einstellung und ein intaktes Umfeld, das dem Athleten während des Wettkampfs jederzeit eine Stütze ist und ihm in Momenten, in denen etwas schiefläuft, die Richtung weist. Die drei Komponenten, auf die sich Kaul während des Wettkampfs verlassen kann, sind sein Selbstbewusstsein und seine Gewissheit über sein grundsätzliches Leistungsvermögen, sein Vertrauen darauf, es jederzeit auch unter Stress abrufen zu können, und der Halt, den ihm seine Trainer geben, sollte er ins Schwimmen kommen.

Für den Umgang mit schwachen Resultaten nach missratenen Teildisziplinen lautet Kauls Credo: „Don't look back in anger" – der Blick zurück im Zorn ist in dieser Situation nicht hilfreich. Im Fußball würde man sagen: Mund abputzen, weitermachen.

„Ärger kann man in dem Moment direkt rauslassen, in dem etwas schiefgeht, sollte man vielleicht auch. Eine schlechte Leistung schönzureden, funktioniert bei mir nicht. Ich muss meinem Ärger Luft machen. Aber dann ist auch gut. Man kann es nicht mehr ändern. Es ist vorbei. Jetzt heißt es: Konzentration auf die nächste Disziplin, Punkte wieder aufholen. Das hört sich einfach an. Aber dafür braucht man Leute um sich herum, die einen auffangen und mental stützen."

Tag 2, Part 6: 110 Meter Hürden – „Ein Thema für sich"
Der Hürdensprint zum Auftakt des zweiten Tages ist eine motorisch äußerst anspruchsvolle Angelegenheit. Es gilt, auf einer Strecke von 110 Metern 10 Hürden zu überwinden, jeweils 1,067 Meter hoch und aufgereiht in einem Abstand von 9,14 Metern. Die erste Hürde wartet 13,72 Meter nach dem Start, nach der letzten Hürde folgen noch 14,02 Meter bis zum Zielstrich.

> *„Der Hürdenlauf ist ein Thema für sich. Ich mache mich davor intensiv warm. Beim 100-Meter-Lauf brauche ich eine Stunde für das Warm-up, bevor es in den Call-Room geht, beim Hürdenlauf sogar eine Stunde und 15 Minuten. Die Beine sind noch schwer vom Vortag, da kommen dir die Hürden noch höher vor als im Training. Umso wichtiger ist es, sich genügend Zeit für das Aufwärmen zu nehmen."*

Die Schwierigkeit des Hürdenlaufs besteht vor allem darin, die Hürden nicht einfach zu überspringen, sondern in einer möglichst flachen Kurve zu überlaufen, um keine unnötige Kraft in vertikale Bewegungsabläufe zu investieren. Dafür sind neben Schnelligkeit Beweglichkeit im Hüftgelenk und gutes Rhythmusgefühl wichtig. Der Anlauf zur ersten Hürde erfolgt nach dem Tiefstart in sieben oder acht Schritten, zwischen den Hürden wird im Dreierrhythmus gelaufen – das heißt, es werden jeweils drei Schritte gesetzt.

Wer zu nah an die Hürden heranläuft, hat es schwerer, sie in einer fließenden Bewegung zu überwinden, wer noch zu weit weg ist, läuft Gefahr, mit dem Schwungbein gegen die

Hürdenkante zu treten und dadurch Tempo zu verlieren oder gar ins Straucheln zu kommen und zu stürzen. Auch Niklas Kaul hat da so seine Erfahrung gemacht.

> *„In Doha bin ich zum ersten Mal sieben Schritte bis zur ersten Hürde angelaufen anstatt acht. Wir hatten das drei Wochen vorher umgestellt. Beim Warm-up bin ich richtig schön über die erste Hürde gefallen und habe gemerkt, dass es noch nicht wirklich passt. Dementsprechend unsicher saß ich im Startblock. Glücklicherweise lief es aber ganz gut."*

Einer der besten Hürdenläufer unter den Zehnkämpfern war Frank Busemann, kein Wunder, kam er ursprünglich vom Hürdensprint, ehe er als Mehrkämpfer für Furore sorgte. Die von ihm erzielte Zeit von 13,47 Sekunden bei den Olympischen Spielen von Atlanta 1996 brachte ihm 1044 Punkte ein und bedeutete sehr lange Weltrekord innerhalb des Zehnkampfs. Bis 2021, dann war Damian Warner bei seinem Olympiasieg eine Hundertstelsekunde schneller.

Um 1000 Punkte zu erzielen, sind 13,80 Sekunden nötig. 800 Punkte gibt es für 15,42 Sekunden. Eine Zehntelsekunde wird mit 12 Punkten gewertet. 10 Punkte gibt es für 0,08 Sekunden. Niklas Kaul hat bei der WM 2022 seine Bestmarke auf 14,27 Sekunden gesteigert, wofür er 940 Punkte erhielt.

Für seinen 2012 in Brüssel aufgestellten Weltrekord über diese Distanz (12,80 Sekunden) bekäme Aries Merritt (USA) 1135 Punkte.

Tag 2, Part 7: Diskuswerfen – „Hinten raus"

Und plötzlich dreht sich alles und drehen sich alle im Kreis. Beim Diskuswerfen geht es um Rotation, die einzige Disziplin im Zehnkampf, in der sie gefordert ist (wenn man außer Acht lässt, dass es immer mal wieder Mehrkämpfer gibt, die auch beim Kugelstoßen die erwähnte Drehstoßtechnik anwenden).

Diskuswerfen stellt nach dem rhythmisch-geradlinigen Hürdenlauf allein schon wegen dieser Rumpfdrehung eine besondere Herausforderung dar, dazu kommt ein gutes Orientierungsvermögen im Raum. Zudem wird die Rotation rückwärts begonnen und endet nach eineinhalbmaliger Drehung vorwärts, dafür ist ein enormes Gleichgewichtsgefühl erforderlich. „Rausfallen" aus dem Ring durch zu viel Schwung und Fehlversuche wegen des falschen Abwurfmoments sind nicht selten.

Der Wurfring, aus dem heraus die Versuche erfolgen, hat einen Durchmesser von 2,50 Metern. Er ist von einem Käfig aus Drahtgitter und Fangnetzen umzäunt, damit Streuwürfe keinen Schaden bei den umstehenden Zuschauern anrichten. Die Einschränkung des Wurfkorridors durch diesen Käfig ist eine zusätzliche Anforderung.

„Diskuswerfen ist für mich die Disziplin, bei der ich vor dem ersten Versuch den größten Stress habe. Beim Diskuswerfen kann sehr viel schiefgehen: Man wirft ins Netz, man tritt vorne auf den Ring, man trifft den Diskus nicht ordentlich. Und zudem beginnt die Phase, in der man so langsam müde wird. Das sind alles Faktoren, die nicht gerade für Entspannung sorgen."

Das Schwerste am Diskuswurf ist nicht die 2-Kilo-Scheibe, das Schwerste ist die komplizierte Kombination aus Konzentration und Koordination. Um den Beschleunigungsweg des Geräts bei der Körperdrehung zu verlängern und somit die Ausholbewegung zu optimieren, versucht der Athlet, sich zu verquirlen: Die Beine und der Rumpf drehen voraus, der lange Arm mit dem Diskus hängt hinterher und wird erst zum Schluss der Bewegung nach vorne gebracht.

> *„Ich suche mir zur Orientierung im Stadion einen Punkt aus, auf den ich im Moment des Abwurfs zu schauen versuche. So weiß ich, es müsste in etwa passen, damit der Wurf im gültigen Sektor landet.“*

Dieser kleine Trick erfordert eine besonders gute Auge-Hand-Koordination, ohnehin eine Schlüsselkompetenz für einen Mehrkämpfer.

Wie bei allen Wurfdisziplinen sind nur drei Versuche gestattet – ein 0-Punkte-Resultat droht mit jeder verpatzten Drehung und erhöht die Anspannung. Auf Nummer sicher zu werfen, ist aber schwierig.

> *„Das Problem bei Sicherheitswürfen mit dem Diskus ist: Die gehen meistens voll daneben – zumindest bei mir. Deswegen musst du ein Mittelding zwischen Sicherheitswurf und vollem Risiko finden. Wenn du den Bewegungsablauf in der Drehung zu sehr verlangsamst, passt das Timing nicht mehr: Du ziehst zu früh aus dem Arm, der Diskus*

flattert, dann kommt nichts dabei heraus. Also musst du dich zwingen, keinen Sicherheitswurf zu machen.“

Wichtig zudem: Der Wurfring darf nur durch den hinteren Bereich verlassen werden. Wer ihn vor der Mittellinie verlässt, macht ihn ungültig.

„Das ist etwas, das ich auch im Training immer mache: nach jedem Wurf hinten rausgehen, damit ich beim Wettkampf erst gar nicht auf eine andere Idee komme.“

Der Leistungsabstand zu den Spezialisten ist beim Diskuswerfen größer als bei den meisten anderen Disziplinen. Bester Zehnkämpfer im Diskusring ist der Deutsche Leo Neugebauer, der das Gerät bei seinem im Sommer 2022 aufgestellten nationalen Zehnkampfrekord 55,06 Meter weit schleuderte, wofür er 976 Punkte erhielt. Niklas Kauls Bestmarke liegt seit seinem WM-Sieg von Doha bei 49,20 Metern (854 Punkte). Damit liegt er im vorderen Bereich des Weltklassefeldes. Besonders die sprintstarken Leichtgewichte tun sich oft schwer mit dem Diskus. Simon Ehammer kam bislang nicht über 34,92 Meter (562 Punkte) hinaus.

Für 1000 Punkte sind 56,18 Meter gefordert. Für 800 Zähler reichen 46,60 Meter. Jeder Meter ist etwa 20 Punkte wert. Für 10 Punkte ist ein halber Meter Weitenunterschied nötig.

Der Diskusweltrekord liegt bei 74,08 Metern, aufgestellt hat ihn der damalige DDR-Athlet Jürgen Schult im Jahr 1986. Dafür erhielte ein Zehnkämpfer 1383 Punkte.

Tag 2, Part 8: Stabhochspringen – „Kann noch alles schiefgehen“

Bei der achten Disziplin sind die turnerisch Begabten unter den Zehnkämpfern gefragt – und die Mutigen, denn es wird Spektakuläres von ihnen erwartet, eine echte Artistiknummer: Stabhochsprung.

Erste Schwierigkeit ist bereits der Anlauf, bei dem Kraft mit Schnelligkeit kombiniert wird und Treffsicherheit in den Einstichkasten vor der Matte gefordert ist. Den muss der Athlet nach einem Anlauf über 30, 40 Meter im Vollsprint mit einem gut 7 Kilogramm schweren und etwa 5 Meter langen Stab in den Händen treffen. Das ist eine besondere Herausforderung, die sehr viel Routine erfordert.

Die Energie des Anlaufs wird durch den Einstich gestoppt und in den Stab übertragen. Diese Energie muss der Sportler für sich nutzen: Dank der Katapultwirkung des sich biegenden Stabs kann ein guter Zehnkämpfer Höhen um die 5 Meter erreichen.

Ein fester Griff ist Grundlage, eine stabile Schulter ebenso – und dann benötigt der Athlet den Mut und die Fähigkeit, sich am Stab aufzurollen, die Füße nach oben zu strecken und die sogenannte „i-Position“ einzunehmen – mit dem Kopf nach unten.

Danach beginnt der schwierigste Teil: sich in der Luft um die Längsachse drehen, mit den Füßen zuerst die Latte mit der Bauchseite überqueren, den Oberkörper hochreißen, um nicht mit der Brust an der Latte hängen zu bleiben, den Stab loslassen, die Hände zum Himmel reißen – und schließlich aus rund 5 Metern zu Boden fallen –

und sich bei der Landung auf der Weichbodenmatte nicht verletzen.

Jeder, der schon mal im Schwimmbad auf dem 5-Meter-Brett stand, weiß, wie hoch sich 5 Meter anfühlen. Die wenigsten haben aber zuvor eine Turnübung vollführt, ehe sie runtersprangen oder sich fallen ließen.

Bei etlichen Zehnkämpfern sehen der Bewegungsablauf und die Lattenüberquerung weniger elegant als mutig aus. Es dauert eben Jahre, um diese komplexe Bewegung halbwegs flüssig zu erlernen.

„Stabhochsprung ist die letzte Disziplin, bei der noch alles schiefgehen kann. Deswegen wähle ich die Einstiegshöhe wieder so, dass ich relativ sicher bin, den ersten Sprung zu schaffen. Du hast verschiedene Stäbe mit verschiedenen Härtegraden dabei. Den ersten Sprung mache ich immer mit einem weichen Stab und zudem mit einem relativ großen Abstand zur Latte."

Der Sportler hat die Möglichkeit, die Ständer, auf denen die Latte liegt, in der Horizontalen nach vorne oder hinten zu verschieden – je nachdem ob er möglichst steil springen kann oder lieber etwas Luft zwischen Einstichkasten und Lattenüberquerung mag. Zudem werden, wie angedeutet, unterschiedlich harte Stäbe benutzt, die unterschiedliche Biegeeigenschaften aufweisen.

„80 Zentimeter ist der weiteste Ständerabstand, der möglich ist – und ich springe meine Einstiegshöhe immer mit

diesem Abstand. Und ich nehme einen weichen Stab. Ein weicher Stab schiebt dich mehr in die Weite, dafür verzeiht er dir mehr Fehler. Nach dem Einspringen hat man manchmal eine Stunde Zeit bis zum ersten Wettkampfsprung, umso wichtiger ist, dass der erste Sprung sitzt. Auf die härteren Stäbe wechsele ich nach und nach. An den harten Stäben kann ich höher greifen, sie schießen dich steiler nach oben, aber sie verzeihen auch weniger Fehler. Wenn ich einen Stab nehme, der so hart ist, dass ich ihn gerade so springen kann, ich aber einen Dreiviertelfuß zu dicht am Absprung bin, dann sagt der Stab: ‚Schön, dass du jetzt springen willst, aber über den Nullpunkt – also den Einstichkasten – kommst du nicht.'"

Die Kunst ist, die Energie des Anlaufs optimal auf den Stab zu übertragen und entsprechend hochzuspringen. Die Entscheidung, welcher Stab am besten zu welcher Höhe passt, trifft Kaul situativ – nach Tagesform und äußeren Bedingungen wie Wind und Regen.

„Bei Rückenwind springe ich einen härteren Stab mit höherem Griff. Wenn es kalt ist, springe ich weichere Stäbe, da sich die Stäbe anders biegen, wenn das Material warm ist. Und dann kommt es auch auf meine körperliche Verfassung an: Kann ich noch einigermaßen laufen, fühle ich mich noch gut?"

Der Teilwettkampf Stabhochsprung dauert oft drei bis vier Stunden, da jedem Springer bei jeder Höhe drei Versuche zustehen und das Leistungsniveau erheblich variiert. Die Höhen werden jeweils um 10 Zentimeter gesteigert.

> *„Es ist immer wieder dieses Spiel: Konzentration hochfahren, Körper aktivieren, wenn der eigentlich platt ist und sich keinen Millimeter mehr bewegen will. Bisweilen ist es im Stadion sehr heiß, und es gibt wenig Schatten. Wenn es gelingt, alle Höhen im ersten Versuch zu springen, spart das Kräfte. Das bedeutet: ordentlich warm machen, voll konzentrieren.“*

Als bester Stabhochspringer unter den Zehnkämpfern ging der Amerikaner Tom Bright in die Geschichtsbücher ein. Bei den Olympischen Spielen 1988 überflog er 5,70 Meter, wofür er 1132 Punkte erhielt. Er sprang einen halben Meter höher als die Nächstbesten und legte mit dem Stab die Grundlage für seinen siebten Platz (8216 Punkte). Bright steigerte sich später sogar auf 5,87 Meter und wurde Anfang der 1990er-Jahre zweimal amerikanischer Meister im Stabhochspringen.

Im Normbereich eines guten Zehnkämpfers liegen die 5 Meter, die Niklas Kaul bei seinem WM-Sieg 2019 überwand und die bis heute seine persönliche Bestleistung darstellen. Er erhielt dafür 910 Punkte.

Für 1000 Punkte sind im Stabhochsprung 5,28 Meter gefordert. Für 800 Punkte müssen 4,63 Meter übersprungen werden. Für 10 Zentimeter erhält der Athlet etwa 30 Punkte Zuschlag. 10 Punkte erhält er für etwa 3 Zentimeter.

Der Weltrekord des Schweden Armand Duplantis liegt bei 6,23 Metern, dafür erhielte er im Zehnkampf 1308 Punkte.

Tag 2, Part 9: Speerwerfen – „Funktioniert nur mit Lockerheit"

Nach den drei anspruchsvollsten Disziplinen des Zehnkampfs am zweiten Tag wird es zum Ende hin wieder geradlinig. Der Speerwurf ist keine sonderlich komplizierte Sache, die Bewegung ähnelt dem Schlagwurf, den wir vom Sportunterricht kennen.

> *„Nach dem Stabhochsprung hat sich das Feld halbwegs sortiert. Man weiß, wer durchkommt. Denn im Speerwerfen und über 1500 Meter macht keiner mehr 0 Punkte. Damit lässt sich auch erahnen, wer sich in welchem Punktebereich bewegen wird. Andererseits kann auch beim Speerwurf noch viel passieren: Dass man mal 5, 6 Meter unter dem Wert bleibt, den man eigentlich draufhat, passiert schnell. Und wenn dann die Konkurrenz 2, 3 Meter weiterwirft als sonst, sind 100 Punkte schnell wettgemacht."*

Ein Wettkampfspeer wiegt 800 Gramm und ist 2,70 Meter lang. Die Länge des Anlaufs ist beliebig, 13, 14 Schritte über 20 bis 25 Meter sind üblich. Die letzten Steps sind maßgeblich. Die Füße werden nun seitlich versetzt aufgestellt und folgen einem tänzerischen Rhythmus – „tam, ta, ta". Nach einem bremsenden Impulsschritt und dem abschließenden Stemmschritt wird die durch den Anlauf aufgenommene Energie des Körpers über Beine, Hüfte, Rumpf und Arm in den Speer übertragen und schließlich in den Wurf umgesetzt.

„Speerwerfen lebt ganz extrem davon, dass du nicht zu weit werfen willst. Ab dem Moment, in dem du dir vornimmst, besonders weit zu werfen, wirst du fest, bist nicht mehr so entspannt, bekommst nicht mehr so viel Dehnung auf die Schulter – und deswegen funktioniert Speerwerfen nur mit Lockerheit. Die Würfe, bei denen du am Anlauf stehst und sagst: ‚So, jetzt haue ich richtig einen raus', sind meistens die, die gar nicht weit fliegen."

Die Kunst des Speerwerfers liegt auch darin, dass der Speer in einem möglichst günstigen Winkel – nicht zu hoch, nicht zu flach, optimal sind 35 bis 38 Grad – auf seine Flugbahn gebracht wird.

Ehemalige Handballer haben es leichter – wegen der Verwandtschaft des Speerwurfs zum Schlagwurf aus dem Rückraum. So ist es keine Überraschung, dass der aktuelle Speerwurfeuropameister Julian Weber und der frühere Weltmeister Matthias de Zordo vor ihrer Leichtathletikkarriere Handball spielten – Weber übrigens genau wie Kaul beim TV Saulheim. Denn auch Niklas Kaul hat eine Handballvergangenheit.

Kauls 79,05 Meter brachten ihm in Doha 1028 Punkte ein. Abgesehen von Weltrekordler Kevin Mayer ist kein weiterer Spitzenzehnkämpfer in der Lage, den Speer über die 70-Meter-Marke zu werfen. Die Marge unter den Zehnkämpfern ist sehr weit gestreut. Es gibt einige im Feld, die froh sind, wenn sie 50 Meter schaffen.

„Das ist ja das Schöne am Zehnkampf: Es sind so viele unterschiedliche Typen dabei. Ich nenne mal die Extreme: Simon Ehammer und Damian Warner sind sehr schnell, können super Weitspringen und super Hürdenlaufen, dafür sind sie in den Wurfdisziplinen nicht ganz so stark. Und dann gibt es Athleten wie mich, die nicht so schnell sind, nicht so gut springen, aber dafür sehr gut werfen und auf der 1500-Meter-Distanz schnell unterwegs sind."

Für 1000 Punkte sind 77,20 Meter gefordert, für 800 immerhin auch schon 64,10. Jeder Meter ist etwa 15 Punkte wert. 10 Punkte gibt es alle 65 Zentimeter.

Die Weite von 98,48 Metern, die der Tscheche Jan Železný bei seinem Weltrekord 1996 warf, entspricht 1331 Punkten.

Tag 2, Part 10: 1500 Meter – „Es tut immer weh"

Der letzte Aufruf läutet das große Finale ein: Die zehnte Disziplin ist für alle Hobbysportler die am einfachsten nachzuvollziehende Übung – ein Mittelstreckenlauf. Zugleich ist sie jedoch die bei den meisten Zehnkämpfern unbeliebteste Übung. Beim finalen 1500-Meter-Lauf müssen die letzten Energiereserven nach zwei Tagen Dauerstress abgerufen und aktiviert werden. Beim 1500-Meter-Lauf zählt der Wille. Egal welchen Zehnkämpfer man fragt: Vor dem 1500-Meter-Lauf fürchten sich alle.

„Angst hat jeder. Egal wie schnell oder langsam du läufst. Denn es schmerzt immer enorm. Manchmal ist ein Rennen

etwas einfacher, wenn du weißt: Die Platzierung ist relativ sicher und bei der Punktzahl tut sich auch nicht mehr so wahnsinnig viel. Aber dann gibt es auch Rennen, bei denen du alles rausholen musst, was du noch in dir hast. Im Zehnkampf geht es ja nicht darum, wer den Lauf gewinnt, sondern um die Zeitabstände. Deshalb muss jeder allein laufen, und das maximal.“

Schon nach wenigen Hundert Metern zieht sich das Feld auseinander, die Lauftechniken wirken angesichts der eher kräftigen Staturen der Zehnkämpfer nicht immer besonders ausgefeilt, doch man täusche sich nicht: 1000-Meter-Durchgangszeiten von rund 3 Minuten sind auch von ambitionierten Hobbyläufern nicht ohne Weiteres zu schaffen. Die bislang beste Zeit innerhalb eines Zehnkampfs lief der Deutsche Herbert Peter 1983 in 4:05,05 Minuten.

Da jeder einzelne Athlet mit seinem persönlichen Punktepäckchen unterwegs ist, kann das Publikum oft nicht auf den ersten Blick erkennen, welchen Einfluss das Rennen auf das Gesamtresultat hat. Frühere Olympiasieger und Weltmeister wie Dan O'Brien (4:42,10 Minuten), Trey Hardee (4:48,91 Minuten) oder auch Daley Thompson (4:35,00 Minuten) liefen oft im hinteren Teil des Feldes. Sie konnten es sich leisten, denn ihr Punktepolster war groß genug.

Selten sind die besten Zehnkämpfer auch die besten 1500-Meter-Läufer. Niklas Kaul (Bestzeit: 4:10,04) ist daher eine große Ausnahme. Doch auch für ihn gilt: Das Schönste am 1500-Meter-Lauf ist der Zielstrich.

„Du weißt, du bist durch, du hast es geschafft, das überwiegt. Es gibt Läufe, die tun sehr weh, aber am Ende überwiegt schon die Freude. Und beim 1500-Meter-Lauf ist es im Gegensatz zum 400-Meter-Lauf während des Rennens schlimm – aber direkt danach wird es besser."

Für 1000 Punkte müsste ein 1500-Meter-Lauf in 3:53,70 Minuten absolviert werden, für 800 Punkte sind immer noch 4:21,7 Minuten gefordert. Kauls Bestzeit entspricht 881 Punkten. Jeweils 5 Sekunden machen 33 Punkte aus. 10 Punkte gibt es für 1,5 Sekunden.

Der Weltrekord des Marokkaners Hicham El Guerrouj von 1998 steht bei 3:26,00, dafür erhielte er 1218 Punkte.

Mit Abschluss des 1500-Meter-Laufs ist zugleich das Ende des 2-Tage-Wettkampfs erreicht, der traditionell mit einer gemeinsamen Ehrenrunde aller Zehnkämpfer gefeiert wird. Es ist Usus, dass sich die Athleten zu ihrer Leistung gegenseitig gratulieren.

„Gespielt ist da gar nichts. Wir meinen das wirklich so. Es ist einer der schönsten Momente im Zehnkampf – eine gegenseitige Respektsbekundung für die Leistungen, unabhängig davon, wie der Wettkampf ausgegangen ist. Und schön ist auch, dass wir alle gemeinsam auf die Ehrenrunde gehen."

Einzeln loslaufen?

Die 1500 Meter sind stets das große Finale des Zehnkampfs. Und spätestens dann ist das Stadion immer voll, und die Zuschauer sind fasziniert. Der größte Moment ist für viele Sportler – aber auch für die Anfeuernden – das Einbiegen auf die Zielgerade, wenn klar ist: Gleich haben sie es geschafft.

Die Arithmetik dieses auf zehn Etappen ausgelegten Wettkampfs bringt es mit sich, dass für das Publikum nicht auf Anhieb ersichtlich ist, wer nach dem 1500-Meter-Lauf die Medaillen gewonnen hat. Denn alle Athleten laufen gleichzeitig los, wobei die Besten der Gesamtwertung oft im Vergleich zu den besten Läufern verspätet ins Ziel trudeln. Würden die Sportler gestaffelt nach den Zeitabständen starten, die sie anhand ihrer Punktzahlen nach neun Disziplinen angesammelt haben, wäre für alle klar: Der Erste im Ziel ist der Gewinner des Zehnkampfs.

Der Norweger Gunder Gundersen hatte die Methode in den 1980er-Jahren für die nordische Kombination entwickelt. Dort werden die Sprungleistungen in Zeitabstände umgerechnet, sodass der Zieleinlauf gleichbedeutend mit dem Gesamtresultat ist. Auch bei den Verfolgungsrennen im Biathlon ist die Methode sehr populär.

Der deutsche Verein Zehnkampf-TEAM entwickelte in den 1990er-Jahren gemeinsam mit Konrad Lerch, einem der Gründungsväter des Mehrkampfmeetings in Götzis, die Idee, den abschließenden 1500-Meter-Lauf nach der Gundersen-Methode durchzuführen, um die Spannung des Finales für die Zuschauer im Stadion und vor den Fernsehern greifbarer zu machen.

Doch der Vorschlag stieß bei den zuständigen Leichtathletikgremien auf Ablehnung, die an der Tradition festhalten wollten. „Es ist eine vertane Chance, den Zehnkampf medial besser aufzubereiten", meint der Gründer des Zehnkampf-TEAMs Holger Schmidt. Wenn Niklas Kaul sich im 1500-Meter-Lauf auf die Verfolgungsjagd machen und am Ende vielleicht alle vor ihm Laufenden ein- und überholen würde – das wäre ein Spektakel für die Fans.

„Die Idee ist gut, aber sie funktioniert nicht", meint dagegen Niklas Kaul. Man sollte den Zehnkampf auch beenden dürfen, *„auch wenn man zwischendurch einmal 0 Punkte gemacht hat."* Das sei aus sportlichen Gründen angemessen. Würde der Zeitabstand nach der Gundersen-Methode berechnet, liefe derjenige erst dann los, wenn der Führende schon im Ziel wäre. Dem Athleten wäre, wenn er zwischendurch ein Streichresultat hinnehmen musste, der Zieleinlauf quasi verwehrt.

Der heutige Zehnkampf-TEAM-Präsident Paul Meier findet die Gundersen-Idee unter dem Gesichtspunkt der Zuschauer interessant. „Als Athlet hätte ich es ätzend gefunden. Als Zuschauer fände ich es spannend." Der Druck auf jeden einzelnen Läufer wäre größer, glaubt Meier.

Das größte Problem ist aber, dass bei der Errechnung der Startintervalle keine exakten Zeitabstände genommen werden könnten. Ein Problem, auf das auch Kaul mit seinem zweiten Gegenargument verweist: *„Die Punktvergabe läuft nicht linear, sondern progressiv."* Deshalb sind die Abstände nicht exakt berechenbar. *„Wenn es funktionieren würde, fände ich es cool. Aber es funktioniert nicht."* Das liegt an den Details des Regelwerks. Höchste Zeit also, sich mit der Berechnung der Resultate zu befassen.

Höhere Mathematik

Wer sich mit Zehnkampf beschäftigt, umgibt sich mit großen Zahlen, die eine Chiffre für große Leistungen sind. 8000 Punkte sind die magische Marke, wer diese Zahl übertrifft, gehört zu den ganz Großen seines Metiers. Einen „8000er" erklommen zu haben, hat im Zehnkampf einen ähnlichen Klang wie beim Bergsteigen.

Aber wie kommen diese Punktzahlen überhaupt zustande?

Es ist eine komplizierte Angelegenheit, die von dem Versuch ausgeht, die zehn Leistungen vergleichbar zu machen und zu gewichten.

Die erste Version einer Punktetabelle stammt aus dem Jahr 1912, als der Zehnkampf als olympische Disziplin eingeführt wurde. Weitere Varianten datieren von 1920, 1936, 1952 und 1964, wurden aber immer wieder den sportlichen und technischen Entwicklungen in den einzelnen Disziplinen angepasst. Die aktuell gültige Bewertungstabelle wurde 1985 eingeführt. Grundlage dafür sind zwei mathematische Formeln:

Für Laufwettbewerbe gilt: $P = A \times (B - M)^C$

Für Sprung- und Wurfdisziplinen ist die Basis: $P = A \times (M - B)^C$

P ist das Resultat, also die erzielten Punkte.

M steht für die individuell erzielte Leistung – also den Wert, den der Athlet in der jeweiligen Disziplin erreicht. Es ist der einzige Faktor, den der Sportler beeinflussen kann.

Für die restlichen Faktoren sind exakt definierte Werte mit einigen Kommastellen festgelegt worden, die in die Bewertung einfließen:

A ist der sogenannte Normierungsfaktor;

B entspricht der Mindestanforderung, um überhaupt Punkte zu erhalten;

C steht für die Progression, ein Wert zwischen 1 und 2, festgelegt durch eine Expertenkommission.

Weniger (Zeit) ist bei Laufwettbewerben mehr (Leistung). Die kleinere Zahl steht für die schnellere Zeit. Deshalb wird, wenn es um Sekunden geht, die individuelle Leistung vom Mindestwert abgezogen.

Bei Wurf- und Sprungdisziplinen geht es um Weiten und Höhen. Hier steht die größere Zahl für den besseren Wert. Deshalb wird von der individuellen Leistung der Mindestwert abgezogen.

All das ergibt schließlich folgende Bewertungstabelle:

Wettkampf	**A**	**B**	**C**	**Einheit**
100 Meter	25,4347	18,0	1,81	Sekunden
Weitsprung	0,14354	220	1,40	Zentimeter
Kugelstoß	51,39	1,5	1,05	Meter
Hochsprung	0,8465	75	1,42	Zentimeter
400 Meter	1,53775	82	1,81	Sekunden
110 Meter H.	5,74352	28,5	1,92	Sekunden
Diskus	12,91	4,0	1,1	Meter
Stabhochsprung	0,2797	100	1,35	Zentimeter
Speerwurf	10,14	7,0	1,08	Meter
1500 Meter	0,03768	480	1,85	Sekunden

Im 100-Meter-Lauf lauten die Eckwerte:

A(Normierungsfaktor) = 25,4347;

B (Mindestanforderung) = 18,0;

C (Progression) = 1,81;

In der öffentlichen Berichterstattung werden dagegen nur zwei Werte genannt:

M (Leistung);

P (Punkte);

Wenn Niklas Kaul die 100 Meter in 11,16 Sekunden absolviert, wie bei seinem EM-Sieg in München, dann wird seine Punktzahl wie folgt berechnet:

Von der Mindestanforderung 18,0 wird die individuelle Zeit (11,16) abgezogen, mit der Progression 1,81 potenziert und mit dem Normierungsfaktor 25,4347 multipliziert.

18,0 minus 11,16 ergibt 6,84.

6,84 hoch 1,81 ergibt 32,46770146983.

32,46770146983 mal 25,4347 ist gleich 825,806245.

Da stets abgerundet wird, sind das also 825 Punkte.

Kauls 1500-Meter-Lauf von München endete nach 4:10,04 Minuten – oder in der Formelzahl ausgedrückt: 250,04 Sekunden. Daraus erfolgt nach der Formel $P = A \times (B - M)^C$ die Rechnung $0{,}03768 \times (480 - 250{,}04)^{1{,}85}$ – das ergibt 0,03768 × 23391,429 = 881,389 Punkte. Abgerundet und notiert: 881 Punkte.

Simon Ehammer kam in München nach 4:48,72 Minuten ins Ziel und erhielt für diese Zeit 626 Punkte. Der Deutsche nahm dem Schweizer also 255 Punkte ab, nachdem sein Rückstand vor dem Rennen noch 178 Punkte betragen hatte.

Die 38,68 Sekunden Differenz zwischen Kaul und Ehammer hätten bei anderen Zielzeiten aber andere Punktabstände bedeutet. Wären beide jeweils exakt 10 Sekunden schneller gelaufen, hätte Kaul 953 Punkte bekommen und Ehammer 688. Die Differenz läge bei 265. Trotz des gleichen zeitlichen Abstands hätte der Punkteabstand variiert. Das liegt daran, dass die absolute Leistung bei einer Steigerung progressiv höher bewertet wird und nicht linear – womit deutlich wird, warum die Gundersen-Methode nicht angewendet werden kann.

Die Bewertung von Kauls Speerwurf auf 76,05 Meter folgt der Rechnung $P = A \times (M - B)^{C.}$ – oder mit Zahlen erfüllt: $10{,}14 \times (76{,}05 - 7{,}00)^{1{,}08}$.

Und so präsentiert der emotionale Moment des Abends von München, der Sportromantiker träumen ließ, auch das Ergebnis einer Formel: 982 Punkte.

Zahlen, bitte!

> *„Mit der Zeit weißt du in etwa, wie viele Punkte eine Höhe oder ein Zehntel wert ist, und damit rechnest du automatisch im Kopf. Aber du vergleichst nur deine Leistung mit dem, was du schon mal gebracht hast. Sich richtig vergleichen gegenüber den anderen machst du erst vor dem 1500-Meter-Lauf. Solltest du auch dann erst. Weil im Stabhochsprung so viel passieren kann, dass du dir vorher keine Gedanken machen und nicht rechnen solltest.“*

Selbst die besten Mathespezialisten, die an einem Zehnkampf teilnehmen, können die Herleitung der Punktzahlen nicht herunterbeten. Aber sie wissen in etwa, was ihre Leistungen wert sind – und an welcher Stelle sie nachschlagen können, um die exakten Punktzahlen zu recherchieren.

Und wie immer im Leben helfen Eselsbrücken und Faustregeln.

Die Weltrekorde in den Spezialdisziplinen galten bei der Einordnung der Leistungen im Zehnkampf ursprünglich als Leistungshorizont. Der Grundgedanke der Wertetabelle sah vor, dass der jeweilige Weltrekord mit 1200 Punkten gleichgesetzt wird. Ein Sieger mit zehn Weltrekorden hätte demnach 12 000 Punkte erzielt.

Allerdings streuen die Leistungen der Zehnkämpfer im Verhältnis zu den Spezialisten erheblich, wie in den vorangehenden Kapiteln beschrieben.

Für den Weltrekord von Aries Merritt über 110 Meter Hürden würde er im Zehnkampf 1135 Punkte erhalten. Die 74,08 Meter von Jürgen Schult mit dem Diskus wären dagegen 1383 Punkte wert.

Sieht das auf den ersten Blick so aus wie eine Bevorzugung starker Diskuswerfer, erscheint bei genauerer Betrachtung das Gegenteil richtig. In der Disziplin, in der die Zehnkämpfer im Durchschnitt am schwächsten sind, würden sie bei Annäherung an die Spezialisten am meisten Punkte im Vergleich zu den Konkurrenten gewinnen.

Niklas Kaul macht sich keine Gedanken, ob die Verteilung der Punkte in den einzelnen Teildisziplinen „gerecht“ ist. Er weiß damit umzugehen.

„Am Ende des Tages gleichen wir uns ja auch der Punktetabelle an. Man guckt als Athlet darauf, welche Leistungsveränderungen bringen mir mehr Punkte.“

Die Kunst bestehe darin, sich nicht auf die absoluten Zahlen zu fokussieren, sondern auf die relativen und die Differenzen zu den anderen Athleten.

„Wenn ich 2 Zehntel schneller Hürden laufe, bekomme ich dafür gut 20 Punkte mehr.“

Aber wie viel muss er dafür trainieren?

Kauls Überlegungen in diese Richtung: Derjenige, der den Hürdenlauf gewinnt, ist meist derjenige, der die höchste Einzelpunktzahl innerhalb eines Zehnkampfs erreicht. Allerdings bekommen auch die nachfolgenden Hürdenläufer im Verhältnis dazu hohe Punktzahlen. Weil die Mehrkämpfer in dieser Disziplin den Spezialisten am nächsten kommen.

Relativ schwach ausgeprägt ist das Niveau dagegen im Diskuswerfen. Also legte Kaul im vergangenen Winter seinen Fokus auf diese Disziplin. Im Umgang mit der unhandlichen, in der Luft oft schlingernden 2-Kilo-Scheibe sieht er das größte Potenzial für Steigerungen. Auch aus eigener Erfahrung, weil das Diskuswerfen bei ihm 2023 gar nicht funktioniert hat oder total instabil war. Doch wenn so ein Diskus mal richtig ins Rotieren kommt, ist einiges an Weite drin. Zur Erinnerung: Ein Meter mehr mit der Flugscheibe entspricht 20 Punkten. *„Das ist schon echt viel, wenn man da mal 7 Meter liegen lässt.“* Oder eben rausholt.

Andersrum

Würde sich die DNA des Zehnkampfs ändern, wenn man die Reihenfolge verändert? „Dann wäre Niklas immer bis zum 100-Meter-Lauf vorne“, sagt sein Vater Michael Kaul lachend: „Und dann würde es sich entscheiden.“ So ist es: Mit einem umgedrehten Anfang – mit 1500-Meter-Lauf und Speerwurf – wäre Niklas Kaul aufgrund seines üblichen Leistungsvermögens mit weitem Vorsprung zunächst der Beste im Feld. Und von diesem Polster könnte er dann im weiteren Verlauf des Wettkampfs zehren.

Doch wäre es noch der gleiche Wettbewerb? Die Disziplinen des Zehnkampfs und ihre Reihenfolge wurden seit 1912 nie verändert. Die Abfolge mit ihrer fein justierten Kombination der Teildisziplinen funktioniert und macht die Disziplin Zehnkampf aus.

Und es würde sportmedizinisch auch keinen Sinn machen, mit einer Ausdauerleistung zu beginnen und mit einem Sprint zu enden – zumal der zweite Tag dann mit dem äußerst herausfordernden 400-Meter-Lauf beginnen müsste, bei dem sich die Sportler extrem verausgaben. Wenn das Laktat von dem Langsprint noch in den Beinen hängen würde, wäre die Verletzungsgefahr beim sich anschließenden Hochsprung groß.

Niklas Kaul sieht daher keinen Sinn darin, den Ablauf zu ändern.

„400 und 1500 Meter müssen die Enddisziplinen der jeweiligen Tage sein. Wenn du nach dem 400-Meter-Lauf weitspringen sollst, kannst du es auch gleich lassen. Das funktioniert einfach nicht. Und dann ist ja die Abfolge so

durchdacht, dass du nie zwei Sprungwettbewerbe direkt hintereinander hast. Und du hast auch nie zwei Wurfdisziplinen nacheinander."

Ein Typ für Großereignisse

Bei großen Meisterschaften sieht der Ablauf zumeist vor, dass die jeweiligen Wettkampftage zweigeteilt sind, jeweils in eine Früh- und eine Spätsession. Das hat den Vorteil, dass die Athleten eine längere Mittagspause zur Regeneration nutzen können. Am Beispiel des Zeitplans der EM 2022 wird ersichtlich, wie lange ein Zehnkampftag und wie fordernd das für die Athleten ist.

EM in München, 15./16. August 2022

Tag 1, Session 1: 10:05 Uhr: 100 Meter; 10:50 Uhr: Weitsprung; 12:40 Uhr: Kugelstoß

Tag 1, Session 2: 18:30 Uhr: Hochsprung; 21:15 Uhr: 400 Meter

Tag 2, Session 1: 9:05 Uhr: 110 Meter Hürden; 9:50 Uhr: Diskus, Gruppe A; 10:55 Uhr: Diskus, Gruppe B; 11:33 Uhr: Stabhochsprung, Gruppe A; 12:30 Uhr: Stabhochsprung, Gruppe B

Tag 2, Session 2: 18:30 Uhr: Speerwurf, Gruppe A; 19:30 Uhr: Speerwurf, Gruppe B; 21:35 Uhr: 1500 Meter

Im Gegensatz dazu setzen die reinen Mehrkampfmeetings wie in Götzis oder Ratingen auf eine enge Abfolge der Disziplinen. Dort ist der Mehrkampf – neben Zehnkampf noch Siebenkampf der Frauen – der einzige Wettkampf. Die schnellere Folge ist somit auch nötig, um dem Publikum keine übermäßig langen Pausen im Programm zuzumuten.

Zehnkampf in Ratingen, 17./18. Juni 2023
Tag 1: 11:00 Uhr: 100 Meter; 12:15 Uhr: Weitsprung; 13:40 Uhr: Kugelstoß; 15:10 Uhr: Hochsprung; 17:25 Uhr: 400 Meter
Tag 2: 10:30 Uhr: 110 Meter Hürden; 11:15 Uhr: Diskus; 13:15 Uhr: Stabhochsprung; 15:30 Uhr: Speerwurf, Gruppe B; 16:15 Uhr: Speerwurf, Gruppe A; 17:20 Uhr: 1500 Meter

„Der Vorteil von Meetings: Wenn von der ersten Disziplin an alles glattläuft – und du surfst quasi auf einem Hoch –, dann ist der Tag vorbei, bevor du weißt, wie dir geschehen ist. Andersrum wird allerdings auch ein Schuh draus: Wenn es schlecht anfängt, ist es schwierig, sich aus dem Tief rauszuarbeiten. Vor allem wenn es wie in Ratingen heißt: ‚So, Weitsprung beendet, in einer halben Stunde geht das Kugelstoßen los.' Dazwischen ist gerade mal Zeit, die Schuhe zu wechseln. Zwei Stöße zum Warmstoßen, und dann geht der Wettkampf weiter. So ein Meetingtag kann also auch voll an dir vorbeirennen. Danach stehst du da und denkst: ‚Was ist denn jetzt eigentlich passiert? Wir haben doch gerade erst angefangen!?'"

Bei Welt- und Europameisterschaften oder Olympischen Spielen teilen sich die Zehnkämpfer das Tagesprogramm mit den Spezialisten. Das hat zur Folge, dass die jeweils ersten drei Disziplinen des Tages in den Vormittagssessions nur vor einer geringen Zuschauerzahl stattfinden, während die letzten beiden Wettbewerbe des Tages oft vor vollen Rängen neben den Medaillenkonkurrenzen absolviert werden.

„Der Zeitplan bei den Großereignissen hat auf gewisse Weise den Charakter von zwei Trainingseinheiten. Morgens finden die ersten drei Disziplinen statt, dann hast du vier Stunden Pause, und dann kommen die letzten zwei für den Tag. Vier Stunden voll Power – dann Mittagessen, Physio, schlafen – und dann wieder volle Power. Das liegt mir einfach mehr, das kann ich besser als dieses schnelle Hintereinanderweg bei einem Meeting."

Die unterschiedliche Länge der Wettkampftage ist offenkundig – zwölf bis dreizehn Stunden bei der Meisterschaft, wobei Vor- und Nachbereitung noch nicht mitgerechnet sind; dagegen nur sechs bis sieben beim Meeting – was eine enorme Verdichtung des Programms bedeutet.

„Das macht auf jeden Fall einen Unterschied. Die Zeit, die du nicht auf dem Platz selbst verbringst, erlebst du ganz anders. In den kleinen Stadien kriegt man viel mehr mit von dem Trubel drum herum. Bei den großen Wettkämpfen hast du dagegen die Möglichkeit, wenn es gerade mal nicht so gut läuft, noch mal kurz aus dem Stadion zu gehen. Du kannst dich in die Katakomben begeben, da ist es deutlich ruhiger, du bekommst nichts mit, kannst besser abschalten, kannst dich auch mal hinlegen, schlafen. Von daher unterscheidet sich das sehr."

Niklas Kaul liebt zwar die kleinen Spezialmeetings wegen der Nähe zum Publikum. Seiner sportlichen Performance, das hat er im Laufe der Jahre aber festgestellt, dienen diese

Nähe und Konzentration eher nicht. Sein Fazit: „*Ich bin eher ein Typ für Großereignisse.*" Was einen entscheidenden Vorteil hat: Welt- und Europameister wird man nur dort.

Eine Viertelstunde Sport

Zwei Tage Zehnkampf dauern, je nach Zeitplan, vom Start des 100-Meter-Laufs bis zum Ziel des 1500-Meter-Laufs brutto, inklusive Nachtruhe, etwa 30 bis 36 Stunden. Ehrenrunde und Siegerehrung nicht mitgerechnet.

Doch wenn man zusammenrechnet, wie lange die Athleten mit hundertprozentiger Belastung aktiv sind, kommt eine überraschende Zahl heraus. Eine Rechnung, die verblüfft.

Der 100-Meter-Lauf dauert üblicherweise keine 12 Sekunden – mit Austrudeln 15.

Für jeden Versuch im Weitsprung, mit Anlauf und Aus-der-Grube-Schälen, braucht ein Athlet rund 10 Sekunden. Das ergibt bei 3 Versuchen 30 Sekunden.

Auch beim Kugelstoßen kommen mit Maßnehmen, Angleiten, Stoßen und dem Verlassen des Rings nur gut 10 Sekunden pro Durchgang zusammen. In Summe ergibt das bei 3 Versuchen 30 Sekunden.

Länger dauern die Aktivphasen beim Hochsprung: In einem durchschnittlichen Wettkampf geht ein Springer 5 bis 6 Höhen an. Nicht alle schafft er auf Anhieb. Kalkuliert werden müssen einige Fehlversuche, so sind 10 bis 12 Sprünge realistisch. Nimmt man auch hier 10 Sekunden vom Beginn des Anlaufs bis zum Verlassen der Matte als zeitliches Maß an, kommen etwa 2 Minuten körperliche Belastung zusammen.

Der den ersten Tag abschließende 400-Meter-Lauf dauert knapp 50 Sekunden.

Somit ist der erste Tag mit nicht mal 5 Minuten Leistungssport gefüllt.

Doppelt so lange muss die Konzentrationszeit bemessen werden. Die erlaubte Versuchszeit – also die Phase zwischen dem Aufruf des Athleten und dem Beginn seines Anlaufs – liegt laut Regel TR25.17 der Internationalen Wettkampfregeln (IWR) der Leichtathletik bei einer Minute pro Durchgang für jeden Athleten bei jedem technischen Wettbewerb, also bei allen Sprüngen und Würfen. Je weniger Konkurrenten noch im Wettbewerb sind, desto länger dauert die Versuchszeit an – bis zu 3 Minuten im Stabhochsprung und bis zu 2 in allen anderen Disziplinen –, um die nötige Regenerationszeit zu gewährleisten.

Auch die Pause zwischen den Disziplinen ist genormt. Regel TR39.6 besagt, dass im Zehnkampf „jedem einzelnen Athleten zwischen dem Ende einer Disziplin und dem Beginn der nächsten eine Pause von wenigstens 30 Minuten zu gewähren" sei. „Nach Möglichkeit sollen zwischen dem Ende der letzten Disziplin des ersten Tages und dem Beginn der ersten Disziplin des zweiten Tages wenigstens 10 Stunden liegen."

Der zweite Tag beginnt mit etwa 15 Sekunden Hürdenlauf und setzt sich mit rund 30 Sekunden Diskuswerfen fort, dem später noch 30 Sekunden Speerwerfen folgen. Das dazwischenliegende Stabhochspringen fordert allerdings sehr viel mehr Zeit. Doch die reine Wettkampfbelastung ist auch hier höchstens bei 3 Minuten anzusetzen. Folgen noch knapp

5 Minuten für den 1500-Meter-Lauf. Insgesamt fordert der zweite Tag also rund 10 Minuten Hochleistungssport. Somit dauert ein Zehnkampf plötzlich nur noch eine Viertelstunde netto.

Eine nette Rechnerei – die aber nichts daran ändert, dass es eine zehnfache Herausforderung ist, all die unterschiedlichen und diffizilen Anforderungen an zwei Tagen zu bewältigen.

Zehnfaches Training

Eine Frage dominiert allerdings alles bei einem Laien: Wie um Himmels willen trainiert man zehn völlig verschiedene Disziplinen? Niklas Kauls Antwort fällt lapidar aus: *„Unterschiedlich."*

Das zeitliche Budget eines Sportlers ist knapp bemessen und der Körper ist nicht endlos belastbar. Eine der größten Herausforderungen für einen Zehnkämpfer ist die Entscheidung, wie er seine kostbarste Ressource verplant, die Zeit. Wie er seine Aufmerksamkeit auf die vielen Herausforderungen verteilt. Was soll er trainieren? Und wie oft? Wie lange? Welche Ziele anstreben? Und wann kann (oder sollte) er es auch einfach mal gut sein lassen?

> *„In der Wettkampfphase trainiere ich tatsächlich nur eine Einheit am Tag. Im Winter können es auch mal zwei Trainingseinheiten sein, da sind wir dann schon bei gut über 20 Stunden. Im Sommer sind es 16 bis 18 Stunden reines Training in der Woche – da kommt dann aber noch Physio dazu und einiges an Nachbereitung."*

Denn Zehnkampf ist auch gedankliche Arbeit.

> *„Was bei mir noch mal Stunden beansprucht, ist, über Technik nachzudenken und jede Einheit nachzubereiten. Wenn wir im Training Videos aufgezeichnet haben, schaue ich mir die alle noch mal genau an, filtere raus, was sich gut und was sich nicht gut angefühlt hat. Und warum ein guter Sprung wirklich besser war als ein schlechter – welche technischen Details dafür verantwortlich waren. Das mache ich meistens noch abends nach der Einheit oder am Tag danach."*

Ganzheitsmethode oder Teilmethode? Werden die eigentlichen Zielbewegungen in den jeweiligen Disziplinen trainiert – oder die einzelnen hinführenden Elemente?

> *„Auch das unterscheidet sich. Je nach Saisonphase. In der Wettkampfzeit wird sehr viel in der Zielbewegung gemacht, da ist wenig Zeit für allgemeines Training. Da passiert nicht mehr viel an Zubringerarbeit. Krafttraining schon noch, aber weniger Stabilitätsübungen, weniger Imitationsübungen. Wenn die Grundlage im Sommer nicht da ist, dann habe ich Pech gehabt, dann ist das so. Dann müssen wir gucken, was wir daraus machen.*
>
> *Die Grundlagen werden im September, Oktober, November und Dezember gelegt – vielleicht noch im Januar. Da stehen mehr Elemente auf dem Programm, die allgemein athletisch sind. Die Techniken werden zwar auch geübt, aber eben nicht in der vollen Intensität.*

Beispielsweise springe ich im November keinen Weitsprung mit vollem Anlauf. Das würde einfach keinen Sinn machen, weil du müde bist von den allgemein-athletischen Sachen und weil du auch noch nicht so schnell bist. Das kommt dann kurz vor den Saisonhöhepunkten.“

Umbaumaßnahmen

Konzentration auf die Schwächen, um sich dort zu verbessern, oder lieber die Stärken stärken? Zwei Philosophien, ein Ziel, das da lautet: die beste Version seiner selbst werden – in all ihren Ausprägungen. Und das zum bestmöglichen Zeitpunkt.

Niklas Kaul hat sich in Absprache mit seinen Trainern vor der Saison 2023 dazu entschlossen, seine Technik im Speerwerfen umzustellen, um dann – wenn sie eingeschliffen ist – konstant noch weiter werfen zu können. Der Plan sieht vor, im Anlauf mit mehr Rotation im Oberkörper zu agieren, um den Beschleunigungsweg des Speers zu verlängern. Eine in der Theorie nachvollziehbare Rechnung, die aber in der Praxis nicht leicht umzusetzen ist, da sie hohe motorische Anforderungen stellt.

Die Frage ist, ob er sich damit einen Gefallen tut, denn schließlich ist er ja bereits der beste Speerwerfer im Feld.

Aber das Problem liegt tiefer. Beim Werfen mit seiner eingeschliffenen Technik traten gelegentlich Probleme mit dem Rücken auf. Bei seiner herkömmlichen Ausholbewegung besteht die Gefahr, einen Nerv einzuklemmen, mit entsprechenden Auswirkungen auf den Bewegungsapparat. Kaul hat Varianten ausprobiert und festgestellt, dass er mit einer stärkeren Rotation seinen Rücken schont. Bei der WM in Budapest konnte er noch nicht zeigen, ob die Technik sitzt, da er den Zehnkampf vorher abbrechen musste. Sein Ziel ist, sie bis Paris stabil zu beherrschen.

„Das ist ja immer so ein bisschen ein Gamble. Du kannst nicht sagen: Ich stelle jetzt die Technik um, und das zahlt sich dann auf jeden Fall in sechs Wochen aus. Es kann sein, dass es in zwei Wochen gut funktioniert. Es kann aber auch sein, dass es in zwei Wochen zwar gut funktioniert, sechs Wochen später aber nicht mehr – weil dann irgendwas wieder anders ist und das dann nicht klappt. Technische Umstellungen brauchen Zeit, bis sie so verankert sind, dass sie im Wettkampf wirklich immer funktionieren."

Das Problem war im Juni 2023 beim Meeting in Ratingen deutlich zu erkennen. Das Warmmachen funktionierte noch. „Beim Einwerfen ist er locker angetänzelt und hat 72 Meter geworfen", erinnert sich Michael Kaul, „da haben die Leute schon geklatscht." Doch in dem Moment, als es ernst wurde – mit hoher Wettkampfintensität und der entsprechenden Geschwindigkeit –, stimmte das Abwurfsystem noch nicht. Kaul blieb deutlich unter seinen Möglichkeiten.

Nach einem Wurf dann ins alte Muster zurückzukehren, funktioniert auch nicht, weil das neue Bewegungsmuster das alte überlagert hat.

„Es ist schwierig, weil man mit der alten Art in den Wochen zuvor nicht geworfen hat. Die Sporttheorie sagt, wenn man

eine technische Umstellung vollzieht, wird die Leistung erst mal schlechter. Es gibt notwendigerweise einen kleinen Knick, bevor es wieder hochgehen kann."

Auch in anderen Disziplinen sieht Kaul Bedarf für technische Umstellungen. Er ist einer der schwächsten Sprinter im Feld der Weltklasseathleten und will gerade in diesem Sektor zulegen. Der Start ist dabei sein erstes und größtes Problem – er hat Schwierigkeiten, nach dem Aufrichten aus dem Startblock zu beschleunigen.

„Niklas drückt nicht nach vorne, sondern steht auf und läuft los", erklärt Stefanie Kaul. Der Impuls geht nach oben, nicht nach vorne. Die falsch ausgerichtete Energie resultiert auch aus seiner in Nuancen fehlenden Beweglichkeit im Fußgelenk.

Im Training vor Ratingen war es ihm immerhin schon ganz gut gelungen, „nach vorne" zu laufen.

„Ich war mir zu 100 Prozent sicher: Ich laufe heute 100 Meter Bestleistung."

Doch dann kam Niklas Kaul nach 11,5 Sekunden ins Ziel. Er hatte versucht, den Rückstand mit Kampf aufzuholen, was mit Krampf endete.

„Natürlich waren 1,7 Meter Gegenwind pro Sekunde der Zeit nicht wirklich zuträglich, das kann man nicht beeinflussen. Aber ich habe mich wahnsinnig geärgert, weil der Lauf technisch einfach absoluter Mist war. Es hat vorne und hinten genau das nicht funktioniert, was wir

im Training gemacht haben. Und eigentlich war es noch schlechter als vor der Technikumstellung. Aber auch das ist eben noch nicht automatisiert. Daraus resultiert eine superschlechte Zeit, die eigentlich nicht zu dem passt, wie ich mich im Training gefühlt habe. Bis es passt, fehlen noch ein paar Rennen."

Nächste Baustelle: der Weitsprung.

„Auch im Weitsprung arbeiten wir an der Technik: Absenken des Körperschwerpunkts über den vorletzten Schritt." Der tiefere Sinn dahinter: Dann kann der Springer das Bein beim Absprung mit einem besseren Winkel aufs Brett stellen.

„Das hat jetzt schon ganz gut funktioniert. Ich hatte nicht das Gefühl, dass ein richtig guter Sprung dabei war, aber es waren am Ende nur 2 Zentimeter unter Bestleistung. Das zeigt, dass ich auf dem richtigen Weg bin."

Wettkampf als Übung

„Ich richte mein Training nicht unbedingt auf Juni aus, sondern habe es immer schon auf den Saisonhöhepunkt eingestellt."

Kaul nimmt es in Kauf, dass er bei den Meetings in Götzis oder Ratingen, die traditionell Ende Mai, Anfang Juni stattfinden, noch nicht in Höchstform ist. Ein Blick in seine persönliche Bestenliste bestätigt das.

Zwischen 2018 und 2023 absolvierte Niklas Kaul zehn komplette Zehnkämpfe. Die höchste Punktzahl erreichte er bei seinem WM-Sieg 2019 (8691 Punkte), die dritthöchste bei der EM 2022 in München (8545 Punkte), was für zielgerichtetes Training hin zum Saisonhöhepunkt spricht. Seine Vorstellungen in Götzis in den jeweiligen Jahren endeten bei 8336 bzw. 8303 Punkten – was für sich genommen keine schlechten Resultate sind, aber eben auch nicht die Topleistungen, die er später im Jahr abrufen konnte.

> *„Das ist natürlich ein Riesenluxus, es so machen zu können. Bei vielen Kollegen sieht das anders aus, sie müssen in der Qualifikation richtig performen, damit sie überhaupt zum Saisonhöhepunkt kommen."*

Diese Form der Saisonsteuerung setzt ein bestimmtes Leistungsniveau voraus. Und auch das Selbstbewusstsein, sich von den Frühjahrsresultaten nicht verrückt machen zu lassen. Es ist so ähnlich wie innerhalb eines Zehnkampfes: Die 100-Meter-Ergebnisse sagen noch nichts über das Endergebnis aus.

Beispiel Ratingen 2023. Dort erzielte Kaul Mitte Juni trotz der erwähnten Technikumstellungen 8484 Punkte: Platz eins beim Traditionswettkampf in der nordrhein-westfälischen Provinz und, viel wichtiger: die Olympianorm für Paris.

Es war Kauls erster Zehnkampf nach dem EM-Titel von München 2022. Und er erreichte unmittelbar sein konkretes

Ziel, auch wenn etliche Details noch unbefriedigend waren, etwa beim Stabhochsprung (mit 4,80 Metern blieb er 20 Zentimeter unter seiner Bestleistung und somit 60 Punkte hinter den Erwartungen) oder in der Paradedisziplin Speerwurf (bei der er nur 67,44 Meter schaffte, 10 Meter weniger, als er sich vorgenommen hatte, umgerechnet 150 Punkte).

Kaul besann sich am Ende auf eine seiner größten Stärken: den Willen, einen 1500-Meter-Lauf nicht nur durchzustehen, sondern diese fiese mentale und körperliche Prüfung in einer Klassezeit zu rennen. *„Das Olympiaticket wirfst du jetzt nicht einfach weg"*, sagte er sich – und weil Zehnkampf auch Kopfrechnen bedeutet, wusste er, wie schnell er rennen musste, um sich die Reise nach Paris zu sichern: 4:17,60 Minuten für 828 Punkte, um die geforderten 8460 Zähler zu schaffen. Bei 4:14,19 Minuten blieb die Uhr für ihn stehen – 3,5 Sekunden besser als nötig: 8484 Punkte. Ziel erreicht. Paris kann kommen.

Trainer und Trainer

„Wir haben im Mehrkampf vier oder sechs Wettkampftage im Jahr", sagt Stefanie Kaul: „Mehr ist es nicht. Die anderen rund 360 Tage im Jahr bist du im Training." Da brauchst du einen guten Plan, um dich nicht zu verzetteln oder im falschen Moment zu verausgaben.

Stefanie und Michael Kaul sind für die Trainingsgestaltung ihres Sohnes Niklas verantwortlich. Das heißt aber nicht, dass sie jede Trainingseinheit selbst leiten. Unterstützt wird Niklas auch von Spezialtrainern wie dem früheren Stabhochsprungbundestrainer Herbert Czingon.

„Für Stabhochsprung hatte ich schon immer Spezialtrainer. Das haben nie meine Eltern gemacht, einfach aus dem Grund, weil sie selbst keine Stabhochspringer sind.“

Michael Kaul absolvierte zwar mal einen Zehnkampf, dabei aber den Stabhochsprung „mehr schlecht als recht“, wie sein Sohn lachend anmerkt. Auch Stefanie Kaul hat keine Stabhochsprungerfahrung.

„Stabhochsprung ist, wenn man ihn technisch unsauber ausführt, auch gefährlich. Du musst das von klein auf gut lernen, mit jemandem, der sich in dem Bereich auskennt.“

Kauls erste Stabhochsprunglehrerin war Anna Battke, die einst selbst zur erweiterten europäischen Spitze gehörte. Sie trainierte seit 2006 in Mainz und erreichte eine Bestleistung von 4,68 Metern. Ihr größter Erfolg war der Gewinn der Bronzemedaille bei der Hallen-EM von Turin 2009. Später übernahm Nastya Ryzih das Training von Niklas, ebenfalls eine in internationalen Wettkämpfen erfahrene Ex-Stabhochspringerin. Und danach fand Czingon zum Team Kaul, der diesen Job ehrenamtlich ausübt.

Aber auch in den anderen Disziplinen hilft es, sich von Fachleuten beraten zu lassen.

„Im Speerwurf habe ich in den vergangenen Jahren punktuell mit Francis Gross zusammengearbeitet, dem hessischen Landestrainer für Speerwurf in Frankfurt.“

Francis Gross hatte Niklas bereits beim Speerwerfen beobachtet, als dieser zwölf Jahre alt war. Im Sprint arbeitet Kaul mit dem leitenden Landestrainer von Rheinland-Pfalz, Stefan Letzelter, zusammen, beim Diskuswerfen lässt er sich von dem Biomechaniker Stefan Erlewein beraten, der im Institut für Angewandte Trainingswissenschaften (IAT) in der Fachgruppe Wurf/Stoß arbeitet.

Über allem aber steht die Koordination des Trainings. Stefanie Kaul schreibt immer sonntags die Trainingspläne für die ganze Gruppe, damit ist sie drei bis vier Stunden beschäftigt. Bei drei Einheiten versucht sie, selbst präsent zu sein. Michael steht sechsmal die Woche jeweils drei Stunden auf dem Platz oder in der Halle.

> *„Meine Eltern haben die Gesamtbelastung im Blick. Wenn ich Dienstag ins Stabhochsprungtraining komme, dann weiß Herbert nicht, was ich am Montag gemacht habe und was am Mittwoch und Donnerstag folgt. Wenn der Sprinttrainer verlangt: ‚Heute 30 Meter mit fliegendem Start in maximalem Tempo', dann kann das nicht funktionieren, wenn man überlastet ist."*

Und dann gibt es noch den Bundestrainer Christopher Hallmann – was macht der eigentlich?

> *„Er bietet seine Hilfe an. Wenn ich mir punktuell Input holen will, kann ich ihn immer fragen. Zum anderen hat er eine organisatorische Funktion, ist eine Art*

Teamkoordinator, der die Lehrgänge und Trainingslager plant, etwa vor einer WM."

Roter Faden im Kopf

Anna Battke ist eine Mehrkämpferin der besonderen Art. Vielfach interessiert und begabt auch über den Sport hinaus – sie spielt Saxofon und Klavier –, begann die Düsseldorferin erst als Neunzehnjährige mit dem Stabhochspringen, nachdem sie zuvor alle möglichen Sportarten ausprobiert hatte – darunter Schwimmen, Reiten und Judo.

Mit 21 Jahren wechselte sie 2006 zum USC Mainz, für den sie ihre größten Erfolge errang: 2009 gewann Battke bei der Hallen-EM in Turin die Bronzemedaille, im gleichen Jahr stellte sie ihre persönliche Bestleistung (4,68 Meter) auf. Für internationales Aufsehen sorgte die damalige Psychologiestudentin auch, als sie ihren Körper bei der Leichtathletik-WM 2008 in Valencia mit der Aufschrift „Stop Doping" verzierte und die Blicke der Öffentlichkeit auf sich zog. 2012 begann sie als Stabhochsprungtrainerin beim USC, nachdem ihre eigene Karriere „in den letzten Zügen" gelegen hatte, wie sich die heute 38-Jährige erinnert.

„Es war eine kleinere Gruppe, drei, vier Jungs, die regelmäßig kamen, einer davon war Niki. Er war damals dreizehn oder vierzehn. Ich kann mich erinnern: Was ihn besonders ausgezeichnet hat, war seine Motivation. Es war nicht der Ehrgeiz, dass er besser sein wollte als die anderen, sondern seine Freude am Sport. Das war auf jeden Fall auffällig. Die anderen drei waren nicht mal weniger talentiert, aber die waren halt so jugendlich. Dreizehnjährige Jungs sind echt anstrengend. Sie sind mal zum Training gekommen und mal nicht: ‚Gucken wir mal, springen wir mal, dann versemmeln wir mal einen Sprung – ach, ist ja lustig. Machen wir halt noch einen. So, jetzt hab ich aber keinen Bock mehr. Nun setz ich mich daneben.' So waren sie drauf. Und wenn ich mit ihnen Übungen gemacht habe, haben sie gemeckert: ‚Das ist ganz schön anstrengend.' Aber das alles hat Niki nicht gemacht. Er war nie wehleidig. Und man hat ihm auch angemerkt, dass es keine anderen schwierigen Schauplätze im Leben gab, die er bearbeiten musste und die ihn vom Sport hätten ablenken können. Familiäre oder schulische Probleme hatte er nicht. Bei ihm war alles sehr ausgeglichen."

Es ist also nicht das Talent allein, Niklas Kaul war von Anfang an zielstrebig und fokussiert.

Battkes Trainer Leszek Klima hatte einmal über sie gesagt: „Anna ist unberechenbar. Sie ist die Schnellste von allen, sie kann gewinnen, wenn sie ihre Nerven im Zaum behält und sich konzentriert." Gerade das fiel dem Bewegungstalent aber gelegentlich schwer. „Ich weiß auch nicht, wie ich das mache. Ich konzentriere mich nur auf den Absprung, der Rest passiert von allein", hatte sie 2009 über ihre eigene Sprungtechnik gerätselt. Einmal landete sie neben der Matte und wusste nicht warum: „Ich habe bei der Lattenüberquerung die Augen geschlossen." Außer einer leichten Gehirnerschütterung war ihr aber nichts passiert. Als Trainerin agierte sie mit offenen Augen. Und sah, wie Niklas Kaul trainierte, wie er sich gab und reagierte.

„Ich war mit ihm beim Deutschland-Schüler-Cup. Da hat er im Stabhochsprung gewonnen, mit fünfzehn. Und die Art, wie er das geschafft hat, war bezeichnend. In dem Alter gibt es Jungs, die springen einen Meter über die Latte und knallen dann auf diese drauf, weil sie technisch noch nicht so weit sind. Niklas musste ich nur ein paar Korrekturen mit auf den Weg geben, und er hat es genau so umgesetzt. Für sein damaliges Alter war das sehr beeindruckend. Er war auch sonst bei jedem Sprung präsent, jede Woche im Training, hatte immer den vollen Fokus auf seine Aufgaben. Ohne sein Talent kleinzureden – aber in aller erster Linie war es dieser rote Faden in seinem Kopf, dieser Wille, diese Leidenschaft, die ihn auszeichneten. Mein früherer Trainer Leszek Klima hat gesagt: ‚Das größte Talent ist das Talent zur Arbeit.' Und das hat Niklas Kaul auf jeden Fall. Er bringt alle Voraussetzungen mit. Aber ganz große Zutaten sind seine Fähigkeit zur Fokussierung und seine Ausgeglichenheit."

(K)ein Vertrag

Stefanie und Michael Kaul trainierten die Jugendgruppe in Mainz bereits, bevor Niklas beitrat. Beide haben mehr oder weniger sämtliche Disziplinen ausprobiert, Michael schon seit seiner Kindheit mit sechs Jahren. Sie verfügen über internationale Wettkampferfahrung, wissen also, wovon sie reden. Und in Disziplinen, in denen sie sich nicht so gut auskennen, haben sie Pläne entwickelt, wie ihr Sohn sich steigern könnte. „Wir haben im Team zusammengesessen und überlegt, wie geht das, damit es erfolgreicher wird?"

Auch das ist eine Gabe, die Niklas Kaul auszeichnet: Er hat sehr früh gelernt, Verantwortung für seine Sache zu übernehmen. „Wir haben viel probiert, verworfen, optimiert", sagt Michael Kaul, „und so machen wir es auch heute noch." Es ist keine Trainer-Athleten-Konstellation, in der der Coach sagt, was gemacht wird. Es ist eher ein Prozess – ein stetiges Herantasten mit Versuch und Irrtum, Feedback, neuem Versuch, neuem Irrtum, neuerlichem Feedback, bis hin zu einem sichtbaren Ergebnis, was in diesem Zusammenhang eine signifikante Verbesserung in einer Teildisziplin ist.

Und was der dreiköpfigen Trainingsgruppe Kaul ganz wichtig ist: „Es weiß jeder von uns, dass er zu jeder Zeit aussteigen kann, wenn es nicht passt oder zu einer Belastung wird", sagt Stefanie Kaul: „Es wäre nicht schlimm, wenn Niki sagte, er müsse sich noch mal zwei, drei Jahre weiterentwickeln – und das gehe nicht mit uns."

Es sei sein Sportlerleben, aber das ändere nichts an der Eltern-Kind-Konstellation.

„Wir sind in erster Linie mal Eltern, und da wollen wir, dass es Niklas gut geht", sagt Michael Kaul. Natürlich haben sie ein Interesse daran, dass er als Leichtathlet seine Ziele möglichst optimal erreichen kann. „Aber das muss nicht mit uns sein."

Es ist für eine Familie nicht wenig belastend, wenn der Druck des Siegenwollens bis hin zum Siegenmüssen zu groß wird. Stefanie Kaul formuliert es so: „Es ist wichtig, dass das jeder für sich klar hat – es tut mir gut, es macht mir Spaß, wir haben einen riesigen Schatz, den wir gemeinsam haben."

Einen Trainervertrag haben sie nicht abgeschlossen. Aber einen Elternvertrag.

„Am 11. Februar 1998, da haben wir den Vertrag mit diesem kleinen Bündel geschlossen, dass wir es begleiten“, sagt Stefanie. „Solange es gewünscht ist.“

DIE ZEHNKÄMPFER

Vorbilder?

„Ich bin kein Mensch, der sagt: ‚Diese oder jene Person ist mein großes Vorbild.' Es gibt viele Leichtathleten oder überhaupt Sportler, die ich als Kind und auch als Erwachsener in gewisser Weise bewundert habe – weil sie ihre Disziplin beherrscht haben, weil es bei ihnen so einfach aussah. Jonathan Edwards zum Beispiel, der Weltrekordler im Dreisprung: Es sieht so leicht aus, was er da tut! Das ist einfach schön. Oder Jan Železný, der Speerwerfer. Ich weiß nicht, wie viele Stunden ich mir Železný-Videos angeschaut habe. Bei ihm sieht es immer so aus, als ob er keine Kraft investieren müsse. Ich bewundere auch Athleten, die es schaffen, immer genau auf den Punkt da zu sein. Die vielleicht gar nicht so sehr mit einer Bestleistung überragt haben – die aber immer, wenn es wichtig wurde, einfach da waren und abgeliefert haben. In Amerika würde man sie ‚big game player' nennen. Die finde ich super bewundernswert. Kurzum: Ich habe keine Vorbilder, aber es gibt Menschen, die ich bewundert habe und bewundere."

Selbst Vorbild

Sieht sich Niklas Kaul als Vorbild? Für den Nachwuchs ist er es gewiss. Seine Trainingsgruppe ist für einen Weltklasseathleten durchaus ungewöhnlich zusammengestellt. Kaul trainierte nicht nur gemeinsam mit der ehemaligen WM-Medaillengewinnerin Carolin Schäfer, die mittlerweile aber eigene Wege geht, und seiner Freundin Mareike Rösing, sondern auch mit den Nachwuchsmehrkämpfern des USC Mainz. *„Ich nenne sie immer ‚die Kids"'*, sagt er, der mit Mitte zwanzig selbst noch nicht am Zenit seiner Karriere angelangt ist, über seine Trainingspartner. „Sie bringen Stimmung in die Bude", beschreibt Vater Michael Kaul in einer ZDF-Reportage über die Trainingsgruppe Kaul den Spirit in der Gruppe. „Sport in der Gemeinschaft war immer unser Ziel." Allein zu trainieren, sei langweilig – „als Einzelkämpfer hätte Niki vermutlich längst aufgehört."

> *„Ich habe es immer so empfunden, dass es mich voranbringt, wenn ich nicht allein trainiere. Klar, es gibt Trainingseinheiten, die funktionieren nun mal nur allein. Aber an sich fand ich es immer ein bisschen mühsam, solo zu trainieren. Zum Beispiel Tempoläufe allein zu machen, ist gar nicht lustig. Es ist immer schön, jemanden neben sich zu haben. Wenn man voll 300 Meter laufen muss im Training, dann hilft ein Mitstreiter ungemein, das weckt den Ehrgeiz, nach dem Motto: So, den lasse ich jetzt auf gar keinen Fall gewinnen."*

Mehr als ein Dutzend deutscher Meistertitel haben die Nachwuchskräfte für den USC schon gewonnen, auch wenn sie in Mainz nicht die allerbesten Trainingsbedingungen vorfinden. Die Kauls versuchen, das Beste daraus zu machen – dazu gehört auch mal ein gemeinsames Trainingslager in den Osterferien im Olympiazentrum von München.

Ein für sie besonderer Ort – schließlich gewann Niklas hier seinen EM-Titel, und die halbe Mainzer Trainingsgruppe schrie sich auf der Tribüne die Seele aus dem Hals.

Mit dabei ist seine Schwester Emma, zweimalige deutsche Jugendmeisterin im Siebenkampf bei der U 16. Hinzu kommt Lotte Gretzler, ehemalige Turnerin, die nun erfolgreich Stabhochsprung und Siebenkampf betreibt. Vom Stolz, jemanden wie den Weltmeister Niklas Kaul „in meinem Verein zu haben, den ich Tag für Tag sehe", spricht Johannes Böcher, deutscher Hochsprungmeister bei der U 16. Er freut sich über die Tipps, die er von Kaul erhält, und profitiert von ihnen.

Jonas Holbach ist deutscher Mehrkampfmeister bei der männlichen Jugend. Sein Ziel ist es, einmal mit Niklas in einem Wettbewerb zu starten: „Ihn zu besiegen, das wäre natürlich der Hammer."

Und Simon Kunkel wurde schon deutscher Meister im Kugelstoßen und Diskuswerfen bei der U 15. Er sagt voller Überzeugung: „Ich möchte Zehnkämpfer werden."

So wie Niklas Kaul.

Der versucht, das in ihn gesetzte Vertrauen zurückzugeben. Bei den deutschen Mehrkampfmeisterschaften 2023 Anfang September in Hannover unterstützte er seine Eltern beim Coaching. Mit den entsprechenden Nebenwirkungen. „Er war im Grunde keine fünf Minuten nicht umlagert", sagt Stefanie. Ständig wollte jemand ein Foto mit ihm machen. „Aber ich finde es total wichtig, dass er vor Ort ist."

Und den Erfolg seiner Partnerin verhinderte sein Daumendrücken vor Ort auch nicht, im Gegenteil. Kauls Freundin Mareike Rösing, Jahrgang 1999, verteidigte ihren Titel als deutsche Siebenkampfmeisterin mit 5936 Punkten und rund 350 Zählern Vorsprung auf die Zweitplatzierte. Emma Kaul, Niklas' Schwester, gewann den Siebenkampftitel bei der weiblichen U 18 mit 5946 Punkten und ebenso großem Abstand zur Konkurrenz.

Die Siebzehnjährige steigerte ihre Bestleistung um mehr als 200 Punkte, stellte einen deutschen Jugendrekord auf und schob sich auf den zweiten Platz der Weltbestenliste ihrer Altersklasse. Dass Emma nun zu den deutschen Rekordhalterinnen zählt, macht sie besonders stolz, denn damit zog sie mit ihrem großen Bruder gleich, der das im selben Alter geschafft hatte: „Das hat für mich einen riesigen Stellenwert." Gemeinsam mit Lotte Gretzler und Liv Albertz gewann sie für den USC Mainz zudem die Mannschaftswertung.

Durch die Erfolge der Nachwuchssportlerinnen sehen sich die Kauls in ihrem Weg bestätigt. Sie setzen weiterhin darauf, im gewohnten Umfeld in einem geschützten Raum zu trainieren. „Der Sport darf nie zu einer isolierten Zirkusgruppe führen, die losgelöst ist von der normalen Welt. Dann hätte er keine Wertigkeit mehr", sagt Michael Kaul.

Der Gedanke der Zentralisierung der besten Kräfte an einem Ort wird immer wieder diskutiert. Vater Kaul ist strikt dagegen: „Du magst zwar in den kommenden drei, vier Jahren das Optimale aus dem System herausholen. Aber danach ist es nicht mehr existent – und dann hat es auch keine Relevanz mehr." Nach Michael Kauls Auffassung hat Leistungssport nur dann eine Bedeutung für die Gesellschaft, wenn er nahbar bleibt – und es eine Rückkopplung zum Breitensport gibt.

Nach seiner langjährigen Beobachtung wollen Jugendliche an dem Ort, an dem sie sich befinden, Sport machen – und sich an den Vorbildern des eigenen Vereins, ihres direkten Umfeldes also, orientieren. „Wenn Malaika Mihambo in Heidelberg trainiert, wollen tausend Mädchen in der Kurpfalz so schön wie sie springen." Oder eben Mehrkämpfer werden, wenn sie aus Rheinhessen stammen.

Königslinie

„You, Sir, are the greatest athlete in the world", sagte der schwedische König Gustav V. zu Jim Thorpe, nachdem dieser bei den Olympischen Spielen 1912 in Stockholm überlegen den ersten Zehnkampf der modernen Olympiageschichte gewonnen hatte. Thorpe antwortete trocken mit: „Thanks, King." Der Mythos vom König der Athleten war geboren.

Thorpe, indianischen Ursprungs, erwies sich als der vielseitigste Sportler der damaligen Zeit. Sein indianischer Name lautete Wa-Tho-Huk, „Bright Path", also „Leuchtender Weg". Tatsächlich schlug Wa-Tho-Huk wie ein Blitz in der Olympischen Leichtathletik ein.

Seine Sportkarriere hatte 1907 begonnen, als er zufällig bei einem Leichtathletikwettkampf vorbeikam. Er trat in gewöhnlicher Straßenkleidung an und gewann den Hochsprung mit einem spontanen Sprung über 1,75 Meter.

Fünf Jahre später wurde der Zehnkampf zum ersten Mal ins olympische Programm aufgenommen. Wegen der großen Teilnehmerzahl musste er an drei Tagen ausgetragen werden, doch die Disziplinen waren dieselben wie heute und auch die Reihenfolge der Disziplinen blieb seitdem unverändert.

Thorpe musste mit einem Handicap kämpfen, denn ihm waren kurz vorher die Wettkampfschuhe gestohlen worden. Der damals 25-Jährige verzagte nicht, sondern trat mit zwei nicht zusammenpassenden Ersatzschuhen an. Einen dieser Schuhe hatte er der Legende zufolge in einem Abfalleimer gefunden.

Das Schuhproblem hinderte ihn aber nicht daran, den Zehnkampf mit 8412 Punkten und mit großem Vorsprung zu gewinnen. Das Multitalent stellte beim ersten und einzigen Decathlon seines Lebens – die amerikanische Vorausscheidung für den Zehnkampf war wegen zu geringer Teilnehmerzahl ausgefallen – einen Weltrekord auf, der bis 1948 Bestand haben sollte.

Damals galt eine andere Punktetabelle als heute. Thorpes Überlegenheit lässt sich aber auch an seinem Vorsprung von rund 700 Punkten vor dem Schweden Hugo Wieslander beim ersten olympischen Zehnkampf ablesen. Der mit unglaublich vielen Talenten Gesegnete gewann darüber hinaus in Stockholm Gold im Fünfkampf, der aus Weitsprung, Speerwurf, 200-Meter-Sprint, Diskuswurf und 1500-Meter-Lauf bestand. Zudem belegte er den vierten Platz im Hochsprung und Rang sieben im Weitsprung.

Alle Olympiamedaillen wurden im Rahmen der Schlussfeier überreicht – dazu zwei Wanderpokale, gestiftet vom russischen Zaren Nikolaus II. und dem schwedischen König Gustav V. Bei der Pokalübergabe kam es zu besagtem legendären Wortwechsel: „Sie, mein Herr, sind der größte Athlet der Welt." – „Danke, König."

Ahnengalerie I – viel hilft viel

Die Zehnkämpfer als Könige der Athleten genießen gerade in Deutschland einen besonders heroischen Status – und können auch auf eine anhaltende Popularität zurückblicken.

Angeführt wird die Ahnengalerie von Willi Holdorf (1940–2020), dem einzigen Zehnkämpfer, der bislang in die Hall of Fame des deutschen Sports aufgenommen wurde. Der Holsteiner gewann im Oktober 1964 bei den Olympischen Spielen von Tokio als erster Nichtamerikaner seit 1932 Gold im Zehnkampf. Holdorf hatte seine Stärken im Sprint und im Hürdenlauf – den abschließenden 1500-Meter-Lauf musste er dagegen eher überleben, als ihn gestalten zu können.

Mit den Spielen von Tokio war das Zeitalter der Satellitenübertragung angebrochen. Erstmals konnten Fernsehzuschauer aus der ganzen Welt die Ereignisse in den Wettkampfstätten von Tokio live verfolgen. Auch die vollelektronische Zeitmessung hatte Premiere. Beim Zehnkampf herrschte dagegen noch Zettelwirtschaft. Die Zwischenstände mussten mithilfe der Wertungstabellen mit Papier und Bleistift mühsam errechnet werden. Erschwerend für die Orientierung kam hinzu, dass kurz vor den Spielen von Tokio eine neue Bewertungsmatrix eingeführt worden war. Sie sollte für mehr

Gerechtigkeit bei der Bewertung der einzelnen Disziplinen sorgen.

In den finalen 1500-Meter-Lauf des Zehnkampfs von Tokio startete Holdorf, damals 24 Jahre alt, als Führender. Doch er durfte gegen seinen größten Rivalen, den Esten Rein Aun, der für die damalige Sowjetunion antrat, höchstens 17 Sekunden verlieren. Holdorf schilderte in seinem 1965 erschienenen Buch *König der Athleten* seine Taktik. Er wollte sich an die Spitze des Feldes setzen, um das Tempo zu drosseln. So geschah es auch. Doch Aun ließ sich nicht einbremsen, überholte Holdorf und zog davon. Holdorf haderte, wie in seinem Buch nachzulesen ist: „Ich spüre, wie gegen Ende der ersten Runde meine Kräfte nachlassen. Ich kann mir nicht vorstellen, wie ich die restlichen zweieinhalb Runden noch schaffen soll."

Der bei einer Größe von 1,82 Metern mit 90 Kilogramm Gewicht eher schwere Holdorf spürt bei jedem Schritt die Last seines Körpers. Später spottet er über sich selbst, er habe beim Laufen tiefe Löcher in die damals noch übliche Aschenbahn getreten.

Holdorfs weitere Schilderung der Ereignisse in seiner Biografie nimmt die Leser in Form einer packenden Reportage mit: „Ich muss schneller werden – ich muss, muss, muss!", sagt seine innere Stimme. Er höre weder die Rufe der Zuschauer noch die Zeit, die ihm sein Trainer zugerufen habe. „Ich sehe nur noch Aun. Leicht wie eine Feder läuft er vor mir her. Nein, er fliegt." Doch die Entfernung der beiden blieb konstant bei etwa 100 Metern. Die gleichbleibende Distanz machte Holdorf Mut. „Ich versuche, den Abstand zu halten.

Meine Beine sind schwer wie Blei. Ich muss mich zu jedem Schritt zwingen."

Als der Este die Ziellinie passiert, bündelt der Deutsche seine letzten Reserven. „Ich werfe den Kopf zurück und versuche einen Endspurt." Kurz vor dem Ziel, das er nach 4:34,3 Minuten erreicht – mit nur 12 Sekunden Rückstand auf Aun –, verlassen ihn die Kräfte: „Ich wanke schräg hindurch – sehe die Bahn auf mich zukommen und falle der Länge nach hin." Über seine Goldmedaille, die er mit 7887 Punkten gewann, konnte er sich erst mit großer Verspätung freuen, zu erschöpft war Holdorf im Moment des Triumphes. „Ich kann es nicht fassen. Das Rennen ist zu Ende. Ich bin erlöst. Ich will liegen, nur liegen und mich ausruhen."

Der knapp geschlagene Aun (7842) persönlich war es, der dem jungen Deutschen mit dem schütteren Haar aufhalf, ihn stützte und ihm zuflüsterte: „Olympic champion – you olympic champion." Holdorfs Teamkollege Hans-Joachim Walde (1942–2013) wurde an diesem großen Tag der deutschen Zehnkämpfer zudem Dritter (7809 Punkte).

Vier Jahre später kletterte der wie Niklas Kaul für den USC Mainz startende Walde bei den Olympischen Spielen in Mexiko-Stadt sogar noch eine Stufe höher auf das Podest – er gewann Silber. Bronze ging 1968 an Kurt Bendlin von Bayer Leverkusen – zum zweiten Mal nacheinander gewannen zwei deutsche Zehnkämpfer zwei olympische Medaillen in einem Wettkampf.

Für Holdorf dagegen war mit dem Goldlauf von Tokio bereits die hoffnungsvolle Karriere beendet: Der olympische Wettkampf war sein letzter Zehnkampf auf internationaler

Ebene – ein Rückzug, den er später bereute. In Mexiko war Holdorf zwar dabei, aber als Stabhochsprungtrainer – ebenfalls mit Erfolg, denn der von ihm betreute Claus Schiprowski (Bayer Leverkusen) gewann Silber bei den Spezialisten. Später wurde Holdorf sogar Fußballtrainer, nicht irgendwo, sondern tatsächlich in der höchsten Spielklasse – er stieg mit Fortuna Köln aber 1974 aus der Bundesliga ab. Der Zehnkampferfolg von Tokio hatte ihn dennoch als fabelhaften Athleten mit Dramathrill „unsterblich" gemacht und brachte ihm den Ehrentitel Sportler des Jahres 1964 ein.

Ebenfalls zum Sportler des Jahres wurde drei Jahre später Kurt Bendlin gewählt, obwohl er zuvor keinen Titel gewonnen hatte. Der Sportstudent verbesserte im Mai 1967 bei einem Wettkampf in Heidelberg den Weltrekord der Zehnkämpfer. Seine Steigerung auf 8319 Punkte verfolgten zwar gerade mal 300 Zuschauer live im Stadion, doch schon damals zeigte die Verbreitung des Resultats durch die Medien – damals die klassische Tageszeitung – Wirkung.

Bendlin war der erste Deutsche, der sich in der seit 1920 mehrfach modifizierten Wertetabelle an die Spitze der Bewegung setzte. Seinen Erfolg begründete der 1943 geborene Westpreuße weniger mit Talent als vielmehr mit seinem unbändigen Fleiß: „Ich habe eben mehr trainiert als die anderen." Dabei schien seine Karriere nach zwei Meniskusoperationen 1966 bereits beendet zu sein, doch der damals 24-Jährige kämpfte erfolgreich gegen das scheinbar vorgezeichnete Schicksal an. „Nur Eisen gibt Kraft", lautete seine Devise, nachdem er heimlich wieder mit dem Training angefangen hatte.

Weiterer Lohn der harten Arbeit: Bundespräsident Heinrich Lübke zeichnete Bendlin für seinen Weltrekord mit dem Silbernen Lorbeerblatt aus – der höchsten Auszeichnung für Sportler in der Bundesrepublik. Ein Goldenes Lorbeerblatt gibt es nicht.

Bendlins beste Disziplin war der Speerwurf, was ihn mit Niklas Kaul verbindet. Bei seinem Zehnkampfweltrekord warf er 74,85 Meter, allerdings noch mit dem alten Speer, der seinen Schwerpunkt weiter hinten hatte als das heute zugelassene Wurfgerät. Es ließ größere Weiten zu. Wenige Wochen nach seinem Weltrekordzehnkampf schaffte Bendlin bei den deutschen Meisterschaften in Stuttgart sogar 79,36 Meter, nicht im Rahmen eines Zehnkampfes, sondern bei den Spezialisten. Die Weite reichte für den zweiten Platz hinter Hermann Salomon (1938–2020) vom USC Mainz, der mit 79,83 Meter gewann und sich später als Leichtathletikdozent und Professor für angewandte Sportpädagogik an der Uni Mainz einen Namen machte.

Zur selben Generation gehörte auch der Thüringer Werner Graf von Moltke (1936–2019). Der spätere Präsident des Deutschen Volleyball-Verbandes zeichnete sich zeitlebens durch sein unkonventionelles Wesen aus. Dass er Sport studierte, war nicht gerade ein gewöhnlicher Karrierestart für den Spross einer Adelsfamilie, doch von Moltke erreichte im Zehnkampf bemerkenswerte Erfolge

1,90 Meter groß, 95 Kilo schwer und stark wie ein Bär – seine Spezialdisziplinen waren schon an der Statur ablesbar: Diskuswerfen und Kugelstoßen. Seine Karriere krönte von Moltke mit dem Gewinn des Europameistertitels 1966 in Budapest. Schon vier Jahre zuvor hatte er EM-Silber gewonnen und dabei als erster Deutscher die 8000-Punkte-Marke übertroffen. Allerdings gemäß der alten Wertetabelle. Seine damals in Belgrad erzielten 8022 Punkte entsprechen nach dem heute gültigen Maßstab 7637 Punkten.

„Wenn man anfängt, in Deutschland Zehnkampf zu machen, gibt es da natürlich Namen, die immer noch präsent sind. Willi Holdorf durfte ich persönlich kennenlernen vor ein paar Jahren und mich mit ihm austauschen. Das war sehr schön. Er hat erzählt, wie es damals bei ihnen bei den Olympischen Spielen in Tokio war. Und wie sich die Zeiten geändert haben. Sie sind damals, glaube ich, ein Stück noch mit der Eisenbahn gefahren, um Tokio zu erreichen, und zurück etappenweise geflogen, haben zwischendurch irgendwo in Asien noch Wettkämpfe gemacht. Das war etwas anderes als bei uns, wo wir mal schnell in vierzehn Stunden hinfliegen und uns vor Ort vierzehn Tage perfekt akklimatisieren. Obwohl die Disziplin dieselbe geblieben ist, sieht man, wie sich der Sport verändert hat. Er war damals noch ein viel größeres Abenteuer.“

Ahnengalerie II – silberne Jahre

In den 1980er-Jahren erlebte der Zehnkampf in der Wahrnehmung der deutschen Öffentlichkeit einen Boom – der sich vor allem an drei Namen und einem Zweikampf festmachen lässt. Der Mainzer Guido Kratschmer spielt trotz eines Weltrekords in dieser Epoche eine eher tragische Rolle. Sein Klubkollege Siggi Wentz erscheint als jugendlicher Held. Und der für Bayer Uerdingen startende Duisburger Jürgen Hingsen agiert als kraftstrotzender Muskelprotz, dessen Ziele sich trotz allem Ehrgeiz und vieler Erfolge dann aber nicht wirklich erfüllen. Der Brite Daley Thompson ist in diesem Sportstück der stets strahlende Antipode und zumeist der lachende Vierte.

Der Einmarsch der sowjetischen Truppen in Afghanistan im Dezember 1979 hat in Zeiten des Kalten Krieges weitreichende Folgen für die Athleten des Westens. Die USA entschließen sich – als stark kritisierte Ultima Ratio – zu einem Boykott der Olympischen Spiele 1980 in Moskau, dem sich viele ihrer westlichen Verbündeten anschließen, darunter die Bundesrepublik. Besonders für Guido Kratschmer hat dieser US-Beschluss tragische Folgen. Kratschmer, ein eher stiller Vertreter seiner Art, gewinnt 1976 in Montreal hinter dem damaligen Weltrekordhalter Bruce Jenner (USA) die olympische Silbermedaille. In den Jahren danach jedoch entwickelte sich der kräftige Kerl mit Vollbart zum besten Zehnkämpfer der Welt, was er noch vor den Moskauer Spielen beweist.

Kratschmer war der große Goldfavorit für Moskau.

Die Nachricht vom Boykott der Olympischen Spiele erreicht ihn im Mai 1980 auf dem Weg nach Götzis – zum traditionellen Mehrkampfmeeting in Vorarlberg. Er tritt dort trotz allem an, obwohl eine innere Leere ihn überwältig – und schafft immerhin 8421 Punkte. Platz zwei hinter dem Briten Daley Thompson, der mit seinem ersten Weltrekord (8622) den Wettbewerb gewinnt – und im Gegensatz zu Kratschmer noch das Saisonziel Olympia vor Augen hat. Denn die Briten haben sich dem sportlich sinnlosen und politisch unwirksamen Boykott durch die Amerikaner nicht angeschlossen, weshalb Thompson in Moskau ungefährdet Gold gewinnen kann. Dritter in Götzis wird der damals 22 Jahre alte Jürgen Hingsen, der damit zum ersten Mal auf der großen Bühne der Zehnkämpfer auf sich aufmerksam macht.

Kratschmer, damals 27, zieht sich nach dem Wettkampf vier Tage zum Wandern in die Berge Österreichs zurück, um sich abzulenken und seinen Kopf von quälenden Gedanken zu befreien. Es reift ein Entschluss: Moskau war unerreichbar, ein weltweit für Furore sorgendes Zeichen jedoch konnte er immer noch setzen. Bei der obsolet gewordenen „Olympia-Ausscheidung" in Bernhausen nahe Stuttgart setzt der Mainzer Kratschmer seinen Plan tatsächlich um und stellt mit 8649 Punkten eine Bestmarke auf. „Weltrekord aus Trotz", wie er das später nennt. Um zu zeigen: In Moskau wäre ich Olympiasieger geworden.

Schon das erste prägende Erlebnis für Niklas Kaul mit Guido Kratschmer war ein sportliches – wenn auch mit unerwartetem Ausgang.

„Guido kenne ich, seit ich klein bin, weil er immer mal wieder bei verschiedenen Veranstaltungen dabei war. Er hat mit seinem ehemaligen Trainer Karl Zilch eine Weile in Mainz gewohnt. Meine Eltern kannten Karl sehr gut, und deshalb war ich auch häufiger bei Guido daheim.

Einmal bin ich bei einem Besuch über den Gartenteich gesprungen – dauernd hin und her. Das muss als Dreijähriger gewesen sein. Doch irgendwann war ich dann ein bisschen müde, und der Sprung ging nicht mehr weit genug – und dann lag ich bei Guido im Gartenteich."

Kratschmers Weltrekordmarke „aus Trotz" sollte zwei Jahre Bestand haben, ehe im Mai 1982 in Götzis abermals Thompson den Weltrekord verbesserte. Er stand nun bei 8704 Punkten. Es war die Zeit, in der sich ein neues Duell anbahnte, Kratschmer konnte auf diesem Niveau nicht mehr mithalten. Nun heißt es: Thompson gegen Hingsen. Hier der gewitzte, leichtfüßige, nicht mal 1,90 Meter große Brite mit nigerianischen und schottischen Wurzeln, dort der 2-Meter-Hüne und 2-Zentner-Kraftmensch aus dem Ruhrpott.

1982 ging es munter weiter mit dem Festival der Bestmarken. Nun war es Hingsen, der im August bei den deutschen Meisterschaften in Ulm die Aufmerksamkeit auf sich zog. Er erwischte zwei Traumtage und verbesserte Thompsons Weltrekord auf 8723 Punkte: Jürgen Hingsen, der große Strahlemann des deutschen Zehnkampfs.

Doch dabei blieb es nicht. Thompson konterte diese Zahl drei Wochen später bei den Europameisterschaften von Athen, wo er nicht nur den Titel vor Hingsen gewann, sondern auch den Weltrekord zurückeroberte. Der stand nun bei 8743 Punkten.

Und weiter ging es in diesem faszinierenden Weltrekordwechsel-dich-Spielchen: Im Juni 1983 war wieder Hingsen vorn. Bei einem Meeting in Filderstadt schaffte er 8779 Punkte. Das war seine Empfehlung vor den ersten Leichtathletikweltmeisterschaften, die im August 1983 in Helsinki stattfanden. Dort setzte sich der mental starke Thompson als klassischer Meisterschaftswettkämpfer wieder vor Hingsen durch. Thompson gegen Hingsen – die Leichtathletik hatte damit in den 1980er-Jahren ein packendes Duell, einen Zweikampf, der auch medial weitreichend aufgearbeitet und bisweilen reichlich aufgebauscht wurde. Er prägte eine ganze Generation an sportinteressierten Menschen.

Die Hauptrolle besetzten zwei völlig unterschiedliche Typen: Da ist zunächst Francis Morgan Thompson, der von seinem Vater „Ayodele" genannt worden war, was in der westafrikanischen Sprache Yoruba in etwa „die Freude kommt heim" bedeutet. Daraus entwickelte sich Thompsons Rufname Daley, aber auch eine positiv sich selbst erfüllende Prophezeiung. Thompson trat mit einer Freude auf, die ansteckend wirkte und die in diesem Kampf Mann gegen Mann in zehn Akten bisweilen den kleinen, aber entscheidenden Unterschied ausmachte.

Zudem beherrschte er die Kunst der mentalen Attacke auf dem Sportplatz – Spott war seine schärfste Waffe.

Für die war die andere Hauptbesetzung in diesem Plot, Jürgen Hingsen, tatsächlich anfällig, zumindest ließ er sich davon offensichtlich stark beeinflussen, was Auswirkungen auf seine Leistungen in der direkten Konfrontation mit dem Briten hatte. Der Deutsche wurde von Thompson gerne „Hollywood-Hingsen" genannt, weil der groß gewachsene Rheinländer einen gewissen Hang zur Theatralik aufwies und ihm in entscheidenden Momenten bisweilen die Nerven versagten.

Das in mehreren Folgen ausgetragene Duell zwischen Thompson und Hingsen hatte die Qualität einer Daily Soap der Leichtathletik, das Publikum fieberte mit, der nächsten Fortsetzung entgegen, die zuverlässig folgte.

Im Juni 1984 stellt Hingsen in Mannheim mit 8798 Punkten seinen dritten Weltrekord auf – und demonstriert, dass er bereit ist für die nächste Konfrontation mit Thompson, die nun bei den Olympischen Spielen von Los Angeles im August zu erwarten war. Doch der mental klar überlegene Thompson behält im Zweikampf mit Hingsen abermals die Oberhand und gewinnt in L. A. erneut eine olympische Goldmedaille. Für Hingsen bleibt Silber. Thompsons olympische Punktzahl entsprach exakt der, die Hingsen in Mannheim aufgestellt hatte. Nun also war der Brite Olympiasieger und Weltrekordhalter.

Thompsons Zehnkampfregiment sollte 1986 mit einem weiteren EM-Sieg in Stuttgart enden. Es war sein fünfter großer Titel seit den Olympischen Spielen von Moskau 1980 in Serie. Und zum vierten Mal nach der EM 1982, der WM 1983 und Olympia 1984 gewann Thompson vor dem auf Silber abonnierten Jürgen Hingsen, der in großen Wettkämpfen einfach kein Rezept gegen die übermächtige Präsenz des eleganten Thompson fand. Und diesmal siegte Thompson auch noch vor Hingsens Haustür in dessen Heimatland.

Zum dritten Mal komplettiert bei jener EM 1986 ein anderer westdeutscher Athlet das Siegerpodest. Siggi Wentz, Jahrgang 1960 und damit zwei Jahre jünger als Hingsen, gewinnt zwischen 1983 und 1986 jene drei Bronzemedaillen, die es bei Großereignissen zu gewinnen gibt. Seinen größten Erfolg erreicht er dann bei der WM 1987 in Rom – Platz zwei hinter dem Mecklenburger Torsten Voss.

Siggi Wentz, heute als Arzt tätig, wirkt mit seinen langen Haaren und seiner Leidenschaft fürs Motorradfahren wie der Easy Rider unter den Topathleten. Dazu passt ein Zitat, das mit ihm in Verbindung gebracht wird und sinngemäß lautet: Früh ins Bett gehen, nur Wasser trinken und Frauen lieber nur aus sicherer Entfernung betrachten sei auch keine Garantie für Topleistung ...

Für die Olympischen Spiele 1988 in Seoul nimmt sich Wentz sehr viel vor, dank seiner Vorleistungen gilt er als Goldanwärter. Doch im Trainingslager vor den Spielen zieht er sich, schon in Asien, beim Fußballspielen zum Warmmachen unglückseligerweise einen Bänderriss im Knöchel zu – sein Zehnkampfkollege Andreas Rizzi trifft ihn bei einer Grätsche überaus unglücklich. Heimreise aus Südkorea, ohne Wettkampfbeteiligung.

Wentz, gutaussehend, beliebt, Typ Frauenschwarm, wirkt nun als Chefarzt in einer Klinik im Schwarzwald. „Vieles von dem, was ich im Sport gelernt habe“, sagte er einmal in einem Interview, „ist auch in meinem Beruf wichtig – vor allem Geduld und Hartnäckigkeit.“

„Guido Kratschmer und Siggi Wentz sind in Mainz noch sehr präsent. Die erfolgreichste Zeit des USC Mainz war zugleich ihre Zeit. Ihre Namen geistern bei uns noch immer auf dem Sportplatz herum. Und unten im Kraftraum hängt noch ein Plakat mit allen Olympiateilnehmern. Da stehen Guido und Siggi ganz oben.“

Für viele Sportfans galt und gilt Siggi Wentz – der coole Typ aus dem Remstal, der in Mainz Medizin studierte und trainierte – als eigentlicher Star der damaligen Zehnkampfszene, auch wenn er im Schatten des großen Zweikampfs agierte.

Die „Daley-Soap“ zwischen Hingsen und Thompson gewann der Brite im direkten Goldvergleich mit 4 : 0. Nach Weltrekorden stand es am Ende ihrer Ära 3 : 3 – eigentlich. Doch damit nicht genug: Die ursprünglich exakt gleichen Bestmarken der beiden Antipoden sollten 1985 auseinanderdriften. Der Weltverband IAAF hatte entschieden, die Bewertungstabelle neu zu justieren.

Aus der Neubewertung ergab sich, dass die von Thompson erreichten Leistungen in Summe und Punkten allein ganz oben im Tableau der Weltbestenliste thronen sollten. Nach Anpassung der Punktetabelle standen für Thompson 8847 Zähler auf dem Papier. Hingsen kam dagegen „nur“ auf 8832. Weltrekord am „grünen Tisch“ für den Briten und einmal mehr: Vorteil Daley Thompson.

Jürgen Hingsen: „Wie Borg – McEnroe“

„Der Zehnkampf als Faszination ist in den 80er-Jahren entstanden. Vorher kannte niemand Zehnkampf. Da haben die Leute immer gefragt: Ist da Schwimmen dabei?“, erzählt Jürgen Hingsen.

Zum 40. Jahrestag des Höhepunkts der Rivalität, dem Wettbewerb bei den Olympischen Spielen von Los Angeles, bringt Netflix eine Dokumentation über Thompson und Hingsen heraus – dafür haben die Filmemacher die Protagonisten unter anderem an Originalschauplätzen wie dem alten Olympiastadion getroffen. Hingsen gerät ein wenig ins Schwärmen, wenn er auf seinen einstigen Konkurrenten angesprochen wird, obwohl sich die beiden nicht immer spannungsfrei gegenüberstanden. Das Duell Hingsen–Thompson prägte eine Generation und wurde längst nicht immer so respektvoll und freundschaftlich ausgetragen wie das Duell von Niklas Kaul und Simon Ehammer 2022 in München.

„Der Zehnkampf als populäre Sportart ist durch mich und Daley bekannt geworden. Durch unsere Rivalität. Daley wurde in Moskau zum ersten Mal Olympiasieger. Richtig gut war ich dann 1982 mit meinem ersten Weltrekord. Dann hat er in Götzis einen Weltrekord aufgestellt, den habe ich dann wieder verbessert. Danach kam die Presse, Medien und Rummel ohne Ende."

Jürgen Hingsen erlangte einen Bekanntheitsgrad, auf den er nicht vorbereitet war.

„Ich war der populärste Sportler, bevor Boris Becker kam. Es war unfassbar, was alles auf mich eingestürzt ist. Ich war auf dem Titelblatt des *Stern* als ‚der deutsche Herkules'. Innenminister Schäuble hat mich vor der Europameisterschaft in Athen 1982 besucht. Ich war auch bei Kanzler Kohl. Alle wollten sich mit mir ablichten lassen."

Der Zweikampf zwischen Daley Thompson und Jürgen Hingsen hat beide gepusht und sportlich vermutlich besser gemacht. Was aber ist davon hängen geblieben?

„Ich hatte immer großen Respekt vor ihm. Oft wurde ich gefragt: ‚Wären Sie lieber ohne Daley groß geworden?' Nein, habe ich gesagt: Ich brauchte eine Reizfigur. Er hat mich motiviert, durch den Zweikampf – aber auch durch seine Verbalattacken.

Daley hat gemerkt, dass ich ein ernst zu nehmender Gegner bin. Er wollte mich immer ein bisschen kirre machen. Und das ist ihm auch gelungen."

Ein besonderer Trick des Briten: Er hat seine Botschaften auf T-Shirts geschrieben und seine Sticheleien dadurch sichtbar in die Sportwelt getragen. 1986 fragte er nach den beliebtesten Söhnen Deutschlands und gab selbst die Antwort: Boris, Bernhard und Daley.

„Boris – weil Boris Becker 1985 Wimbledon gewonnen hat. Bernhard – weil Bernhard Langer das Golfmasters gewonnen hat. Und Daley – weil er mich bei der EM in Stuttgart geschlagen hat."

Hingsen war das irgendwann zu viel.

„1986 habe ich mich mit Daley getroffen und ihm gesagt: ‚Wir sitzen in einem Boot. Lass uns doch zusammen was machen.' Damit hatte ich das Eis gebrochen. Wir haben uns ausgesprochen, und danach war es besser."

Richtig schätzen lernte der Deutsche die Zuneigung des Briten vor allem nach dem größten Tiefpunkt seiner Karriere.

„Nach meinen drei Fehlstarts 1988 vor dem 100-Meter-Lauf des olympischen Zehnkampfs von Seoul bin ich erst mal in der Versenkung verschwunden. Ich musste das aufarbeiten. Wir haben uns dann in Wimbledon getroffen, Daley und ich – und erzeugten einen Massenauflauf. Wir genossen beide die Akzeptanz der Engländer, wir hatten ihren Respekt. In Seoul hing eine englische Flagge, da stand drauf: ‚Go Daley! Go Jurgen!' – das war der Wahnsinn. Wenn wir beide zusammen waren, ist eine unglaubliche Energie entstanden. Obwohl wir Konkurrenten waren, haben wir uns gegenseitig geschätzt. Das hat er auch zum Ausdruck gebracht, als er sagte: ‚Ohne mich hätte er diese Leistung nicht erzielt.' Das ist die Aussage: dass man den Gegner annimmt, Respekt vor ihm hat und als Eigenmotivation definiert. Man bekommt ein Gefühl: ‚Du schreibst gerade Geschichte.' Wie Borg–McEnroe im Tennis oder Ali–Frazier im Boxen. Im Zehnkampf waren wir es. Die Faszination Zehnkampf ist durch uns entstanden."

Gold in Seoul gewann schließlich der damals für die DDR startende Christian Schenk vor Weltmeister Voss. Dritter wurde der Kanadier David Steen. Auf Rang vier platzierte sich der große Meister, Daley Thompson aus Großbritannien.

Jürgen Hingsen: „Ich war ihr Held"

Hingsens kurze Zündschnur beim Start zum 100-Meter-Lauf in Seoul sorgte für das schnellste Ausscheiden eines Medaillenkandidaten bei einem Zehnkampf. Es ist aber auch Jahrzehnte später noch bei Sportfreunden präsent.

Jürgen Hingsen ist aktuell in der Gesundheitsbranche tätig, als Markenbotschafter einer Gesundheitsplattform, die sich mit Gesundheitsförderung, der Vereinbarkeit von Familie und Beruf sowie Arbeits- und Gesundheitsschutz widmet.

Herr Hingsen, sind Sie überrascht, dass Sie noch auf Ihre Zehnkampfzeit angesprochen werden?

Ich habe eine unfassbare Resonanz. Als mein deutscher Rekord von Leo Neugebauer gebrochen wurde, ging der Hype wieder los. Ich bekomme sehr viele Anfragen. Die heute

Verantwortlichen in den Firmen sind in den 80er-Jahren groß geworden – und für viele war ich der Held ihrer Jugend. Gesundheitsmanagement steht weit oben auf ihrer Agenda. Und ich bin derjenige, der eine Lösung hat.

Gesundheitsmanagement ist Ihr Thema?
Ja. Ernährung, Psychologie, Schlaf und Bewegung, das sind die vier Säulen. Weil ich als Spitzensportler auch mit Rückenproblemen zu tun hatte. Ich war über 2 Meter groß. Wenn du 2,18 Meter hochspringst und 8 Meter weit, bleibt das nicht im Anzug hängen. Wir haben damals sehr viel Krafttraining gemacht, das hat sich heute verändert. Die Diagnostik und die Trainingslehre haben sich in dreißig Jahren stark verbessert. Wenn du früher eine biomechanische Untersuchung gemacht hast, kam ein halbes Jahr später die Auswertung. Heute kannst du Bewegungskontrollen mit dem Smartphone machen. Du übst Stabhochsprung – der Trainer nimmt es auf, dann kannst du die Bewegung in Zeitlupe sehen und Korrekturen vornehmen. Das konnten wir damals alles nicht.

Und es kommt noch die klimabezogene Komponente dazu. Wir hatten in den 80er-Jahren nie diese langen Phasen mit stabilem Wetter. Bei meinem letzten Weltrekord in Mannheim hagelte es, da lagen fünfmarkstückgroße Hagelkörner auf der Bahn. Ich bin im Hochsprung sonst immer über 2,12 oder 2,15 gesprungen, aber da musste ich bei 2,07 Meter abbrechen – weil nichts mehr ging. Und dann bin ich 400 Meter auf Hagelkörnern gelaufen – da habe ich auch eine halbe Sekunde verloren.

Und das Material?

Wir hatten Glasfiberstäbe beim Stabhochsprung, die haben gefühlt das Doppelte gewogen wie die Stäbe heute. Wenn du das alles zusammenzählst, kannst du noch mal 250 Punkte draufrechnen!

Warum waren Sie so gut?

Wir hatten sehr gutes Grundlagentraining. Mein Trainer, Norbert Pixken, war ein hervorragender Jugendtrainer. Und man muss eins wissen: Der Zehnkampf hat hierzulande Tradition. So ähnlich wie Rudern. Das ging in den 1960er-Jahren los, gekrönt durch den Olympiasieg von Willi Holdorf. Und dann brauchst du bestimmte charakterliche Voraussetzungen, um einen Zehnkampf erfolgreich durchzuführen.

Zehnkampf war vor allem in den 1980ern eine Marke – ist dann aber ein bisschen in Vergessenheit geraten.

Dann kam noch Frank Busemann. Er war wahnsinnig bewegungstalentiert, hatte aber nicht den Körper, den man braucht. So richtige Zehnkämpfer, die über zehn Jahre durchhalten – und Daley und ich haben das ja über zehn Jahre dominiert –, die hatten wir nicht mehr.

Es gab Christian Schenks Olympiasieg 1988.

Damals hatte ich die Fehlstarts – weil ich verletzt war an der Patellasehne –, und Daley war auch nicht fit. Meine Patellasehne war schon vorbelastet und entzündet. Ich konnte alles machen außer Hochsprung. Aber beim Start zum 100-Meter-Lauf, in der Fertigposition, tat mir schon die Sehne weh.

War das der Grund für die Fehlstarts?

Das war der Grund. Wir hatten wechselnde Winde in Seoul. Es war klar: Mit Gegenwind läufst du nicht deutlich unter 11 Sekunden, sondern nur mit Rückenwind. Dann machst du einen Hochsprung – mehr hätte ich nicht geschafft, weil ich nicht wusste, wie lange die Sehne hält –, dann kannst du Olympiasieger werden. Und dann habe ich alles auf eine Karte gesetzt. Ich musste unter 11 laufen, um eine Chance zu haben.

Sie sind dann gar nicht gelaufen, sondern nach den drei Fehlstarts disqualifiziert worden.

Ja, so ist es. Eine Tausendstelsekunde zu schnell reagiert, was soll ich machen? Wer sich die Zeitlupe ansieht, fragt sich: Wo ist der Fehlstart? Es kam noch dazu, dass die elektronischen Startblöcke damals erst eingeführt wurden – da gab es Hunderte von Fehlstarts, die keine waren, weil die Elektronik nicht ausgereift war. Das muss man alles wissen. Wenn ich durchgekommen wäre, wäre ich Olympiasieger geworden. Mit einem Hochsprung. Weil fit war ich ja. Es war nur die Sehne.

Wobei man beim Zehnkampf nie weiß, wie es ausgeht. Es kann immer was dazwischenkommen.

Wenn ich gut in den 100-Meter-Lauf kam, war für mich schon mal die erste psychologische Barriere gebrochen. Dann wusste ich: Jetzt spulst du Weitsprung ab, du hast die Schnellkraft. Dann gehst du in die anderen Disziplinen. Da war ich stabil. Auch Kugelstoßen, ich konnte 15,70 Meter aus dem Stand. Ich hatte halt keine gute Technik.

War dann egal, oder?

Nee, das war nicht egal. Ich hatte beim Kugelstoßen das Problem, dass ich viel zu früh geöffnet habe – schon beim Anrutschen. Ich nutzte nicht die Energie, die nötig ist, um die Kugel auf 16, 17 Meter zu stoßen. Physisch war ich stark wie kein anderer. Ich war ja nicht nur groß, ich war ja auch schnell. Bei mir war das Aufrichten beim Start ein Problem. Und die Hürden waren viel zu eng für mich. Aber ich bin unter 14 Sekunden gelaufen: 13,82. Mein Problem kam mit dem Stab …

5,10 Meter immerhin …

Mein Problem war, dass es die Stäbe, die ich brauchte, nicht gab. Der Stab musste den Härtegrad haben wie bei Bubka, aber er durfte nicht so lang sein, weil ich nicht so hoch greifen konnte. Deshalb war das eine Spezialproduktion. Wenn ein Stab kaputtgegangen war, mussten wir drei Monate warten, bis ein neuer kam. Andere Stäbe haben mich nicht getragen, weil ich viel zu schwer war.

Und Ihre Kraft, wie haben Sie sich die antrainiert?

Das ist erblich bedingt. Ich habe eine Muskulatur – da brauche ich die Kraftmaschine nur angucken, dann wächst die schon. Ich bin auch heute noch gut dabei. Mit zehn Jahren bin ich bei Eintracht Duisburg zur Leichtathletik gekommen. Die hatten hervorragende Jugendtrainer, die viel Wert auf allgemeine Fitness gelegt haben. Bei den deutschen Jugendmeisterschaften 1975 habe ich mir einen Stab geliehen und bin irgendwie über 3,60 gekommen. Im Jahr darauf habe ich den Jugendrekord gebrochen vom Guido Kratschmer. So hat das angefangen.

Sind die Fehlstarts mehr hängen geblieben als die Weltrekorde?

Diese extreme Niederlage – darunter habe ich gelitten wie ein Hund. Ich war der ‚Depp der Nation' laut Titel der Bild-Zeitung. Das hat viel mit mir gemacht. Es hat sehr lange gedauert, das aufzuarbeiten. Aber gerade diese Niederlagen machen dich zum Helden! Nur über Niederlagen und wenn du in der Lage bist, dich persönlich zu verändern, kommst du weiter. Wenn du den Fehler nicht erkennst, machst du schon den zweiten Fehler. Im Grunde genommen spiegelt sich das Leben eines jeden im Zehnkampf wider.

Mit den Höhen und Tiefen.

Ja, klar. Vor allem, wie du rauskommst aus den Tiefen. Du brauchst Selbstvertrauen. Auch wenn du eine Verletzung hast: Vom Typus her musst du in der Lage sein, auf die Zähne zu beißen.

Gehört auch ein gewisses Maß an Verrücktheit dazu, um das Durchzustehen?

Das ist nicht Verrücktheit, auch nicht Besessenheit. Das ist Kampf mit dir selbst. Du kannst über mentale Stärke viel schaffen. Du musst wissen, wie es geht, und du musst den Willen haben, dir selbst in den Hintern zu treten. Da ist ein bestimmter Typ gefragt. Es ist auch die Eigenmotivation, die ich hatte, etwas aus mir zu machen. Ich komme aus bescheidenen Verhältnissen, und ich wollte die Möglichkeit, die mir der Sport bieten konnte, nutzen, um etwas für mich zu gestalten. Ich wollte auch später im Leben kein normaler Angestellter sein. Ich war immer selbstständig.

Ist Ihnen das denn gelungen, immer oben zu bleiben?
Nein, nicht immer. Wenn du im Rampenlicht stehst, hast du viele Schulterklopfer, und nicht alle meinen es ehrlich mit dir. Da gibt es viele, die wollen deine Popularität nutzen, um in deinem Licht mitzuglänzen. Diesen Versuchungen standzuhalten, da musst du nicht nur sehr bodenständig sein, da musst du auch ein Team haben, das dich schützt. Das ist bei Niklas so, bei seinen Eltern, die nicht nur das Training übernehmen, sondern ihn beraten. Niklas ist sehr gefestigt in seinem Charakter. Der weiß, was er will.

Wie war es bei Ihnen?
Ich war sehr extrovertiert. Wenn ich eine gute Leistung gebracht habe und die Menge klatschte, dann war das für mich wie Wasser auf die Mühlen. Ich war Einzelkind. Die Aufmerksamkeit, nach der ich immer gesucht habe, bekam ich im Sport. Meine schulischen Leistungen wurden besser, als ich im Sport besser wurde. Da konnte ich mich besser fokussieren. Ich habe am Ende mein Abitur gemacht mit 2,3 – hatte aber zuvor auch zwei Klassen wiederholt in der Wachstumsphase.

Wie ging es weiter?

Die Frage war: Wie hat dir der Sport weitergeholfen? Wenn ich mich in Dinge hereinversetze, werde ich immer ganz klar. Das ist der Schatz, den ich immer noch in mir trage. Ich hatte monetär gut partizipiert. Aber es gab viele Krisensituationen. Bei mir ist nicht alles gut gegangen. Ich war 21 Jahre verheiratet. Ich habe zwei wunderbare Töchter und zwei Enkelkinder. Und jetzt habe ich eine tolle Lebensgefährtin, Francesca. Sie stammt aus Sizilien und gibt mir die Lebenskraft und die Bodenständigkeit, die ich benötige, um weiter in meinem Business und in meiner persönlichen Entwicklung erfolgreich zu sein. Wir sind eine Patchworkfamily.

Und beruflich?

Auch mein beruflicher Werdegang war von Höhen und Tiefen geprägt. Dann kam Corona. Das musst du auch überstehen als Selbstständiger, der von Vorträgen und Engagements lebt. Diese extremen Krisen kannst du nur überstehen, wenn du ein psychisches Paket hast, in dem sehr viel positive Energie steckt, auf das du zurückgreifen kannst. Ich hatte auch eine Phase, in der ich unsicher war, wie es weitergeht. Doch das Erlebte – Erfolge und Niederlagen – ist auch eine Frage der Energie. Das ist eine Kraft, die du in dir hast und die du rausholen musst, wenn es um alles geht. Das ist das, was der Zehnkampf lehrt!

Ahnengalerie III – blaue Trikots und blaue Pillen

Jürgen Hingsens Fehlstarts von Seoul ebneten einem anderen Deutschen den Weg zum Olympiasieg. Der DDR-Athlet

Christian Schenk nutzte an jenem 28. und 29. September 1988 die sich bietende Chance und gewann überraschend die Goldmedaille.

Siggi Wentz hatte sich wie gesagt vor den Spielen beim Fußballtraining zum Warmmachen einen Bänderriss zugezogen. Daley Thompson war bei seinen vierten Olympischen Spielen nicht mehr ganz auf der Höhe seiner Schaffenskraft. Und Jürgen Hingsen scheiterte spektakulär vor der ersten Disziplin.

Schenk dagegen, als Nummer fünf der Weltrangliste nach Seoul gereist, erwischte eine Sternstunde nach der anderen und stellte sieben persönliche Bestleistungen auf. Bis heute unübertroffen sind die von ihm überwundenen 2,27 Meter im Hochsprung – und das auch noch im schon damals als veraltet geltenden Straddle-Stil.

Doch all seine Glanzleistungen hätten wohl keinen goldenen Ertrag gebracht, hätte ihm sein Teamkollege Torsten Voss nicht beim Stabhochspringen den entscheidenden Tipp gegeben. Schenk war bei 4,50 Metern ins Stocken geraten, zwei Fehlversuche hatte er schon, da gab ihm Voss – der ein deutlich besserer Stabhochspringer war – den Rat, beim Anlauf einen Fuß nach vorne zu gehen, um beim Absprung näher am Einstich zu sein. Der Tipp sollte Gold wert sein. Schenk meisterte die Höhe. Und stieg noch zwei Stufen höher. 4,70 statt 4,40 ergaben 88 Punkte Unterschied. Am Ende des Tages hat Schenk 8488 Punkte gesammelt – und exakt 89 Vorsprung auf Voss (8399).

Den Sieg hatte er allerdings nicht nur der kleinen Hilfe seines Freundes zu verdanken. In seiner 2018 erschienen

Autobiographie *Riss* gesteht Schenk auf Seite 154, gedopt zu haben:

> *„Anfangs bestritt ich, jemals verbotene Mittel eingenommen zu haben. Dann legte ich mir die juristisch etwas weichere Antwort zurecht, ich hätte nie wissentlich gedopt. Beides war gelogen. Ich habe gedopt, und ich wusste, dass ich dope."*

Nach Schenks Erinnerungen galt das Thema Doping zu DDR-Zeiten „als Staatsgeheimnis". Doping existierte im System der Staatsamateure offiziell nicht, sondern nur bei den Kapitalisten jenseits des „Eisernen Vorhangs". Nach der Wende offenbarte sich dann die ganze Wahrheit. Doping war in der DDR nicht nur gängige Praxis, sondern es wurde sogar nach Staatsplan vorgegangen.

Schenks Dopingkarriere begann 1985. Ein Trainer habe ihm ein Präparat gegeben, das den Muskelaufbau fördere. Man gab ihm Anweisung, wie viele Tabletten er täglich nehme solle. Über Risiken und Nebenwirkungen wurde nicht gesprochen. Nicht mal mit seinem Vater – einem Mediziner – tauschte sich Schenk über die Thematik aus. Den Drang, die Anweisung zu hinterfragen, spürte er freilich auch nicht. „Und es kam noch etwas hinzu, worüber ich heute selbst den Kopf schüttle: Ich war stolz, dass ich nun zu den Auserwählten gehörte" – so schreibt er in seiner Autobiografie.

Bei dem Präparat handelte es sich um Oral-Turinabol von VEB Jenapharm: blaue Tabletten, zehn in einem Streifen, zwanzig pro Packung. „Ob die anderen das Gleiche bekamen, was heute als ziemlich sicher gilt, und in welcher Dosierung, wusste ich nicht. Untereinander sprachen wir nie darüber."

Torsten Voss gewann in Seoul die Silbermedaille, ein Jahr zuvor in Rom war er mit 8680 Punkten Zehnkampfweltmeister vor Siggi Wentz geworden – als erster und einziger Deutscher, bevor Niklas Kaul die Bühne betrat. Schenk wurde 1987 Fünfter, Hingsen musste verletzt aufgeben.

In der DDR wurde Voss mit dem „Vaterländischen Verdienstorden" in Silber für seine sportlichen Leistungen ausgezeichnet. Nach der deutschen Wiedervereinigung wurde in den öffentlich gewordenen Unterlagen zum Staatsdoping der DDR auch sein Name genannt – ebenso wie der von Schenk.

Beim Olympiasieger wurde 2009 eine bipolare Störung festgestellt, die ihn zwang, zwanzig Monate lang in einer geschlossenen Anstalt zu verbringen. Ob die Erkrankung auf die Einnahme von Oral-Turinabol, den berüchtigten „blauen Anabolikapillen", zurückgeführt werden kann, ist nicht auszuschließen. Schenk selbst will keinen Zusammenhang zwischen seinem einstigen Anabolikakonsum und seinen späteren Depressionen ziehen, es aber auch nicht ausschließen.

„Wir begrüßen das Eingeständnis und hoffen, dass es zur Klärung der Situation beiträgt und den Kampf gegen Doping stärkt", erklärte ein Sprecher des Internationalen Olympischen Komitees (IOC) nach Erscheinen von Schenks Biografie zu dessen Dopinggeständnis. Zugleich hoffe man, dass Schenks Erkenntnisse zu dessen eigenem „Wohlergehen

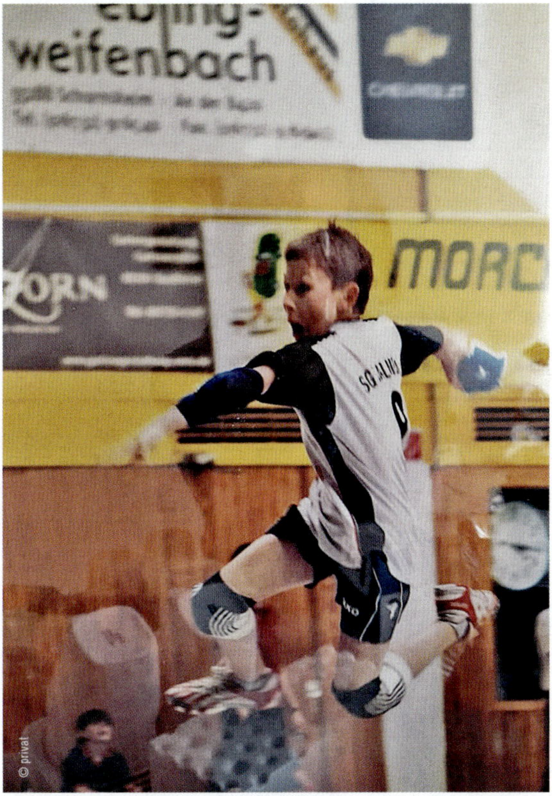

© privat

Schule des Speerwerfens:
Der kleine Niklas beim Sprungwurf mit Handball.

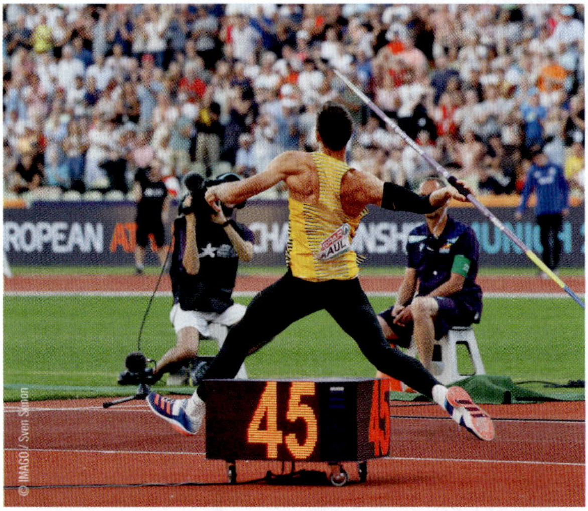

Der geht weit: Schon vor der Landung des Speers ...

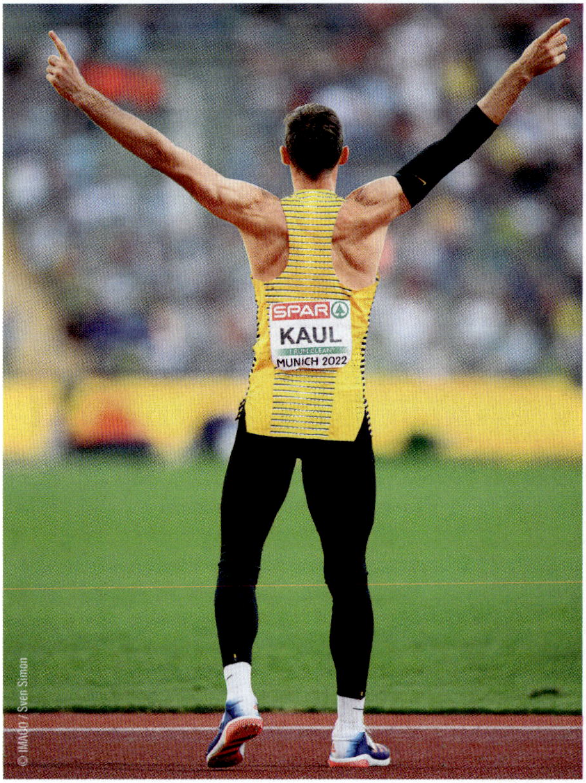

... kann der Werfer seine Leistung einschätzen.

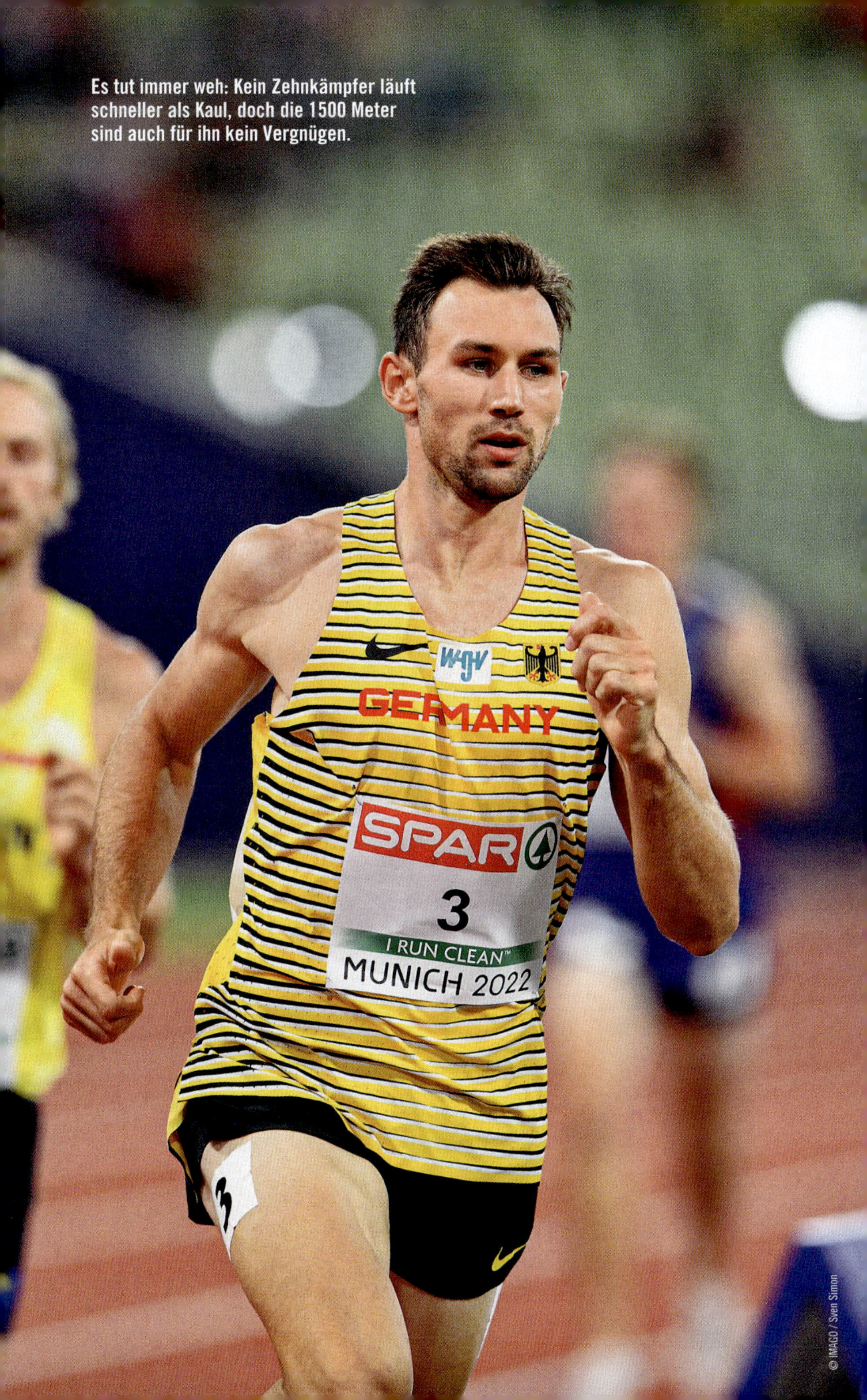

Es tut immer weh: Kein Zehnkämpfer läuft schneller als Kaul, doch die 1500 Meter sind auch für ihn kein Vergnügen.

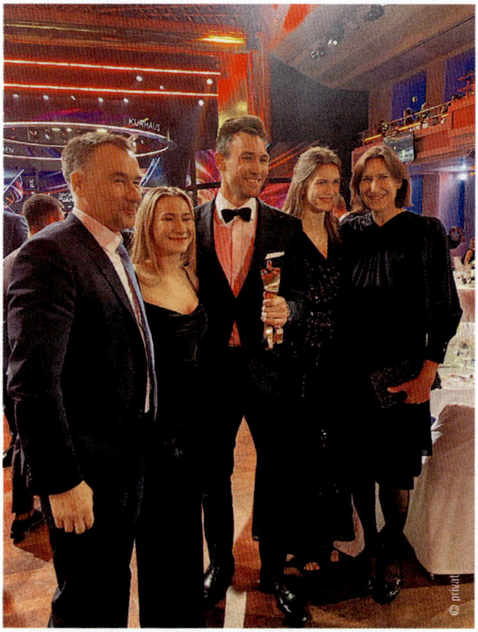

Familienangelegenheit: Der Sportler des Jahres mit Vater Michael, Schwester Emma, Freundin Mareike und Mutter Stefanie (v.l.) und mit seiner Trophäe.

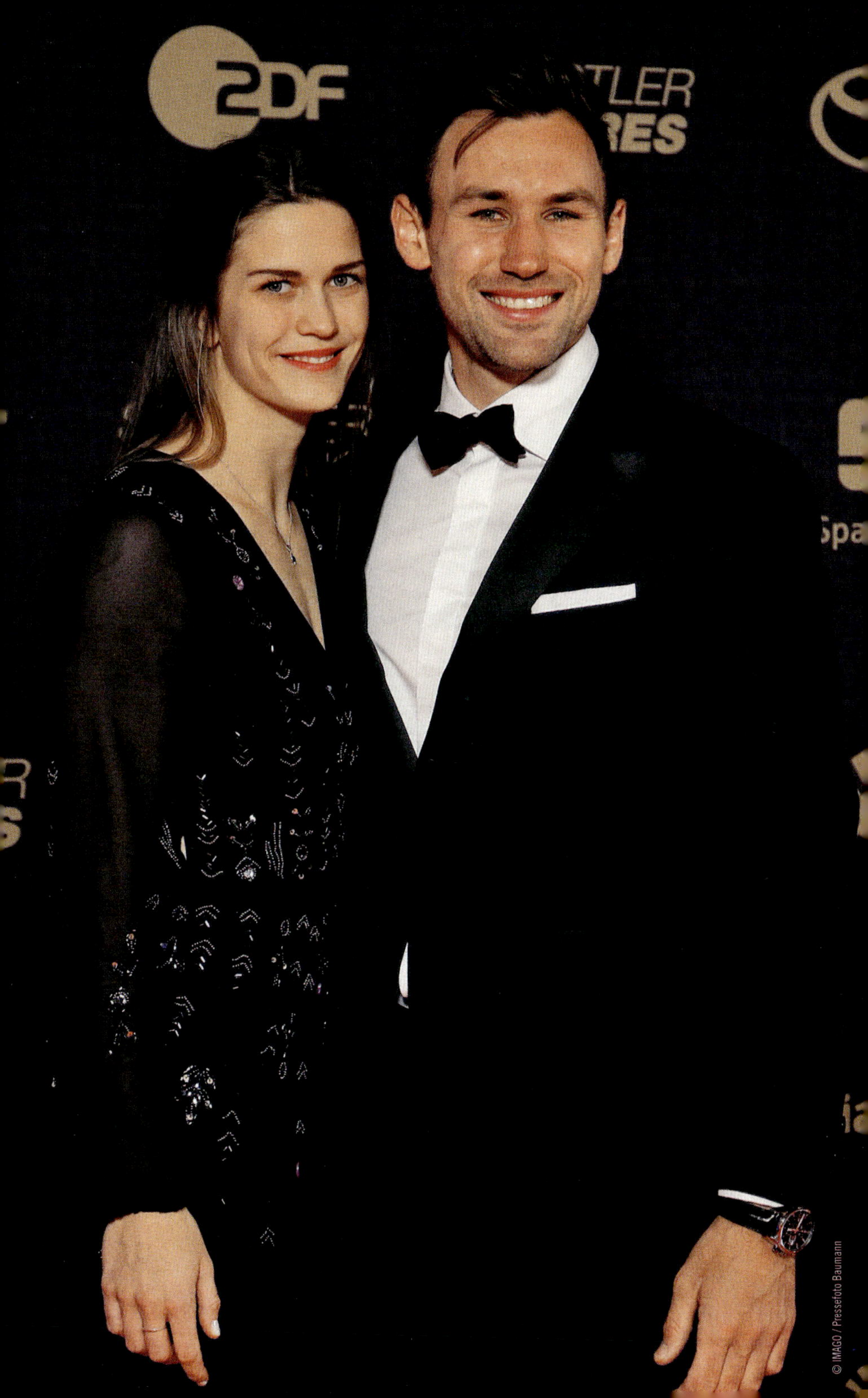

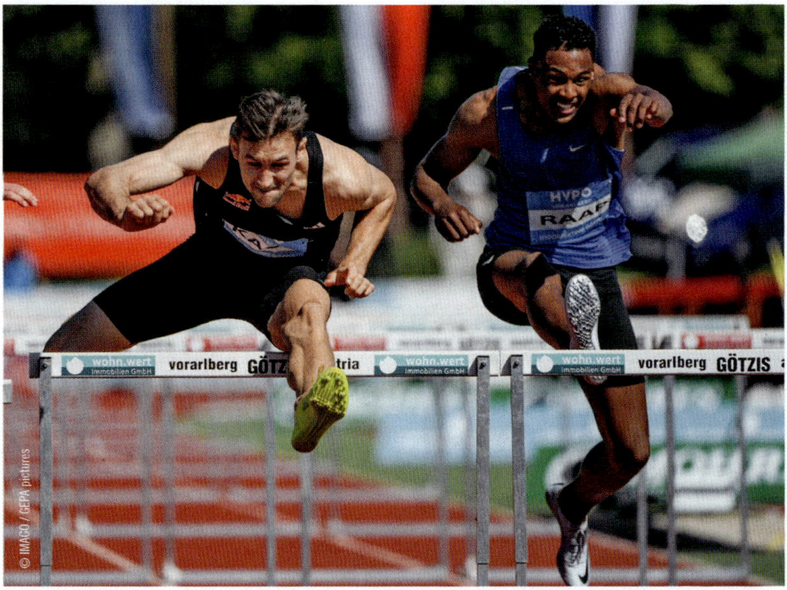

© IMAGO / GEPA pictures

Himmelsstürmer: Am zweiten Tag des Zehnkampfs sind Rhythmus ...

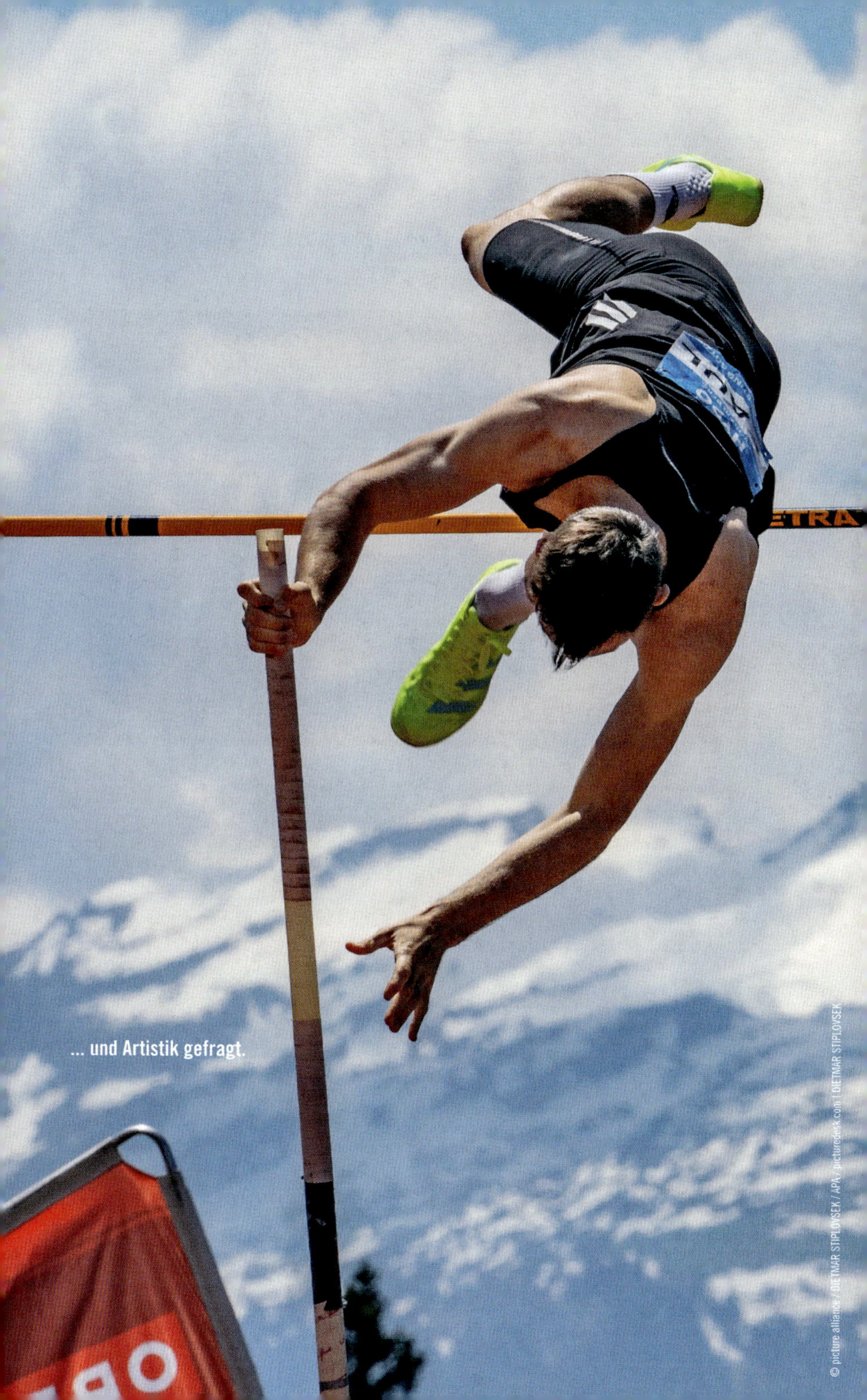

... und Artistik gefragt.

Blut ist im Schuh: Kauls olympischer Traum endet in Tokio mit einem traumatischen Abgang.

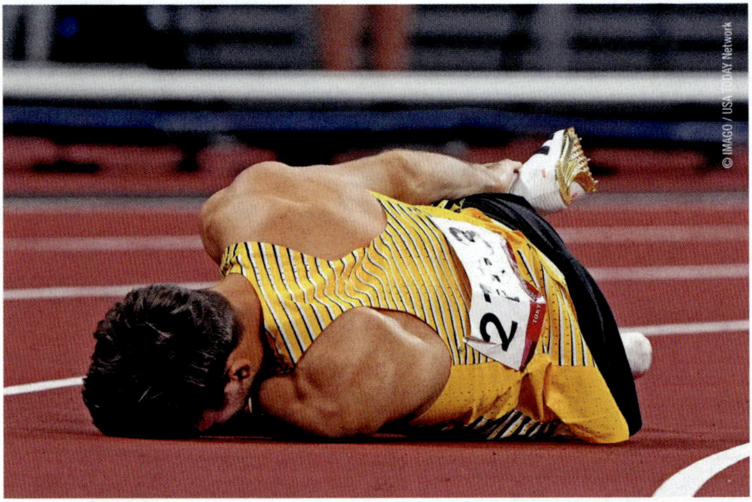

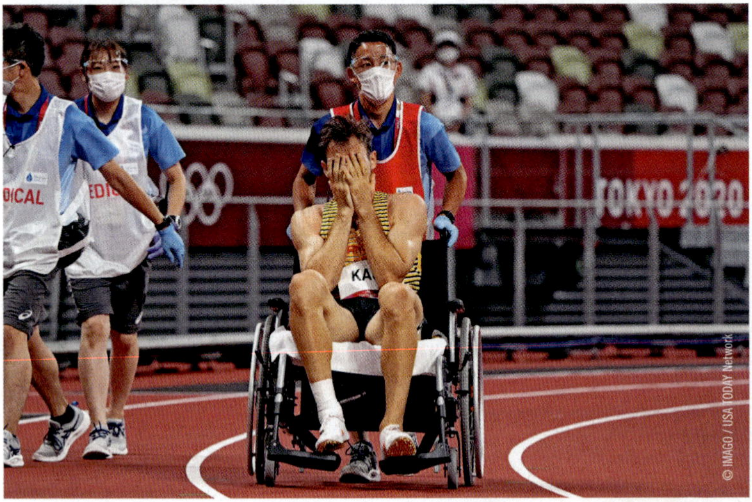

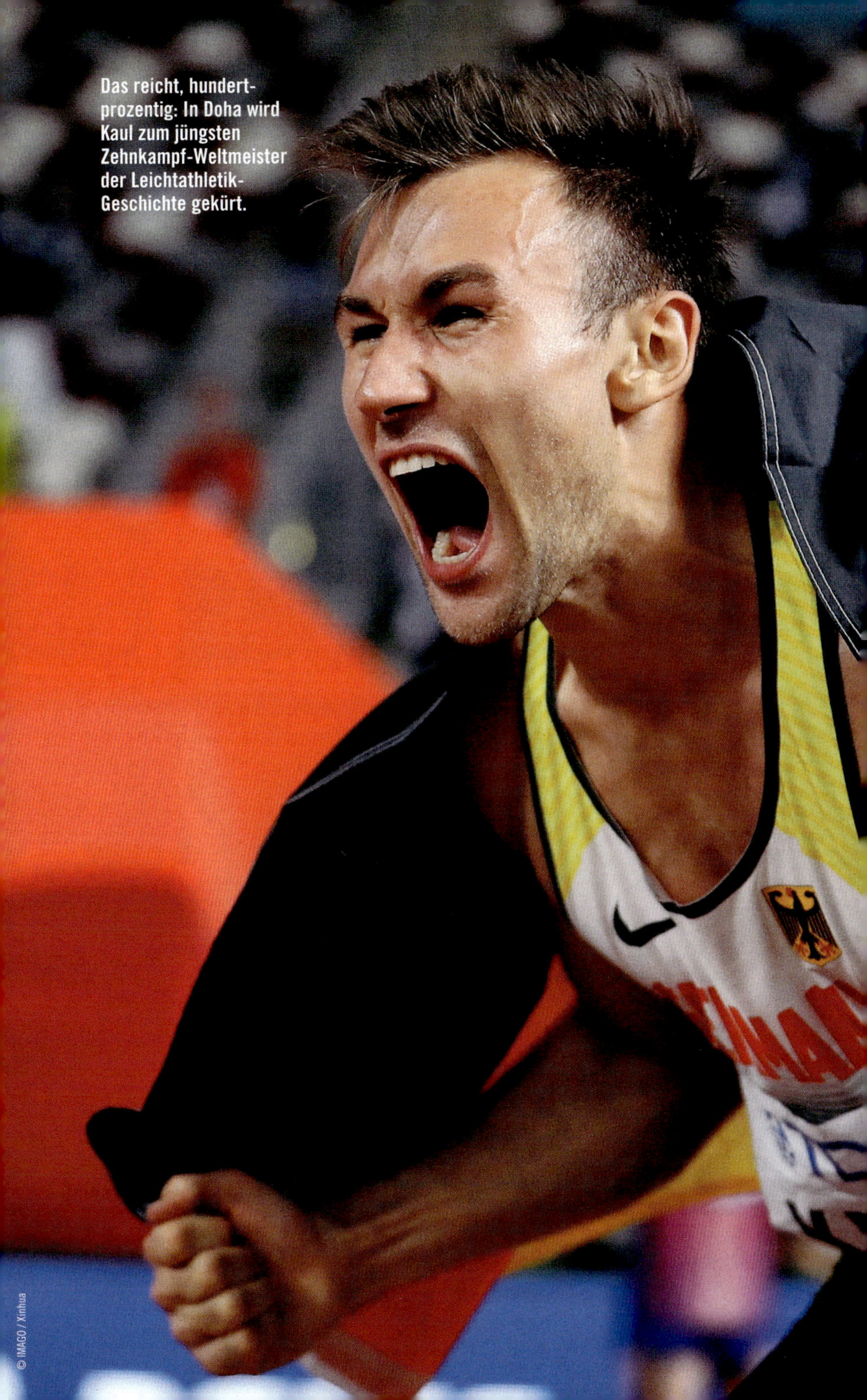

Das reicht, hundertprozentig: In Doha wird Kaul zum jüngsten Zehnkampf-Weltmeister der Leichtathletik-Geschichte gekürt.

**Helden-
galerie**

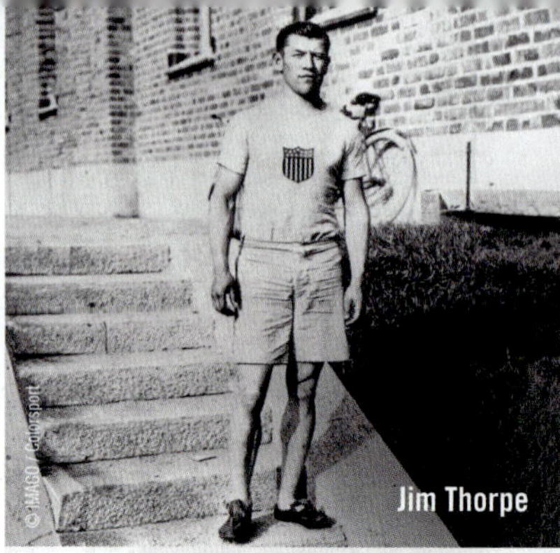
Jim Thorpe

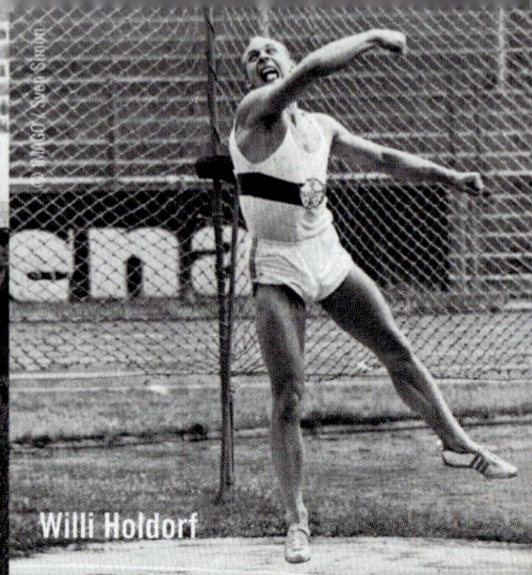
Willi Holdorf

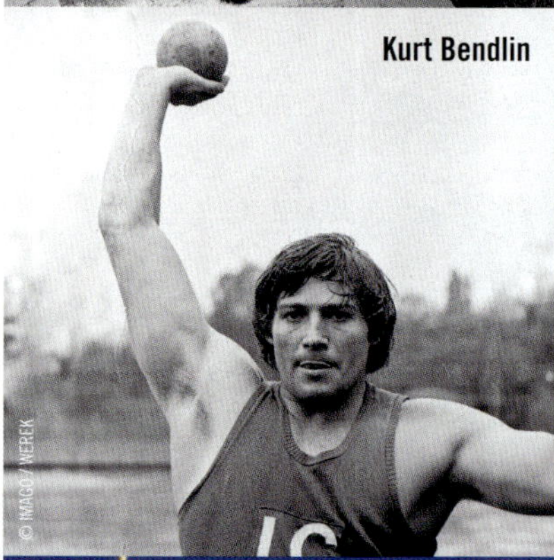
Kurt Bendlin

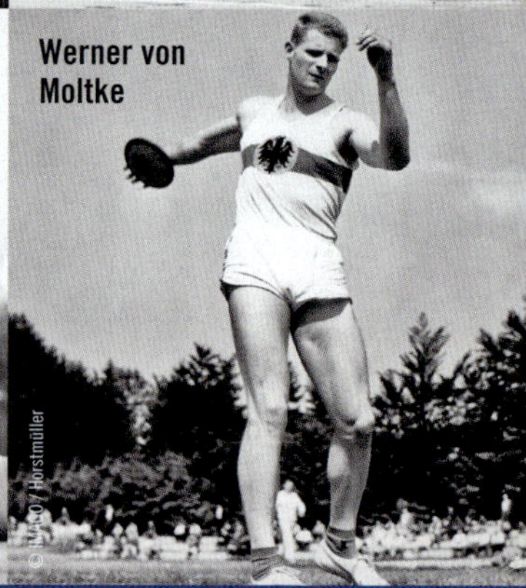
Werner von Moltke

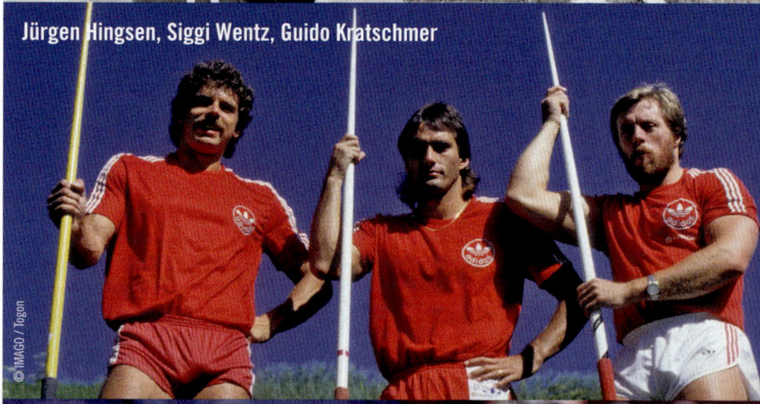
Jürgen Hingsen, Siggi Wentz, Guido Kratschmer

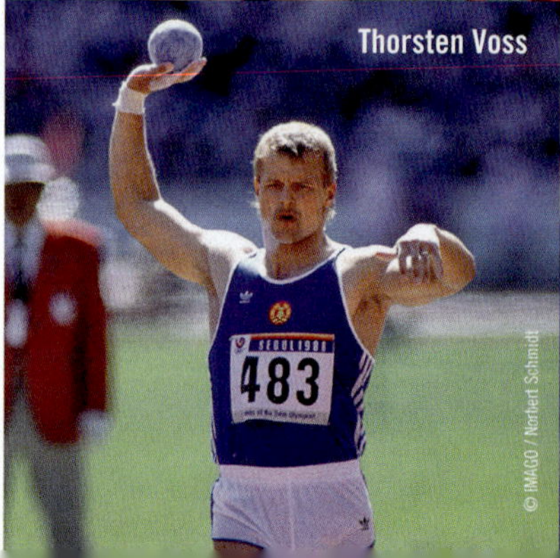
Thorsten Voss

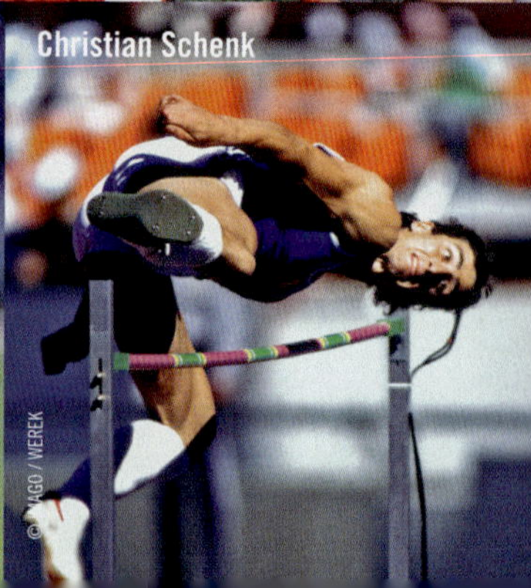
Christian Schenk

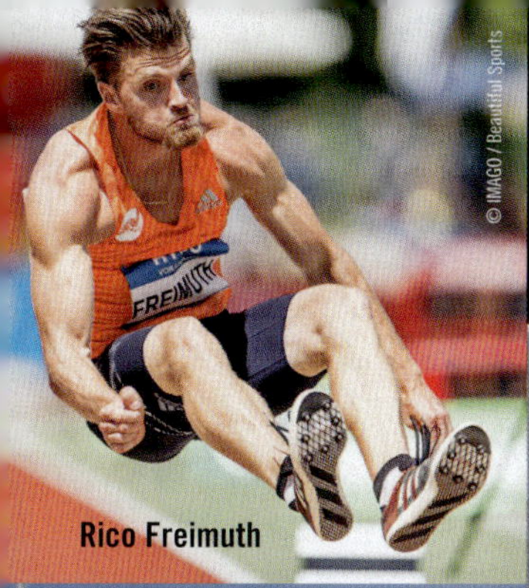

Rico Freimuth

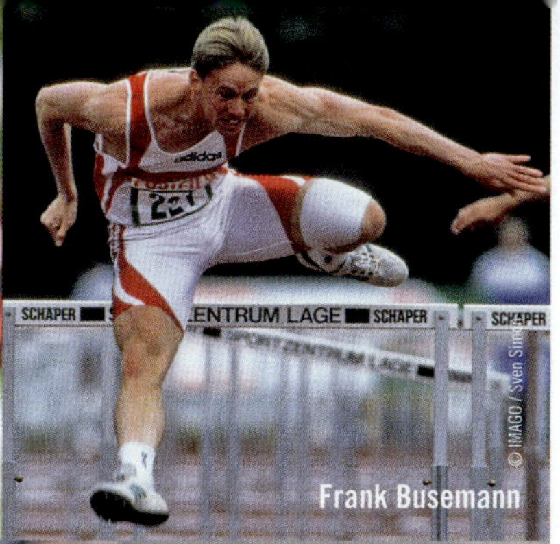
Frank Busemann

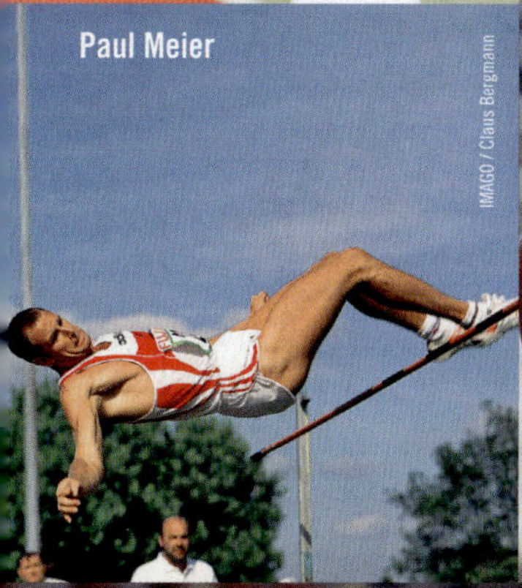

Paul Meier

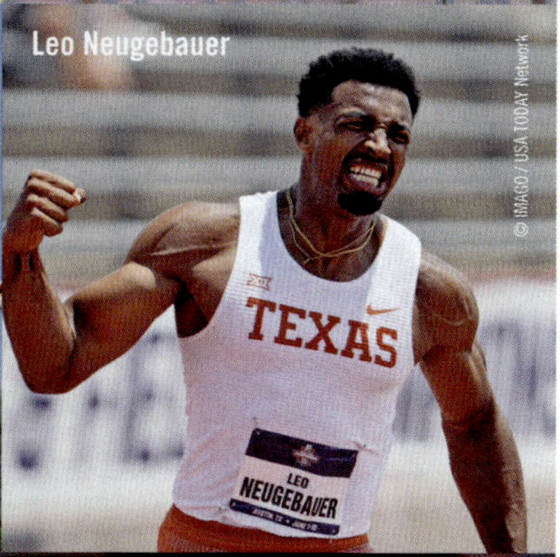

Leo Neugebauer

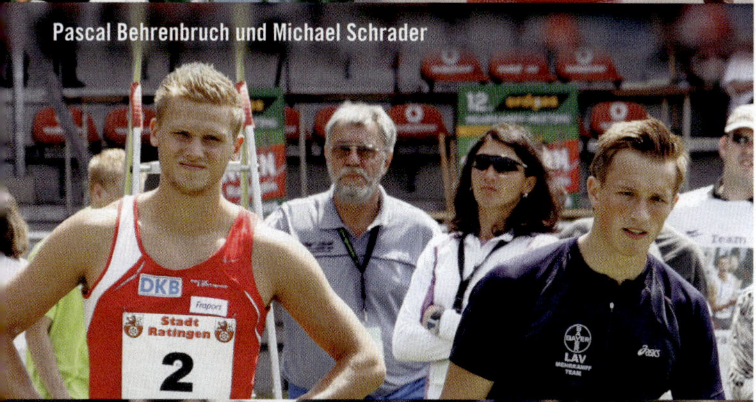
Pascal Behrenbruch und Michael Schrader

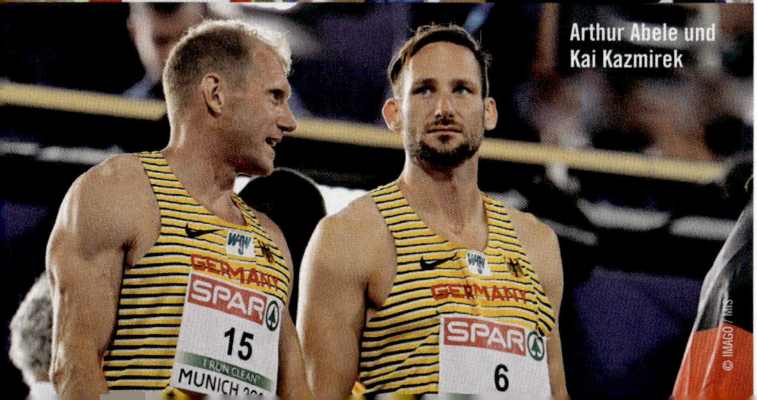

Arthur Abele und Kai Kazmirek

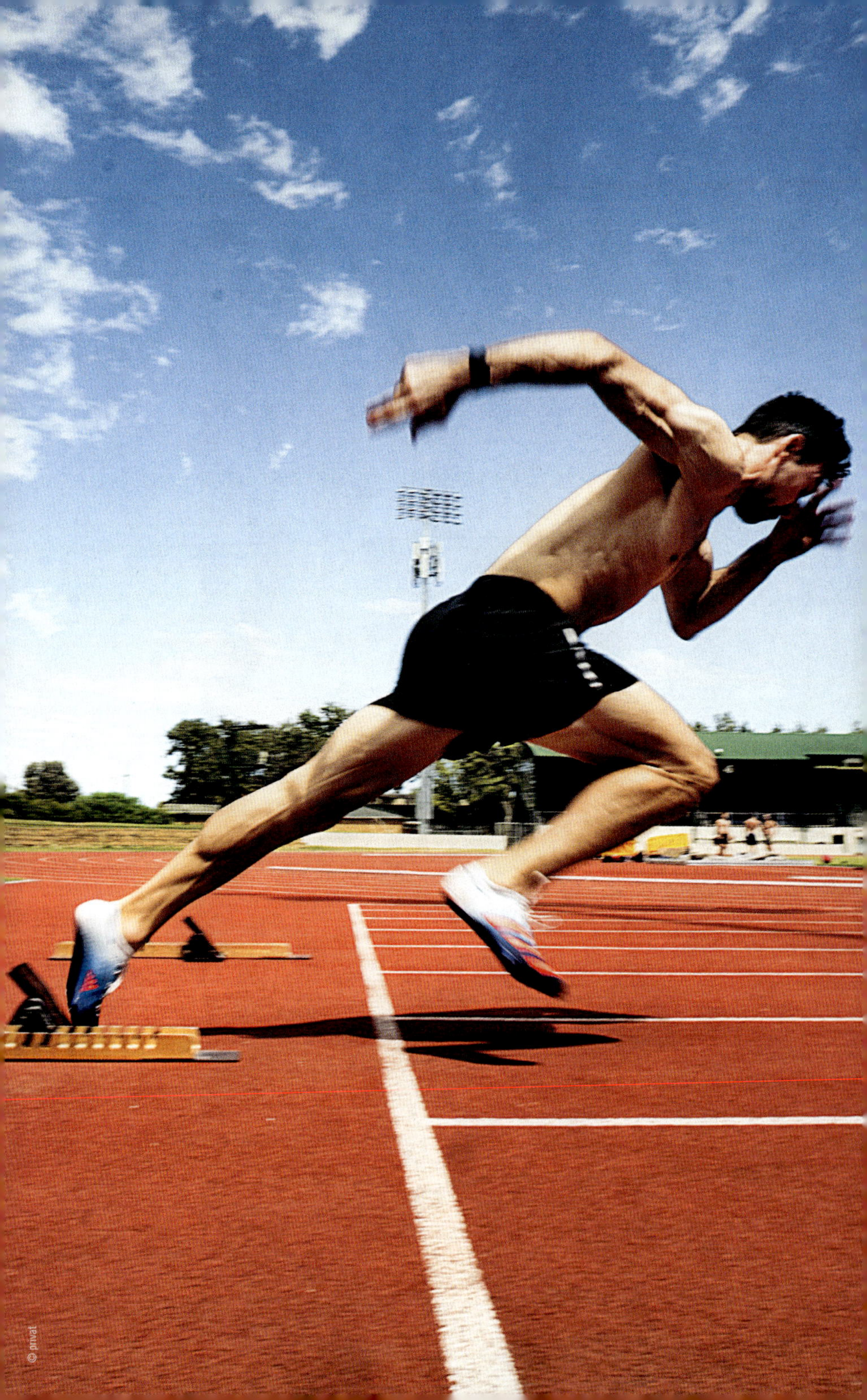

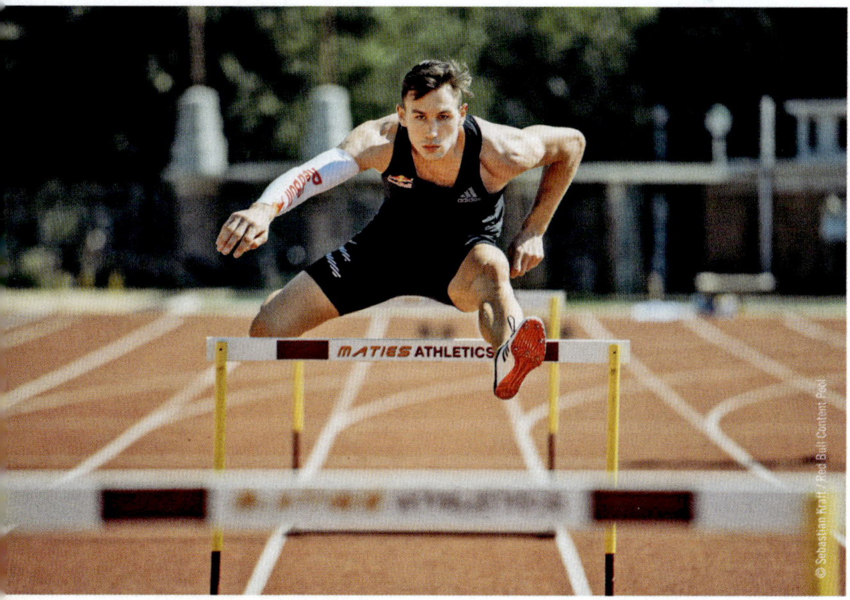

Körperbildend: Das Zehnkampf-Training fordert jeden einzelnen Muskel.

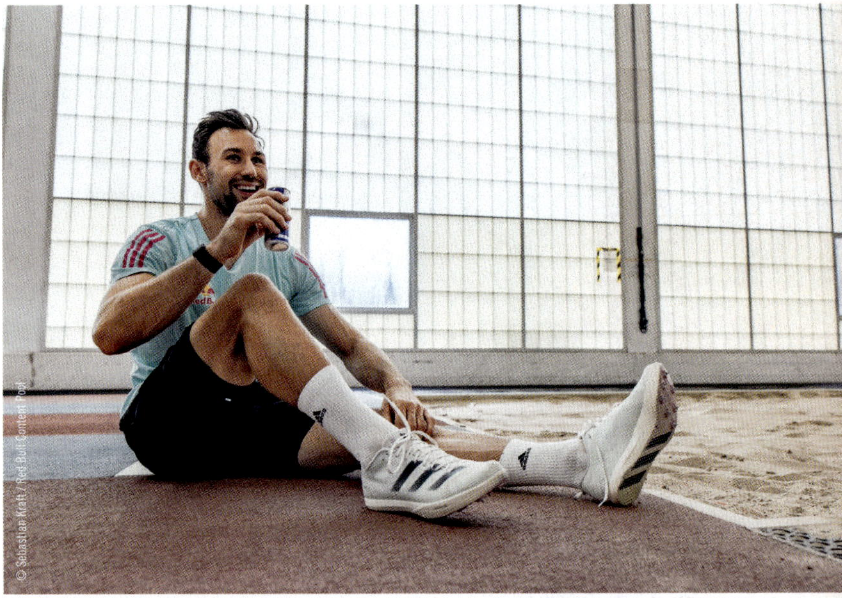

Worum es am Ende geht: glücklich zu sein.

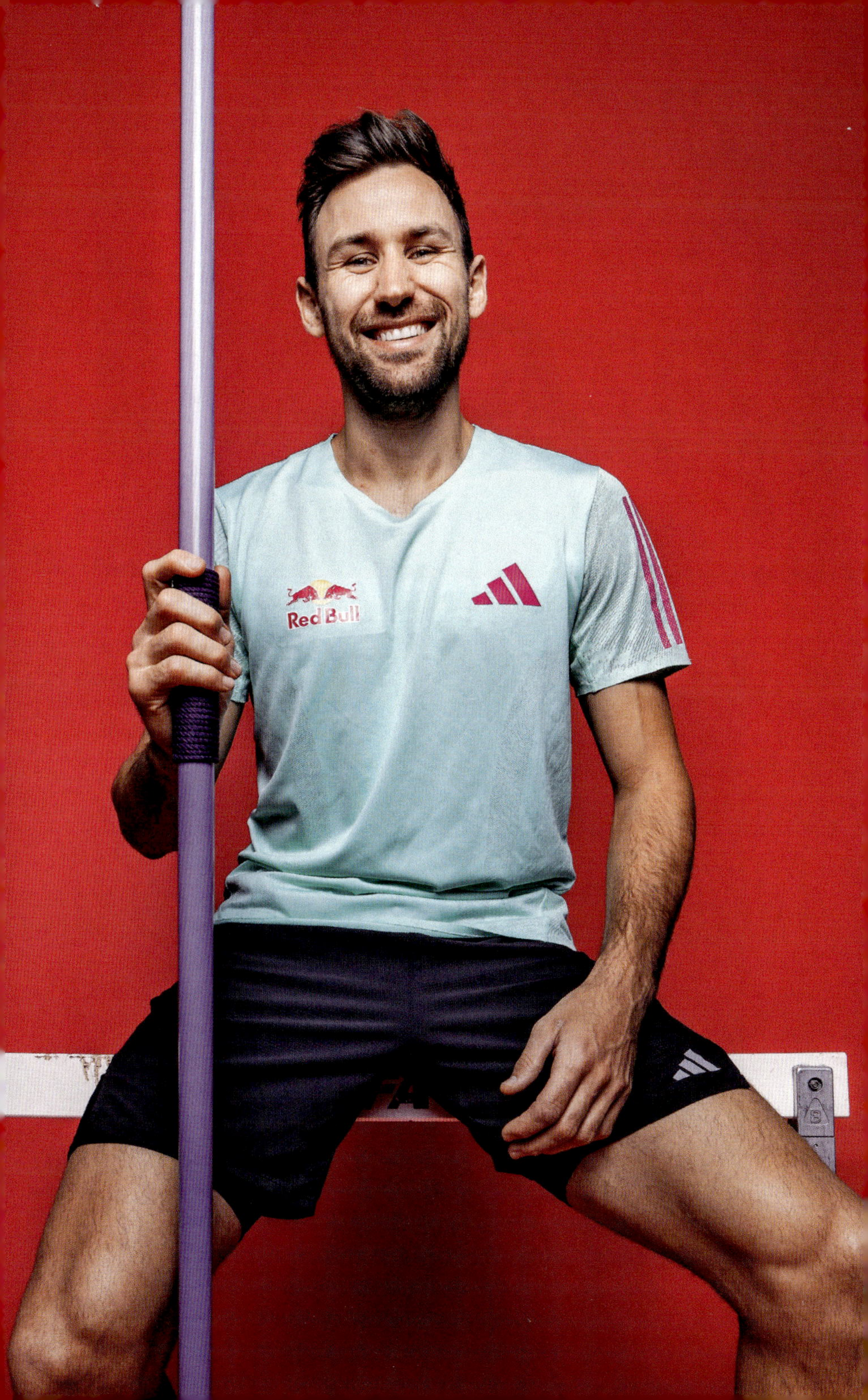

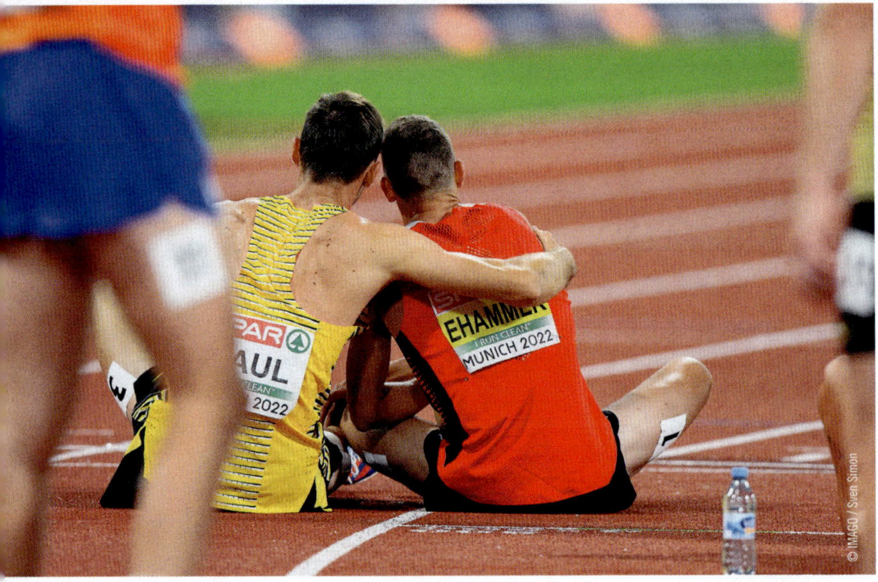

Ziemlich beste Konkurrenten: Niklas Kaul und Simon Ehammer zeigen Haltung …

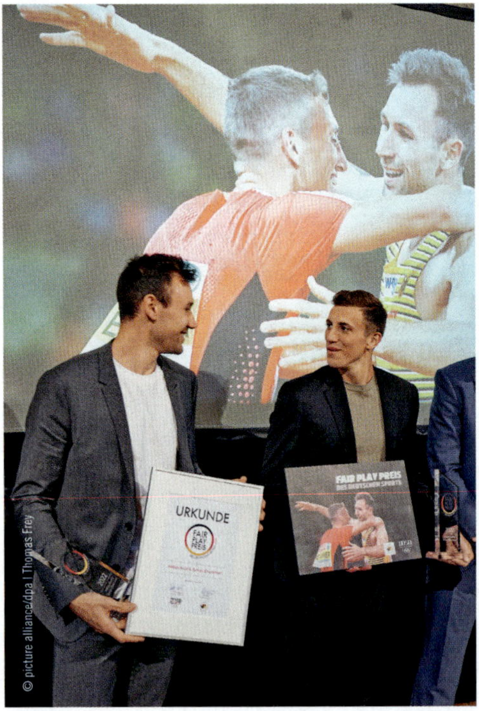

… und werden dafür mit dem FAIR PLAY PREIS DES DEUTSCHEN SPORTS in Wiesbaden ausgezeichnet.

beitragen“, und wünsche ihm „alles Gute, um mit seinen gesundheitlichen Problemen“ fertig zu werden. Gemäß den IOC-Regeln durfte er die Goldmedaille behalten. „Laut unseren Verjährungsfristen wird das IOC diesen Fall nicht weiterverfolgen“, teilte ein IOC-Sprecher mit. Kritiker warfen Schenk daraufhin vor, den Zeitpunkt seiner Offenbarung bewusst spät gewählt zu haben.

Voss wechselte in der Bundesrepublik zum Bobsport und gewann als Anschieber von Harald Czudaj und Wolfgang Hoppe ein gutes halbes Dutzend WM- und EM-Medaillen. Später wurde er Trainer – unter anderem des äußerst begabten, aber verletzungsanfälligen Zehnkämpfers Michael Schrader, der zum Höhepunkt seiner Karriere 2013 Zweiter bei den Leichtathletikweltmeisterschaften von Moskau wurde.

Zwischenruf Christian Schenk: „Vom ich zum wir“

„Wenn ich sage, ich komme vom Zehnkampf, dann spitzen zumindest ein paar Ältere noch die Ohren.“

Sagt Christian Schenk, Zehnkampfolympiasieger, der Zeit seines Lebens diesen Titel wie eine Auszeichnung mit sich führte. Trotz Dopings. Nach seiner Lesart sieht er zwar den Makel, dass er damals in den Trainingsphasen unterstützende Mittel eingenommen hatte. Doch seine Olympiamedaille wollte er nie zurückgeben – schließlich wurde er nie positiv getestet. Den damaligen Umständen entsprechend war er wohl kein Einzeltäter, auch wenn er immer nur für sich sprechen wollte. Nach der Wende wollte er sich und der Welt dann beweisen, dass es auch ohne Anabolika geht.

„Der Zehnkampf hat nach wie vor seinen Klang."

So sagt Schenk es im Gespräch zu dem vorliegenden Buch. Zehnkampf wird als Königsdisziplin angesehen, und der Olympiasieger gilt demnach als König der Könige. Doch bisweilen muss der Ausgezeichnete auch damit klarkommen, dass er selbst nur eine Art Trophäe darstellt.

„Ich habe in Europa die wichtigsten Menschen kennenlernen dürfen. Papst, Minister, querbeet. Aber irgendwann hat man mir gesagt: ‚Christian, du warst die Petersilie auf der Wurstplatte.' Man hat sich mit mir geschmückt. Und das war natürlich nicht so lustig."

Über seine aktive Zeit als Athlet hat sich Christian Schenk im Verlauf der Jahrzehnte auch so seine eigenen Gedanken gemacht. Seine Selbsteinschätzung – jenseits der Dopingthematik – fällt nicht schmeichelhaft aus, aber sehr ehrlich.

„Als Zehnkämpfer bist du ein Egoist. Es geht nur um dich. Deine Trainer kümmern sich um dich, deine Physios, deine Ärzte. So habe ich auch trainiert. Ich war in der Gruppe nicht so ganz zu gebrauchen. In dem Moment, in dem du Hochleistungssport machst, musst du so sein. Du trainierst im Wesentlichen allein. Im Wettkampf triffst du Gleichgesinnte. Also fühlst du dich wohl. Man versteht sich. Das Gemeinschaftsgefühl wird gezeigt, es stimmt aber nicht: Wir sind Egoisten."

Seine Begeisterung für das Miteinander im Wettkampf beruhte im Wesentlichen darauf, dass die Mitstreiter genauso waren wie er. Damit hatte es sich aber auch. Der zelebrierte Zusammenhalt und das gemeinsame Feiern waren laut Schenk nur eine Tarnung. Eigentlich habe er sich immer nur auf sich und seine Disziplin konzentrieren wollen. Und das zehnmal. Was die anderen sagten, war ihm nicht so wichtig. Erst im Nachhinein wurde ihm klar, wie sein Verhalten einzuschätzen war.

„Je älter du wirst, desto mehr erkennst du, dass das asozial war. Und du wechselst ‚vom ich zum wir'. Deshalb habe ich seit meinem 35. Lebensjahr im Wesentlichen nur noch Dinge für andere gemacht. Nach dem Motto: Ich habe da was gutzumachen."

Schenk studierte in Mainz zunächst Medizin und dann Publizistik – nach einem Intermezzo beim ZDF gründete er eine Agentur für Sport- und Gesundheitsmarketing und war auch als Moderator tätig. Er engagierte sich im Verein „Sportler für Organspende" und trat als offizieller Botschafter der SOS-Kinderdörfer auf. Später wurde er Landestrainer der Para-Leichtathletik für Mecklenburg-Vorpommern und Spezialist für Teilhabe bei einer Gesellschaft in Warnemünde.

Heute setzt sich Christian Schenk als Para-Trainer in dem Rostocker Verein allinklusiv e. V. vor allem durch Leichtathletik für Inklusion in der Gesellschaft ein. Auch bei den Wettkämpfen der Special Olympics in Berlin war er stark involviert und engagiert. Schenk betreut Sportler aller Altersstufen, was ihm großen Spaß bereitet. Inklusion bedeutet für ihn: „Niemanden ausgrenzen." Und auch Leistungen anerkennen und fördern – im Rahmen der jeweiligen Möglichkeiten, wie er im Sommer 2023 im True-Athletes-Podcast des Deutschen Leichtathletik-Verbandes sagte:

„Da überspringt keiner 2,20 Meter, aber dafür 1,05 Meter – und ich freue mich, wenn er sich auf 1,08 Meter verbessert."

Aus seiner aktiven Zeit hat Schenk die Erfahrung mitgenommen, dass auch Leistungssportler in gewisser Weise Außenseiter der Gesellschaft sind, da sie Außergewöhnliches zu leisten imstande waren – und bereit, dafür auch gewisse Einschränkungen im Leben hinzunehmen. Sobald ihr Konkurrenzkampf nach einem Wettkampf beendet war, verstanden sie sich, dann konnten sie zusammenrücken.

„Wir achten Respekt, wir achten Fleiß, wir achten Disziplin. Ich glaube, dass die Vertrautheit unter ehemaligen Leistungssportlern außergewöhnlich hoch ist und ungewöhnlich für die Gesellschaft."

Nach eigener Einschätzung stellt sein großes Netzwerk an Menschen den größten Gewinn dar, den er aus seiner aktiven Karriere und dem anschließenden Übergang in das Leben danach herübergerettet hat.

„Wenn du Hochleistungssport machst, kannst du damit Öffentlichkeit erzeugen, du kannst auch Geld verdienen, aber du kannst dir vor allem ein starkes Netzwerk aufbauen. Und heutzutage ist Networking ein hohes Gut. Ich kann heute 95 Prozent der vielen Tausend Menschen, die ich kenne, anrufen, wenn ich ein Problem habe, und sie helfen."

Christian Schenk: Work-Life-Balance oder Olymp?

Ist der Sport nur Teil der Gesellschaft, aber nicht der bessere Teil?

Der Leistungssport bietet für diese Gesellschaft eine gute Struktur. Um als Person klarzukommen, sich entwickeln zu können, sich zu positionieren. Und indem ich bestimmte Fähigkeiten fördern lassen kann.

Was muss ein Sportler mitbringen, um Erfolg zu haben?
Er muss es mit Passion machen. Mit ‚bisschen' wirst du nie richtig gut. Glück brauchst du auch. Und du brauchst Zeit und Geld. Wenn du das nicht hast, bist du nicht erfolgreich. Zeit ist heutzutage ein komisches Gut geworden. Ich glaube, es ist da, aber es wird nicht genutzt. Und Geld ist immer ein schwieriges Thema. Vor allem im Hinblick: Was kommt nach der sportlichen Karriere?

Sind Athleten Zirkusartisten, die für den Thrill da sind, aber ohne Netz?
Sie sind Unterhaltungsware. Aber für die Athleten stellt dies auch eine Befriedigung dar. Sie arbeiten vor Menschen, springen, werfen, laufen vor Publikum. Dass einige viel Geld damit verdienen, ist eher selten. Aber der Stolz, es machen zu dürfen, zu so einer ehrwürdigen Sportart dazuzugehören, der ist groß.

Wie steht die deutsche Leichtathletik derzeit da?
Wir müssen uns eingestehen, dass wir gegen die besten Vertreter der ganzen Welt antreten. Und das geht nicht über Work-Life-Balance.

Was ist der Leitgedanke des Sports?
Uns wurde in der DDR der Kernsatz vermittelt: Leistungssport ist das Abrufen der Bewegungsmuster in Stresssituationen.

Mein Lieblingsbeispiel: Torsten Voss hatte zwei ungültige Versuche im Weitsprung. Was macht er im dritten Versuch? Er geht einen halben Fuß vor, um sich bewusst zu werden: ‚Ich muss kurz treten.' Nicht: ‚Ich gehe einen halben zurück, damit ich Platz habe.' Großartig. Das zu können, ist Kopfsache.

Ist der Kopf das Wichtigste?
Unsere Trainer im Osten waren so gut geschult, dass sie uns das so vermittelt haben: Ich ging in den Wettkampf, und ich konnte nicht schlechter als Vierter werden. Obwohl ich Vorletzter nach dem 100-Meter-Lauf war, wusste ich, ich werde nicht schlechter als Vierter. Und diese Einstellung zu haben, ist ein Geschenk. Sie ist Kopfsache, aber sie basiert darauf, dass du gut trainiert hast. Wenn du kein gutes Trainingsjahr hattest und dann darauf hoffst, im Wettkampf wird es schon gut gehen: Never.

Welche Rolle spielte die Dopingthematik?
Ja, da werde ich jedes Mal drauf angesprochen. Die Frage ist: Was macht Doping aus? Wie viel Prozent? Es gibt keinen Beweis.

Glaubten Sie, dass Sie stärker würden, wenn Sie was nehmen?
Damals war es Hörigkeit. Ich würde es heute auch nicht mehr machen. Aber es ist schon komisch, dass du in dieser Gesellschaft die Wahrheit sagst und wirst dafür angegriffen.

Man mag den Überbringer der Botschaft nicht.

Ich kann ja nur für mich sprechen. Ich habe da kein Unrechtbewusstsein gehabt, überhaupt nicht. Aber was hat es ausgemacht?

Sie wissen es nicht?

Es gibt keine Studie. Sind es 2 Prozent, 19 Prozent?

Ahnengalerie IV – Two-Hit-Wonder

In den 1990er-Jahren prägten vor allem zwei junge Männer die deutsche Zehnkampfszene, die jeweils nur zwei Sommer tanzten: Paul Meier und Frank Busemann.

Paul Meier betrat 1992 bei den Olympischen Spielen von Barcelona die große Bühne. Als gerade mal 21 Jahre junger Newcomer verblüffte er die Etablierten und ging als Tagesbester aus dem ersten Tag. Vor allem sein Sprint in 10,75 Sekunden und sein Hochsprung über 2,15 Meter beeindruckten. Auch wenn Meier die Führung an seinem schwächeren zweiten Tag einbüßte, ging sein Bonmot vom guten Gefühl als „Halbzeit-Olympiasieger" in die Annalen ein. Mit 8192 Punkten wurde er schließlich Olympiasechster.

Ein Jahr später steigerte sich der 1,96 Meter große Athlet von Bayer Leverkusen bei den stimmungsvollen Weltmeisterschaften von Stuttgart auf seine persönliche Bestleistung von 8548 Punkten. Wieder sprang er 2,15 hoch und sprintete sogar in 10,57 Sekunden über 100 Meter. Damit belegte er den dritten Rang knapp vor Seoul-Olympiasieger Christian Schenk, der ebenfalls seine persönliche Bestleistung steigerte und – „ungedopt“, wie er stets beteuerte – 8500 Punkte erzielte. Schenk wurde zum Abschluss seiner aktiven Laufbahn WM-Vierter, nachdem er zwei Jahre zuvor in Tokio WM-Bronze gewonnen hatte (8394 Punkte). Dass er den Medaillengewinn in Stuttgart nicht noch einmal wiederholen konnte, lag auch daran, dass er im 1500-Meter-Lauf Punkte verschenkte. Er hatte sich verzählt und dachte, es gehe noch eine Runde weiter, weshalb er nicht zum Endspurt ansetzte.

Bei den Olympischen Spielen von Atlanta 1996 ging abermals der Stern eines 21-Jährigen auf: Frank Busemann. Nachdem der Hürdensprinter sich erst im Frühjahr 1996 entschieden hatte, wegen fehlender Perspektive über 110 Meter Hürden zum Zehnkampf zu wechseln, sammelte er beim Meeting in Götzis auf Anhieb 8238 Punkte und qualifizierte sich damit für Olympia.

Dort führte er dank eines fulminanten Weitsprungs auf 8,07 Meter nach der zweiten Disziplin, sodass der große Favorit, der damalige Weltrekordhalter Dan O'Brien (USA), den deutschen Bundestrainer Claus Marek fragte: „Wo habt ihr den denn gefunden?“ Zuvor soll der dreimalige Weltmeister schon im Call-Room in die Runde gerufen haben: „Who is Busman?“ Und Busemann reagierte nicht, weil er dachte: „Der sucht den Busfahrer.“

Am Ende der beiden Tage wusste nicht nur O'Brien, der mit 8824 Punkten Gold gewann, wer dieser „Busman“ war, sondern die komplette Leichtathletikwelt kannte den jungen Kerl aus Recklinghausen, der mit seiner erfrischend-ungekünstelten Art die Szene aufmischte – und Silber gewann. Die von ihm in Atlanta erzielten 8706 Punkte bringen ihm noch heute einen Platz unter den Top Five der besten deutschen Zehnkämpfer ein.

Allerdings war der bei 1,91 Meter Größe mit knapp 80 Kilogramm Gewicht eher zierlich gebaute Busemann nach dem kräftezehrenden Wettbewerb so fertig, dass er es nicht schaffte, das Stadion aus eigener Kraft zu verlassen.

Er hatte mit seiner offenen Art eine neue Begeisterung für den Zehnkampf in Deutschland entfacht, die sich in einem Fanauflauf am Frankfurter Flughafen nach seiner Rückkehr aus Atlanta ebenso zeigte wie bei der Wahl zum Sportler des Jahres 1996 durch die Sportjournalisten – obwohl er keine Goldmedaille gewonnen hatte. Zu seiner Popularität trug auch bei, dass er von seinem Vater Franz Josef trainiert wurde und mit ihm ein kongeniales Vater-Sohn-Duo bildete.

Bei den Weltmeisterschaften von Athen 1997 gewann Busemann Bronze im Zehnkampf, nachdem er zuvor noch U-23-Europameister im Hürdenlauf geworden war. Doch damit endete die Erfolgsstory auch schon fast genauso schnell, wie sie begonnen hatte. Bei der WM 1999 musste Busemann nach der zweiten Disziplin aufgeben, seine Teilnahme an der WM 2001 sagte er bereits zuvor ab.

Und dazwischen, bei den Olympischen Spielen von Sydney 2000, kämpfte sich der Sunnyboy trotz einer Ellenbogenverletzung als Siebter ins Ziel. Bei allem Talent sollte sich sein Körper als zu schwach für die Anforderungen eines Zehnkämpfers herausstellen. Busemann beendete seine Karriere 2001 nach nur zwölf Zehnkämpfen – bleibt aber als ARD-Experte bis heute ein Gesicht seiner Sportart. Zu all dem sagt Niklas Kaul:

„Paul Meier ist mir als Präsident des Zehnkampf-TEAMs bekannt – ich sehe ihn immer mal wieder bei Wettkämpfen. Und Frank ist durch seine Tätigkeit als Experte bei der ARD natürlich sehr präsent. Deswegen haben wir auch häufig Kontakt. Aber die großen Wettkämpfe von Frank und Paul waren 1996 und 1993 – das war beides noch vor meiner Zeit, was in dem Fall heißt: bevor ich geboren wurde."

Ahnengalerie V – die unbekannten Medaillengewinner

Busemanns Silbermedaille von Atlanta sollte die bislang letzte Olympiamedaille eines deutschen Zehnkämpfers bleiben. Auch bei Welt- und Europameisterschaften begann nach 1997 eine lange Durststrecke, ehe Anfang der 2010er-Jahre eine ganz neue Generation Mehrkämpfer die Bühne betrat.

„Wenn man anfängt, Zehnkampf zu machen, beschäftigt man sich natürlich mit den großen Namen in dieser Disziplin. Als ich anfing, waren das aber nicht mehr Guido Kratschmer und Jürgen Hingsen – sondern Pascal Behrenbruch, Rico Freimuth und Michael Schrader. Ich bin 1998 geboren, meinen ersten Neunkampf habe ich 2012 gemacht. 2013 ist Michael Vizeweltmeister geworden."

Angefangen hatte der Aufschwung mit Pascal Behrenbruch, der 2012 in Helsinki mit 8558 Punkten als erster Deutscher seit 41 Jahren Europameister wurde – dem DDR-Athleten Joachim Kirst war dieser Erfolg zuletzt 1971 gelungen.

Dann kam Michael Schrader, der 2013 WM-Silber in Moskau gewann, mit 8522 Punkten. Sein bester Freund Rico Freimuth sicherte sich bei der WM 2015 in Peking Bronze (8561 Punkte). Freimuth schob 2017 in London mit fast exakt der gleichen Punktzahl sogar noch einmal Silber (8564 Punkte) hinterher – vor seinem Teamgefährten Kai Kazmirek (8488 Punkte), der Dritter wurde, nachdem er bei den Olympischen Spielen 2016 in Rio mit 8580 Punkten als Vierter Edelmetall nur knapp verpasst hatte.

2018 gewann schließlich Arthur Abele in Berlin den EM-Titel mit 8431 Punkten. Bei dieser Meisterschaft machte erstmals auch Niklas Kaul auf sich aufmerksam: Der gerade Zwanzigjährige wurde Vierter (8220 Punkte) – nach einem starken zweiten Tag fehlten ihm damals nur 70 Punkte zu Bronze.

Obwohl die Generation um Behrenbruch (Jahrgang 1985), Abele (1986), Schrader (1987), Freimuth (1988) und auch Kazmirek (1991) eine bemerkenswerte Erfolgsbilanz vorweisen kann, blieb ihr Auftreten in den großen Leichtathletikarenen in der Öffentlichkeit eher unbemerkt – und auch die Rücktritte der vier Älteren vollzogen sich weitgehend unspektakulär: Irgendwann waren sie einfach nicht mehr dabei.

Allein Kai Kazmirek ist mit Anfang dreißig noch immer aktiv, seine beste Zeit liegt allerdings schon eine Weile zurück. Bei den Olympischen Spielen von Rio schaffte der damals 25-Jährige aus Neuwied mit 8580 Punkten die beste Leistung seiner Laufbahn – und schrammte dabei nur 86

Punkte an der Bronzemedaille vorbei, die damals der Kanadier Damian Warner gewann.

Kazmirek war 2013 Junioreneuropameister geworden und gewann 2017 Bronze bei der WM in London. Er ging den klassischen Weg mit einer Ausbildung zum Kommissar in der Sportfördergruppe der rheinland-pfälzischen Polizei und studiert nebenbei an der Sporthochschule Köln noch Rehabilitation, Prävention und Gesundheitsmanagement – eine für Mehrkämpfer durchaus passende Kombination.

Arthur Abele konnte sich bei der Wahl zum Sportler des Jahres 2018 immerhin auf Platz drei platzieren. Zu seiner sportlichen Geschichte zählt eine dicke Krankenakte, die ihn häufig an Aufgabe denken ließ – zwischen seiner ersten WM-Teilnahme 2007 und seinem EM-Sieg 2018 konnte der Ulmer keine zehn Zehnkämpfe bestreiten. Erst mit 32 Jahren gewann er seine lang ersehnte Medaille – und dann gleich Gold. Der ihm verliehene Ehrentitel „König Arthur" lag nahe. Die ihm überreichte Pappkrone im Berliner Olympiastadion trug er eher mit Freude, weniger mit Grandezza. Wegen anhaltender Fußprobleme verschwand Abele danach von der Bildfläche. Immerhin, sein Abschied gelang eindrucksvoll – mit dem letzten Platz bei der EM 2022 und der gemeinsamen Party zu seinen und Sieger Kauls Ehren.

Pascal Behrenbruch, ein blonder Hüne von knapp 2 Metern Körpergröße und knapp 100 Kilo Gewicht, war ein auch nach eigenem Selbstverständnis eher eigenwilliger Athlet mit eigenem Kopf, der für die Trainer als schwer lenkbar galt. „Der Typ mit dem dicksten Auspuff am BMW", so charakterisierte ihn einmal ein Coach. Wegen Meinungsverschiedenheiten mit allen möglichen Autoritäten hatte sich Behrenbruch Ende 2011 entschieden, konsequent seinen eigenen Weg zu verfolgen.

Der Offenbacher verließ die Frankfurter Eintracht und schloss sich der Trainingsgruppe der estnischen Zehnkampflegende Erki Nool an, dem Olympiasieger von Sydney 2000. Der damalige Bundestrainer Rainer Pottel äußerte sich erleichtert, aber nicht eben freundlich über den Abgang: „Pascal war für die Gruppe nicht mehr tragbar." Behrenbruch reagierte beleidigt und zahlte mit Leistung zurück. Er trainierte in Tallinn und schaffte seinen größten Erfolg ausgerechnet bei den Europameisterschaften 2012 in Helsinki – keine zwei Stunden mit dem Schnellboot über die Ostsee entfernt. Kurz überlegte er dort, seinen Erfolg auf der Ehrenrunde mit der estnischen Flagge zu feiern – wählte dann aber doch die deutsche.

Viel kam danach nicht mehr von ihm – bei den Olympischen Spielen von London im selben Jahr enttäuschte der Europameister als Zehnter, bei der WM von Moskau 2013 als Elfter. Verletzungen und Formschwankungen wechselten sich ab – seinen Abschied vom Leistungssport verkündete er passenderweise als Teilnehmer der Realityshow *Promi Big Brother* 2018 im Trashfernsehen.

„Pascal Behrenbruch ist mir auch deswegen ein Begriff, weil die räumliche Nähe ein Thema ist. Er startete für Eintracht Frankfurt und war deshalb präsent in meiner Anfangszeit. Ich habe ihn immer mal auf Testwettkämpfen in der Region getroffen, das war immer ganz schön und auch lustig.

Einmal war er zum Stabhochsprung gemeldet, hatte aber keine Stäbe dabei. Da kam er dann zu mir, ich war sechzehn, und hat mich gefragt, welche Stäbe ich dabeihabe.“

Niklas Kaul nannte ihm Härtegrad und Länge seines Materials – und das passte für Behrenbruch.

Im Gegensatz zum streitbaren Einzelgänger Behrenbruch traten Schrader und Freimuth eine Zeit lang konsequent im Doppelpack auf und zelebrierten ihre Freundschaft mit vielen Witzchen und Sprüchen. Dabei waren „die zwei aus der Zehnkampf-WG“ ein denkbar ungleiches Doppel. Der eher filigran gebaute Michael Schrader, 1,83 Meter groß, gerade mal 80 Kilo schwer, galt als größtes Bewegungstalent der deutschen Leichtathletik. Dem aus Duisburg stammenden Multitalent fehlte leider das Bewusstsein für Schmerz. Er trainierte oft so besessen und über das nötige Maß hinaus, bis gar nichts mehr ging. Sein rechter Fuß, die Patellasehne und das Knie stellten seine Problemzonen dar: Vier von fünf Jahren fehlte er verletzt. Pech kam noch hinzu: Ein schwerer Trainingsunfall beim Stabhochspringen zerstörte 2016 sein Knie und jegliche Hoffnung auf ein abermaliges Comeback: Patellasehne, Menisken, Innen-, Außen- und vorderes Kreuzband waren gerissen, der Schienbeinkopf abgebrochen.

Der in Potsdam geborene Rico Freimuth, 1,96 Meter groß, fast 100 Kilo schwer, verfügte dagegen über den Körper eines römischen Gladiators und wirkte schier „unkaputtbar“. Er war nie verletzt: Freimuth qualifizierte sich in seiner Glanzzeit für jede internationale Meisterschaft – was nicht viele Zehnkämpfer schaffen. Sein Vater ist der ehemalige

Zehnkämpfer Uwe Freimuth, der zwar keine internationale Medaille gewann, mit 8792 Punkten aber 1984 den DDR-Rekord aufstellte.

Mit zwei WM-Medaillen gewann Rico das Familienduell – oder eben auch nicht, denn an die Punktzahl seines Vaters kam er nicht heran. Über seinen Freund Schrader sagte Freimuth einmal: „Sein Bewegungstalent in meinem Körper wäre der größte Zehnkämpfer der Welt." Er selbst sei dagegen so robust, dass er eigentlich als Innenverteidiger für Deutschland auflaufen sollte – dann könne er wenigstens auch Geld mit seinem Können verdienen. Ihn belastete eher der psychische als der körperliche Stress des Hochleistungssports. 2018 fühlte er sich mental zu erschöpft, um weiter Zehnkampf zu betreiben. Am 1. Oktober 2020 beendeten die beiden Freunde gemeinsam ihre Karrieren. Niklas Kaul erinnert sich:

„Das erste Mal in den Bundeskader kannst du mit fünfzehn, und da gibt es immer die Teamwoche des deutschen Mehrkampfs – Siebenkampf und Zehnkampf. Da sind dann alle Jugendkaderathleten zusätzlich zu den Erwachsenen eingeladen. Ich fand es total cool, als ich das erste Mal dabei sein und Rico Freimuth und Michael Schrader treffen konnte. Für mich waren das damals, 2013, die großen deutschen Zehnkämpfer. Kurz zuvor war Michael Schrader Vizeweltmeister geworden, und jetzt saß ich mit den beiden beim Abendessen zusammen und wir redeten über Zehnkampf und Trainingslager, und ich konnte alles fragen, was mich beschäftigte. Das war für mich so prägend wie schön. Leider

konnte ich mit Michael nie einen Zehnkampf zusammen machen. Mit Rico hatte ich die Chance, aber leider konnte er ihn nicht beenden.“

Genauso gehen heute die jungen Sportler auf Niklas Kaul zu. Ob er dabei den gleichen Effekt spürt, nur umgekehrt?

„Ich nehme mich selbst nicht so wahr, wie ich damals Pascal und Rico und Micha wahrgenommen habe. Dieses Glorifizieren, das überträgt man nicht auf sich selbst – mir wäre das schnell peinlich. Diese Art Selbstwahrnehmung habe ich nicht.“

Die nächste Generation – Rekordhalter Leo Neugebauer

Anfang Juni 2023 wurde ein Mann, den zuvor kaum jemand kannte, zum neuen deutschen Leichtathletikstar. Leo Neugebauer, damals 22, verbesserte bei den amerikanischen Studentenmeisterschaften in Austin, Texas, den 39 Jahre alten deutschen Rekord von Jürgen Hingsen. Die Bestmarke steht nun bei 8836 Punkten. Hingsens Rekordmarke lag nach dem neuen Bemessungssystem bei 8832 Punkten.

Von dieser Leistungssteigerung waren viele Beobachter der Szene völlig überrascht – einschließlich Jürgen Hingsen. „Ich musste erst mal nachschauen, wer das ist“, sagte Hingsen, nachdem er von einem Radiosender mit dem Hinweis geweckt worden war, dass sein Rekord von 1984 überboten sei. Hingsen hatte zunächst Kaul als neuen Rekordhalter vermutet.

Er war zwar ein bisschen traurig, dass sein Rekord von Mannheim nicht ganz vierzig Jahre hielt, doch am Ende freute sich Hingsen, dass da ein junger Mann auftauchte – „von der Statur her ein Typ wie ich" –, der ihn ablöste. Die beiden lernten sich auch persönlich kennen, und Neugebauer war sehr beeindruckt, wie sehr sich der Altmeister für ihn als Newcomer gefreut hat.

Aber wer ist dieser Leo Neugebauer, der sich mit seiner Meisterleistung vom Juni 2023 an die Spitze der Weltbestenliste und unter die Top Ten der Allzeitbestleistungen schob? „Leo, the German", wie er sich selbst auf seinem YouTube-Kanal nennt, kommt am 19. Juni 2000 in Görlitz als Sohn einer deutschen Mutter und eines kamerunischen Vaters zur Welt. Er tritt für die SG Leinfelden-Echterdingen an, weshalb er gelegentlich als Schwabe bezeichnet wird. Viel eher könnte Neugebauer aber als Texaner durchgehen. Seit 2019 studiert er an der University of Texas Wirtschaftswissenschaften und ist dort für den Texas Track & Field/Cross Country Club als Athlet eingetragen. Das erklärt, warum der äußerst begabte Leo Neugebauer in Deutschland völlig unbekannt ist, als er mit seinem Rekord für Furore sorgt. In Austin verfügt Neugebauer über optimale Trainingsbedingungen, um seinen Zeitplan mit Training und Studium ohne große Reibungsverluste erfüllen zu können.

Die Universität, an der 50 000 Studenten eingeschrieben sind, zahlt Neugebauer ein Vollstipendium, das die jährlichen Studiengebühren von 40 000 Dollar deckt. Dazu kommen Kost in der Mensa und Logis in einer Unterkunft unweit des

Unicampus sowie die Kosten für die sportliche Ausrüstung, die bei einem Zehnkämpfer nicht unerheblich sind.

Das Stipendium umschließt zudem eine Art Rundumbetreuung – nicht nur in der Leichtathletik, wo sich zwei Trainer um ihn kümmern, sondern auch bei der Koordination der universitären Anforderungen wie Vorlesungen, Seminare und Prüfungstermine. In Summe hat Neugebauer einen Zwölfstundentag zwischen Kraftraum und Schreibtisch zu bewältigen, den er aber mit der ihm eigenen Lässigkeit und Fokussiertheit zumeist gut gelaunt bewältigt.

In Deutschland müsste er mit rund 1000 Euro Sporthilfe klarkommen und sich seine Zeit mit der Koordination von Training und Studium selbst einteilen – was auch geht, wie es Niklas Kaul in Mainz vorexerziert, aber ein höheres Maß an persönlichem Aufwand bedeutet.

Neugebauer zahlt die Investitionen in ihn mit Leistung zurück, seine sportliche Leistungskurve verläuft steil. Im März 2022 übertrifft er erstmals die 8000-Punkte-Marke. Bei der WM 2022 in Eugene belegt er mit 8182 Punkten Platz zehn – allerdings noch mit deutlichem Rückstand auf Niklas Kaul, der Sechster (8434) wird. 2023 steigert er seine persönliche Bestleistung auf 8478 Punkte, womit er die Normen für die WM in Budapest 2023 und die Olympischen Spiele 2024 in Paris erfüllt, ehe ihm der ganz große Coup mit dem deutschen Rekord gelingt.

„Es bedeutet die Welt für mich, dass ich vor meiner Familie, meinen Freunden, meinen Trainingskollegen und meinen Bekannten antreten konnte“, sagt er nach seinem nahezu perfekten Wettkampf an seiner gewohnten Trainingsstätte, mit dem sich sein ganz persönlicher amerikanischer Traum erfüllt.

Neugebauer stellt bei seinen beiden Sternstundentagen sechs Bestleistungen auf, darunter eine Glanzzeit über 100 Meter (10,61 Sekunden), einen beachtlichen Stoß mit der Kugel auf 16,66 Meter sowie einen persönlichen 400-Meter-Rekord in 47,08 Sekunden. Am zweiten Tag brechen sich die Emotionen Bahn, nachdem er 5,21 Meter im Stabhochsprung überspringt: „Das war für mich der emotionalste Moment meines Lebens. Ich weine nie, aber als ich gelandet war, konnte ich mich nicht mehr beherrschen. Denn in dem Moment war klar, dass ich den Wettkampf gewinnen würde."

Dass „Leo, the German" plötzlich deutscher Rekordhalter ist, machte ihn einerseits stolz – andererseits gehört der selbstbewusste junge Mann auch nicht zu der Sorte junger Menschen, die ehrfürchtig in Annalen blättern, sondern selbst Geschichte schreiben möchten.

Niklas Kaul bereitet das Auftauchen des neuen Konkurrenten keinen Stress: *„Ich freue mich, dass wir mit einem tollen Team nach Budapest fahren"*, sagt er vor der WM 2023, die Favoritenrolle ohne Zögern an Neugebauer abgebend. Seine Voraussage: *„Es wird ein lustiger Wettkampf."*

Für Neugebauer sollte es tatsächlich ein lustiger Wettkampf werden – zumindest am ersten Tag. Der Newcomer startet an jenem 25. August 2023 brillant in den Zehnkampf – und versprüht dabei eine ansteckende Lebensfreude. Neugebauer ist inspiriert von der Atmosphäre in einem europäischen WM-Stadion – ganz anders als „zu Hause" in Texas –, und sein Enthusiasmus veranlasst wiederum die Fans zu einer ungeahnten Lautstärke.

„Ich bin einfach mit guter Laune in den Wettkampf gegangen, hatte richtig Lust. Ich glaube, das hat man gespürt. Ich war echt in Form und bereit für den Wettkampf. Kugel und Weitsprung liefen richtig gut. Hochsprung und 400 waren auch okay. Nach dem ersten Tag war ich sehr zufrieden. Und es hat echt Spaß gemacht: Es waren so viele Leute im Publikum, die mich kennen – Freunde, Familie und frühere Trainingskollegen, die mich angefeuert haben –, die Zuschauer haben mich gepusht und ich die Zuschauer."

Neugebauer sucht den Kontakt zu den Fans, auch zwischen den Disziplinen, lässt sich auf unzähligen Selfies ablichten, klatscht ab – und liefert: 8 Meter im Weitsprung, 17,04 Meter mit der Kugel – zwei riesige Resultate, die ihn an die Spitze des Tableaus katapultieren. Nach fünf Disziplinen führt er mit 4640 Punkten. Damit übertrifft er seine eigene Bestleistung von Austin um 49 Zähler und avanciert zum Goldanwärter.

Doch zum Zehnkampf gehört eben auch der zweite Tag, und da spürt der zuvor noch so unbekümmerte Newcomer die Last der Erwartung der gesamten deutschen Leichtathletikgemeinde. Die Zehnkämpfer sollen die Medaille gewinnen, die dem Team bei dieser WM bisher versagt geblieben ist. Weil Niklas Kaul verletzt ausgestiegen ist, steht Neugebauer nun allein im Fokus.

Im Hürdensprint bewegt sich der 110-Kilo-Mann nur noch zähflüssig statt spritzig. Er tritt die ersten Hürden um und schleppte sich nach 14,75 Sekunden mit gehörigem Abstand ins Ziel. Auch seine Paradedisziplin Diskus (47,63 Meter) geht ihm längst nicht so leicht von der Hand wie erhofft. Und als er im Stabhochsprung endlich wieder zu sich findet und immerhin 5,10 Meter meistert, ist es bereits zu spät und der Medaillentraum ausgeträumt.

„Es war eigentlich ein normaler zweiter Tag. Die Beine waren ein bisschen schwer, und dann bin ich nicht so gut in den Hürdenlauf reingekommen, gleich an den ersten beiden Hürden hängen geblieben. Auch im Diskuswurf lief es eher inkonstant – diese beiden Disziplinen waren die schlechtesten in meinem Zehnkampf. Dann habe ich mich wieder aus dem Loch rausgekämpft. Der Stabhochsprung lief gut. Mit dem Speer habe ich fast Bestleistung geworfen. Und die 1500 Meter bin ich so schnell wie möglich gerannt. Tja, und dann war es das auch schon."

Am Ende belegt Neugebauer mit 8645 Punkten Rang fünf. Im Rückblick ist er dennoch zufrieden.

„Es wäre schon cool gewesen, wenn ich eine Medaille gewonnen hätte. Aber für mich ist die Hauptsache, dass ich von meinen Fehlern lerne, die ich dort gemacht habe. Ich habe noch ein paar Jahre vor mir. Mein größter Fehler war, dass ich am zweiten Tag am Anfang ein bisschen zu verkampft war, zu viel nachgedacht habe, es nicht geschafft habe, mein Ding zu machen. Ich brauche am zweiten Tag dieselbe Energie wie am ersten. Bei Olympia will ich versuchen, mehr bei mir zu bleiben."

Der kanadische Sieger Pierce Lepage übertraf mit 8909 Punkten nicht nur seinen Teamkollegen, den Olympiasieger Damian Warner (8804), sondern auch die Jahresbestleistung

Neugebauers. Zu den Medaillenkandidaten für die Olympischen Spiele 2024 zählt „Leo, the German", der sich mit seinen Trainern Jim Garnham und Edrick Floreal wieder in Texas vorbereitet, aber durchaus, auch wenn Kevin Mayer dann wieder im Vollbesitz seiner Kräfte sein sollte, der Favorit des französischen Publikums bei seinen Heimspielen.

Spätestens in Paris soll es dann auch wieder zu einem gemeinsamen Wettkampf von Kaul und Neugebauer kommen – diesmal hoffentlich mit Spaß und Freude für beide. Das Besondere in der Konkurrenz der beiden Kontrahenten liegt darin, dass Neugebauer genau da seine Schwächen hat, wo Kauls Stärken liegen: im Speerwerfen und über 1500 Meter.

Alleskönner

Sind Zehnkämpfer wirklich Alleskönner? Frank Busemann, der Olympiazweite von 1996 und WM-Dritte von 1997, sagt dazu:

„Wir sagen Ja. Das heißt, die Zuschauer sagen das, wir Zehnkämpfer sagen das. Und die Spezialisten lachen dann immer. Die sagen: Ihr könnt alles nur so ein bisschen, aber nichts richtig."

Sind die vermeintlichen Könige der Athleten also nur „Universaldilettanten"? Es gibt im Zehnkampf keinen Athleten, der alles kann. Und nur wenige Zehnkämpfer, die auch nur in einer Disziplin mit den besten Spezialisten mithalten können.

Für Niklas Kaul besteht genau wie für Frank Busemann der Zehnkampf aber eben nicht aus zehn Disziplinen, deren

Resultate addiert werden. Der Zehnkampf ist für ihn eine Disziplin, die sich aus zehn Teildisziplinen zusammensetzt – und darüber hinaus noch viel mehr beinhaltet. Denn auch die Pausen gehören zum Wettkampf. Das Warmmachen und Runterfahren nach jeder einzelnen Prüfung.

Zehn Zehnkämpfe

Jens Schulze, Jahrgang 1956, einst selbst ein 8000-Punkte-Athlet (er startete für die LG Paderborn, seine Bestleistung sind 8032 Punkte), verfügt über das größte Zahlenarchiv des Zehnkampfuniversums. Im Laufe der Jahre hat er eine Datenbank aufgebaut, in der er alle Resultate einpflegt, die in offiziellen Zehnkämpfen erzielt werden. Auf Wunsch und Knopfdruck kann er Kolonnen von Ergebnissen ausdrucken – gewichtet und sortiert. Die Resultate der wichtigsten Protagonisten hat er sogar im Kopf. Sein Wissen stellt er bei Großereignissen regelmäßig den übertragenden Fernsehstationen zur Verfügung. Das Zehnkampfmeeting in Ratingen moderiert er selbst als Stadionsprecher. Wer mit Schulze über Zehnkampf spricht, muss etwas Zeit mitbringen, geht aber mit Sicherheit mit dem Gefühl nach Hause, wieder etwas Neues über diese Leichtathletikdisziplin erfahren zu haben.

Denn aus den Einzelergebnissen lassen sich Muster erkennen. Der Herr der Zahlen kann die Resultate auf Wunsch nach Datum oder Ergebnis sortieren, nach Einzelresultat oder nach Tagesform, nach Disziplin oder Sparte.

Zwischen 2018 und 2023 hat Niklas Kaul zehn Zehnkämpfe zu Ende gebracht und bei jedem einzelnen deutlich die magische Grenze von 8000 Punkten überschritten – er sammelte in dieser Phase zwischen 8205 und 8691 Punkte. Beim Blick auf diese zehn mal zehn Wettkämpfe wird deutlich, dass sich Kaul in allen Disziplinen innerhalb einer bestimmten Marge bewegt.

Disziplin	**Top**	**Ereignis**	**Flop**	**Ereignis**
100 Meter	**11,16**	EM 2022	**11,50**	Ratingen 2023
Weitsprung	**7,34**	Ratingen 2023	**7,10**	EM 2022
Kugelstoßen	**15,19**	U-23-EM 2019	**13,85**	EM 2018
Hochsprung	**2,09**	Götzis 2018	**1,91**	Götzis 2022
400 Meter	**47,87**	EM 2022	**49,28**	Götzis 2019
110 m Hürden	**14,27**	WM 2022	**14,78**	EM 2018
Diskuswerfen	**49,20**	WM 2019	**41,80**	EM 2022
Stabhochsprung	**5,00**	WM 2019	**4,70**	EM 2018
Speerwerfen	**79,05**	WM 2019	**67,44**	Ratingen 2023
1500 Meter	**4:10,05**	EM 2022	**4:31,44**	Götzis 2018
Lauf	**3538**	EM 2022	**3293**	EM 2018
Sprung	**2591**	WM 2019	**2453**	Götzis 2018
Wurf	**2678**	WM 2019	**2317**	Götzis 2018
Tag 1	**4208**	U-23-EM 2019	**4069**	Götzis 2022
Tag 2	**4527**	WM 2019	**4008**	Götzis 2018
Gesamt	**8691**	WM 2019	**8205**	Götzis 2018

Anmerkung: Persönliche Bestleistungen, die in abgebrochenen Zehnkämpfen erzielt wurden, bleiben unberücksichtigt.

Auffällig ist, dass sich sowohl die Bestwerte als auch die schwächsten Resultate auf sechs verschiedene Veranstaltungen verteilen. Deutlich wird zudem, dass sich die Einzelergebnisse in den Sprüngen deutlicher unterscheiden als in den Läufen – die Punktausbeute in der Sprunggruppe aber näher beieinanderliegt, was darauf hindeutet, dass sich die Einzelergebnisse bisweilen in Bezug auf die Gesamtperformance widersprechen.

Erkennbar ist auch, dass Kauls Eigenbeobachtung zutreffend ist, dass er bei Großereignissen besser abschneidet als bei Meetings. An der Größe des Stadions liegt es seiner Einschätzung nach nicht, eher an der Größe des Ereignisses.

> *„Ich würde es jetzt nicht an dem großen oder kleinen Stadion festmachen. Meinen zweitbesten Zehnkampf habe ich bei der U-23-WM absolviert. Das war auch eher ein Sportplatz mit ein bisschen Tribüne drumherum.“*

Sein bislang bester Wettbewerb war der WM-Zehnkampf von Doha – auch wenn er dort genau wie in München 2022 seine Möglichkeiten längst nicht in allen Bereichen komplett ausschöpfen konnte.

Disziplin	Doha	Persönliches Ranking	München	Persönliches Ranking
100 Meter	**11,27**	**5.**	**11,16**	**1.**
Weitsprung	**7,19**	**7.**	**7,10**	**8.**
Kugelstoßen	**15,10**	**2.**	**14,90**	**4.**
Hochsprung	**2,02**	**7.**	**2,02**	**7.**
400 Meter	**48,48**	**5.**	**47,87**	**1.**
110 m Hürden	**14,64**	**6.**	**14,45**	**3.**
Diskuswerfen	**49,20**	**1.**	**41,80**	**10.**
Stabhochsprung	**5,00**	**1.**	**4,90**	**2.**
Speer	**79,05**	**1.**	**76,05**	**3.**
1500	**4:15,70**	**4.**	**4:10,14**	**1.**
Lauf	**3422**	**5.**	**3538**	**1.**
Sprung	**2591**	**1.**	**2540**	**6.**
Wurf	**2678**	**1.**	**2467**	**4.**
Tag 1	**4164**	**4.**	**4184**	**2.**
Tag 2	**4527**	**1.**	**4361**	**3.**
Gesamt	**8691**	**1.**	**8545**	**3.**

Gemeinschaft statt Egoismus

„Der erste Unterschied vom Zehnkampf zu jeder anderen Disziplin ist, dass die Zehnkämpfer wie eine Familie auftreten", sagt Peter Schmitt, Jahrgang 1961, der die Szene wie kaum ein Zweiter kennt. Seit 2002 ist er Pressesprecher des Deutschen Leichtathletik-Verbandes (DLV). Wenn er sagt, dass die Zehnkämpfer wie ein großer Familienverband seien, meint er nicht nur Niklas und seine Eltern, sondern die Gruppe der Beteiligten als Ganzes, angefangen bei den Athleten über die Ärzte und Betreuer bis hin zum erweiterten Umfeld. Sie alle bildeten ein homogenes Team, unabhängig davon, welche Athleten sich gerade für eine Meisterschaft qualifiziert haben: „Wenn die Zehnkämpfer zu zweit oder dritt in den Wettkampf gehen, haben sie eine größere Sicherheit, weil sie sich unterstützen und gegenseitig helfen können. Das Gemeinschaftsgefühl ist ihnen wichtig", sagt Schmitt.

Bei den Zehnkämpfern gebe es auf der anderen Seite kein übermäßiges Konkurrenzdenken, jeder gönne dem anderen dessen Erfolge. „Gewinnen will am Ende jeder selbst, das ist völlig klar. Und auch die meisten Punkte sammeln." Doch stets im fairen Wettstreit miteinander.

Auch bei internationalen Wettbewerben ist es ein insgesamt eher harmonisches Miteinander: „Ich habe noch nie erlebt, dass einer den anderen schneidet. Im Gegenteil: Sie feuern sich gegenseitig an." Spitzenathleten unterschiedlicher Nationen applaudieren sich gegenseitig, weil sie die Leistung der Konkurrenten anerkennen. Schmitt spricht von einem speziellen Zehnkämpferkodex. Die sprichwörtliche „große Familie" zeige sich ganz besonders bei den Meetings, bei denen es nicht um Medaillen, sondern um die Performance an sich geht. Schmitt berichtet von seinen Beobachtungen:

„Ein Mehrkampfmeeting hat etwas von einem Familienfest, bei dem es Höchstleistungen zu sehen gibt. Als Zuschauer bist du nahe dran. Du kannst in direkten Kontakt treten, und du wirst immer Antworten bekommen – die Athleten sind nie genervt, immer freundlich."

Die entscheidende Frage angesichts der positiven Zuschreibungen vor dem Hintergrund einer zunehmenden Fragmentierung der Gesellschaft: Brauchen wir mehr Zehnkampf im Leben? Schmitt findet:

„Würde ich absolut unterstreichen, wenn man so sieht, wie egoistisch in unserer Gesellschaft agiert wird. Im Zehnkampf gibt es nichts geschenkt. Jeder will gewinnen, jeder will die Prämie holen. Und trotzdem haben die Athleten ein Zusammengehörigkeitsgefühl entwickelt und leben es aus. Ich sehe es so, dass bei allem Leistungswillen hier eher die Gemeinschaft zählt, nicht so sehr der Egoismus."

MEHR ALS ZEHNKAMPF

Quantenphysik und Diskuswerfen

> *„Das Diskuswerfen ist auf seine Weise schwierig. Aber die Quantenphysik fällt mir leider ein bisschen schwerer. Wenn ich Quantenphysik auf dem Niveau könnte wie Zehnkampf, wäre ich sehr froh."*

Als Physikstudent beschäftigt sich Niklas Kaul mit komplizierten Berechnungen. Die Frage, ob ihm das Studium auch für seinen Sport etwas bringt, beantwortet er erst mal mit einem Witz:

> *„Eine hohe Frustrationstoleranz bringt mir das."*

Physik ist kein Auswendiglernenfach, und deshalb könne es passieren, *„dass du vier Stunden an einem Problem sitzt und keinen Millimeter weiterkommst"*. Es könne aber natürlich auch passieren, *„dass du in einer halben Stunde auf einmal die Aufgabe gelöst hast"*, die vorher nicht durchschaubar erschien.

Die physikalischen Regeln und Bedingungen zu kennen, nach denen sich Körper im Raum drehen, muss ein Sportler nicht im Kopf haben – aber es schadet auch nicht, einen theoretischen Background zu besitzen.

„Ich würde jetzt nicht sagen, dass Wissen über Biomechanik entscheidend ist für den Sport. Es hilft aber in einigen Bereichen durchaus. Es ist so, dass sich viele Dinge im Training und in der Theorie der Disziplinen ein bisschen einfacher erschließen, wenn man den Zugang über die Physik besitzt."

Dass Physik einen schlechten Ruf als Schulfach hat, war schon immer so und ist auch heute noch so. Nach Ansicht von Niklas Kaul liegt das an der Tatsache, dass viel Mathematik innerhalb der Physik in der Schule verlangt wird, hinzu kommt die komplizierte Fachsprache. Die praktischen Dinge des Lebens kommen dabei womöglich etwas zu kurz.

Der heutige Student und künftige Lehrer Kaul versucht, dieser Entwicklung entgegenzuwirken. Er schrieb seine Bachelorarbeit über die „Kontextorientierung im Physikunterricht" – die didaktische Frage, ob und wie sinnvoll es ist, die Vermittlung physikalischer Phänomene über Alltagsbegebenheiten herzustellen.

Im Sommer 2023 – rechtzeitig vor der WM in Budapest – schloss Kaul seinen Bachelorstudiengang ab. Danach nahm er sich zwei Freisemester, um sich optimal auf die Olympischen Spiele in Paris vorzubereiten. Erst nach Olympia will er den Masterstudiengang angehen.

„So ist der Plan. Mein Studium läuft so weit gut, aber natürlich studiere ich nicht so viel wie manch anderer. Ich bin weit weg von Regelstudienzeit."

Die Doppelbelastung aus Studium und Hochleistungssport zu bewältigen, ist für Kaul grundsätzlich eine Frage der Motivation:

> *„Ich glaube nicht, dass ich überdurchschnittlich fleißig bin. Aber mir ist es eben wichtig, etwas neben dem Sport zu machen. Falls ich irgendwann aufwache und merke, Zehnkampf ist es nun doch nicht mehr, dann will ich noch etwas anderes haben, das mich interessiert. Es sollte ein Lebensinhalt sein, mit dem ich nach meiner sportlichen Karriere auch Geld verdienen kann und der mir Spaß macht. Und ich habe gemerkt, dass es für mich wichtig ist, mir zu beweisen, dass ich außer Sport auch noch etwas anderes kann."*

Obwohl er neben dem Studium trainiert – oder zusätzlich zum Hochleistungssport studiert –, sieht er sich nicht als Exot unter den Studenten, die dem Klischee nach wenig arbeiten und in den 20er-Jahren des 21. Jahrhunderts in erster Linie auf ihre Work-Life-Balance wert legen.

> *„Das würde ich nicht sagen. Auch Studenten arbeiten hart. Das, was ich im Training mache, ist bei anderen häufig die Zeit, die sie als normale Studenten bei der Arbeit verbringen, um Geld zu verdienen."*

Als eher kopfgesteuerter Mensch geht Kaul sein Training analytisch an, um das bestmögliche Resultat dann aber fühlen zu können:

„Im Sport denke ich sehr viel drüber nach: Was kann man wie anders machen? Was läuft vielleicht noch nicht so gut? Ich muss mir ein Bild im Kopf schaffen, wie sich etwas für mich anfühlen muss. Und dafür brauche ich immer ein bisschen Zeit, weil ich nach dem lockeren Gefühl suche. Perfekte Technik fühlt sich immer ganz einfach an."

Um diese Einfachheit herstellen zu können, nutzt Kaul die Videoanalyse. Er schaut sich seine Übungen im Video an und versucht, das Gefühl zu reproduzieren, das er bei einem Wurf oder Sprung hatte, der gut funktionierte. Oder das, was nicht gut funktionierte, besser zu machen. Außerdem schaut er sich häufig Videos von anderen Athleten an und versucht nachzuvollziehen: Wie machen die das eigentlich?

Und wie ähneln sich Sport und Physik?

„Beide erfordern absolute Präzision."

Hobby als Beruf

Sein Sport ist sein Hobby, das er zum Beruf erkoren hat, von dem er sogar leben kann. Vorteil Kaul.

„Es ist jetzt nicht so, dass ich, wenn ich mit Mitte dreißig mit dem Sport aufhöre, mein Leben lang nicht mehr arbeiten müsste – das nicht. Was aber, glaube ich, auf Dauer, wenn man keine Aufgabe hätte, echt auch ein bisschen langweilig wäre."

Der Sport ist sinnstiftend für ihn – und der Ertrag daraus reicht für ein gutes Leben. Unter den Leichtathleten gehört der Zehnkampfchampion damit zu den Privilegierten, was ihm durchaus bewusst ist.

Einer 2019 veröffentlichten Studie der Stiftung Sporthilfe zufolge verdienen deutsche Hochleistungsathleten im Schnitt 7,41 Euro pro Stunde – legt man ihren kompletten Trainingsaufwand als Arbeitszeit zugrunde. Sie liegen damit deutlich unter dem staatlichen Mindestlohn, und wären sie nicht in höchstem Maße intrinsisch motiviert, müssten sie es, was die Kosten-Nutzen-Relation betrifft, eigentlich lassen. Ihr Investment in den Sport lohnt sich monetär erst dann, wenn sie Olympiasieger oder Weltmeister werden.

Niklas Kaul erhielt für seinen WM-Sieg in Doha, wie jeder andere Leichtathletikweltmeister, 60 000 Dollar Siegprämie vom Weltverband World Athletics. Zudem wurde er durch sein glaubwürdiges Auftreten neben den sportlichen Erfolgen interessant für Sponsoren und die Werbewirtschaft. Sein persönliches Modell, als Mehrkämpfer und Student zugleich eine Art Einzelunternehmer zu sein, funktioniert.

„Da, glaube ich, habe ich schon großes Glück gehabt. Wenn man nicht bei der Polizei oder bei der Bundeswehr angestellt ist und somit abgesichert, dann gibts nur wenige, bei denen es so gut funktioniert. Ja, ich hatte Glück. Das kann man schon so sagen."

Kaul gehört zu den Athleten, die seit Jahren von dem österreichischen Getränke-, Medien- und Sportkonzern Red Bull unterstützt werden. Als Gegenleistung hält er bei seinen Instagram-Posts gelegentlich eine der markanten Dosen ins Bild. Der Deal lohnt sich auch deswegen: Mehrmals im Jahr reist der Sportler ins Salzkammergut, um sich in der medizinischen Abteilung der Red-Bull-Zentrale in Fuschl am See durchchecken zu lassen.

Die Assoziation von Dynamik, Leidenschaft und Präzision, die mit dem Hochleistungssport in Verbindung gebracht wird, passt traditionell auch zu Automarken – folgerichtig sponsert Opel den Weltmeister von 2019. Im entsprechenden Werbespot joggt er munter durchs Parkhaus und fährt als Testimonial im Astra davon – Fahrspaß und das sportliche Design gehören dazu, selbstredend in der E-Version.

Seit 2023 ist Kaul zudem Markenbotschafter des Uhrenherstellers Seiko. „Um die Zeit im Blick zu halten", so die Wortwahl der Seiko-Werbung. Passt zu einem Sportler, dessen Lebensleistung in guten Zeiten gemessen wird. Niklas Kaul postet dazu: „Startschuss zur WM nach intensiver Vorbereitung – ab jetzt zählt jeder Zentimeter und jeder Bruchteil einer Sekunde." Und drückt beim Start selbst die Stoppuhr an seinem Handgelenk.

Bei all seinen Unternehmungen trägt Niklas Kaul Schuhe und Kleidung von adidas. Denn schon seit Juniorenzeiten ist die Marke mit den drei Streifen Ausrüster des Athleten. Kaul erinnert sich an die Anfänge der Zusammenarbeit: *„Ich musste mich entscheiden, zu welcher Marke ich gehe; adidas hatte mich angesprochen."*

Niklas trug schon in seiner Jugend immer adidas-Schuhe, *„warum auch immer, ich weiß es gar nicht mehr"*, wie er lachend bekennt. *„Ich glaube, sie haben mir einfach besser gepasst."* Seine Füße sind im Verhältnis zur Länge recht schmal, und weil die Schuhe schmaler geschnitten waren als diejenigen der Konkurrenz, passten sie einfach zu ihm.

Im Laufe der Jahre und mit zunehmendem Erfolg wurde Kaul auch für andere Marken interessant. Es kamen Anfragen, Angebote und Abwerbeversuche der Konkurrenz.

> *„Das schaut man sich dann an und sagt: Okay, die haben mir das und das angeboten."*

Kaul wollte gerne bei adidas bleiben, aber die Augen nicht vor den attraktiven Angeboten der anderen Sportartikelhersteller verschließen. Also trat er in Verhandlungen.

> *„Kriegen wir das hin, dass das in etwa ähnlich ist? Dann können wir gerne weitermachen."*

Der Dialog wiederholt sich alle paar Jahre. Verhandlungsbasis ist stets die Momentaufnahme – je nachdem wie der sportliche Erfolg aktuell ausgefallen ist und welche Perspektive noch bevorsteht. *„Man muss ein bisschen Glück haben, dass ein Vertrag gerade in dem Jahr ausläuft, in dem man gut war."*

Zu diesem Spiel dazu gehört dann auch, dass der Athlet bisweilen bei Sportläden in der Region auftaucht, wenn eine neue Kollektion eingetroffen ist, einigen Hobbysportlern Rede und Antwort steht, die extra angereist sind. Und dass Niklas

Kaul mit den Lauftreffläufern ein paar Runden durch den Park dreht, obwohl er selbst noch nie in seinem Leben länger als 10 Kilometer am Stück gelaufen ist. Warum auch?

Bemerkenswert an Kauls wirtschaftlichem Modell ist, dass seine Eltern ihm in Fragen des Sponsorings und der Vermarktung nicht reinreden. „Dafür hat Niklas sein Management – und das ist auch gut so", sagt Mutter Stefanie. Sie und ihr Mann wollten nie wie klischeetypische Tennis- oder Eiskunstlaufeltern sein, die das sportliche Können ihres Kindes um jeden Preis in Geld oder Gold verwandeln wollen. Im Umkehrschluss bedeutet das, dass die Eltern nicht wissen, was ihr Sohn eigentlich so verdient mit seiner Leichtathletik.

Zeigt her eure Schuhe

Zehnkämpfer sind Allrounder, doch ein Paar Allroundturnschuhe für alle Disziplinen – wie einst bei Jim Thorpe – reichen bei Weitem nicht mehr aus. Werfen wir doch mal einen Blick in den Schuhschrank von Niklas Kaul und gehen durch, was er auf eine Wettkampfreise so alles mitnimmt. Das sagt er dazu:

> *„Man braucht ein bis zwei paar Sprintspikes für die Disziplinen 100 Meter, 400 Meter und 110 Meter Hürden. Man braucht ein Paar Weitsprungspikes. Man braucht ein Paar Kugelstoßschuhe beziehungsweise ein bis zwei. Wenn es ein Regenwettkampf ist, stellt sich die Frage: Ist der Ring nass? Und dann gibt es Folgefragen: Wie verhält sich der Ring? Ist das ein stumpfer oder ein glatter Ring? Da gibt*

es Unterschiede. Ist es ein glatter Ring, auf den noch Regen tropft, wirds richtig rutschig. Da überlege ich, welche Schuhe ich alternativ mitnehme. Ich greife beim Kugelstoßen im Nassen zu Schuhen, die eigentlich fürs Krafttraining gemacht sind, weil sie eine rauere, aber trotzdem relativ flache Sohle haben. Dann Hochsprung: noch mal ein ganz eigenes Paar.

Beim Diskuswurf gibt es wieder das Thema, dass ich je nach Wetter eine Alternative parat haben muss: Der Diskusschuh muss mit – plus der Schuh, den man schon fürs Kugelstoßen hatte, wenn es nass ist.

Einen extra Stabhochsprungschuh benötige ich eigentlich nicht, dafür kann ich auch den Weitsprungschuh nehmen. Der ist aber voller Sand und fühlt sich deshalb etwas unangenehm an. Deswegen benutze ich für den Stabhochsprung doch wieder neue Schuhe.

Außerdem benötige ich einen Speerwurfschuh, der von der Sohle her dem Hochsprungschuh sehr ähnlich, im Obermaterial aber etwas stabiler ist – damit er beim Stemmen genug Unterstützung bietet. Und schließlich brauche ich auch noch spezielle Laufschuhe für die finalen 1500 Meter auf der Bahn.“

Kurz mal nachgezählt: Mindestens acht, neun Paar Schuhe benötigt ein Zehnkämpfer für seinen Wettkampf, eher sogar zehn.

Doch das ist noch nicht alles: *„Ich habe zudem immer zwei Paar normale Laufschuhe zum Warmmachen dabei. Und ein Paar ‚Adiletten‘ für zwischendurch.“*

Schon mal die Schuhe verwechselt?

„Es ist mir noch nie passiert, dass ich die falschen Schuhe für eine Disziplin getragen habe. Die Schuhe sind schon so unterschiedlich in ihrer Machart, dass ich sie unterscheiden kann. Ich muss mir aber nicht die Farbe merken – was auch nichts bringen würde, denn es ist so, dass alle Schuhe jedes Jahr die gleiche Grundfarbe haben. Für jedes neue Jahr gibt es dann eine neue Farbe. 2023 war es Türkis – das heißt, ich habe zehn Paar Schuhe, und die sind alle türkis."

Gleiche Farbe, aber völlig unterschiedliche Machart.

„Ganz große Unterschiede hat man im Bereich der Sohle. Der Sprintspike ist der Schuh, bei dem die Platte am härtesten ist. Mit dem will man nicht unbedingt weitspringen, weil das dann wirklich nicht so angenehm ist beim Absprung. Ein Hochsprungschuh hat hinten noch zusätzlich Nägel, wie der Speerschuh auch, weil der Absprung nicht über den Vorderfuß kommt, sondern eher über einen ganzen Fuß und die Ferse, damit man da nicht anfängt zu rutschen. Ein Weitsprungschuh hat ein bisschen mehr Dämpfung als ein Sprintschuh. Der 1500-Meter-Schuh ist möglichst leicht. Mit dem könntest du nicht abspringen, weil er dafür zu instabil ist und auch nicht genügend gedämpft. Da unterscheiden sich die Schuhe schon sehr stark."

Mitspracherecht?

Wer so viele verschiedene Schuhe braucht, möchte doch bestimmt auch mitreden bei der Entwicklung – zumindest wenn die ersten Erfolge sich eingestellt haben, oder? Wie ist das bei Niklas Kaul, dem angehenden Physiker?

> *„Ich habe an der Entwicklung noch nicht teilgenommen. Aber es ist schon so, dass Athleten gefragt werden. Ich bin jetzt seit acht Jahren bei adidas. Und wenn ich sage, ich brauche ein spezielles Modell als Hochsprungschuh – hinten mit einer breiteren Sohle, weil mein Absprung eben so ist, wie er ist –, dann wird das auch gemacht. Da kannst du in den Austausch gehen und sagen, was genau du im Speziellen brauchst, was vielleicht eine Abweichung vom Standardmodell ist – wobei das bei mir eher selten vorkommt."*

Carbonschuhe liegen im Trend auf den Langstrecken, sie sind leicht und machen einen Läufer schnell, es heißt, sie seien der Hauptgrund für Rekorde. Gilt das auch im Zehnkampf?

> *„Für mich ist es keine Neuerung, die mir wahnsinnig viel gebracht hätte. Ich fand die Sprintspikes vorher ähnlich gut. Zum Training nehme ich die, die nicht ganz so hart sind. Das Problem bei den harten Schuhen ist: Man muss immer gut treffen. Gerade bei Tempoläufen, wenn man platt ist, ist das häufig mal nicht der Fall. Da ist ein weicherer Schuh dann schon sinnvoller. Aber sonst dürfen wir ja*

auch diese hohen Schuhe gar nicht anziehen. Die sind auf der Bahn verboten. Die Marathonschuhe dürfte ich nicht zum 1500-Meter-Lauf anziehen. Bringen würde es mir eh nichts, weil sie in der Kurve instabil sind."

Was anziehen?

Die Frage der Bekleidung im Wettkampf ist leichter zu lösen als die der richtigen Schuhwahl. Der Athlet trägt im Wettkampf die Trikots, Hosen und Socken, die ein Verband oder Ausrüster im aktuellen Sortiment hat. Bei internationalen Meisterschaften bestimmen die jeweiligen Farben der Nationen das Bild, bei Einladungswettkämpfen und Meetings sind es die neuesten Outfits der Marken.

Die Entscheidungskompetenz des Sportlers beschränkt sich darauf, ob er je nach Witterung und persönlicher Vorliebe in langer oder kurzer Hose antritt, Tights oder Shorts. Ob er lange oder kurze Ärmel am Trikot trägt oder einen Einteiler.

Die Geräte

Als Hilfsmittel zum Sporttreiben braucht ein Zehnkämpfer neben seiner Ausrüstung auch etliche Sportgeräte, als da wären: Diskus, Speer, Kugel und Stab. Sind die Geräte nur notwendige Mittel, oder gibt es eine tiefere Verbindung vom Athleten zu den Dingen, die er im Wettkampf ins Stadion schleudert?

„Zum einen sind sie natürlich nur Mittel zum Zweck. Zum anderen hast du deine Lieblingsgeräte. Beim Diskuswerfen

gibt es Disken, die haben einen etwas matteren Außenring. Die werfe ich lieber als die eher glatteren Disken. Und dann weiß ich auch, mit welcher Art Diskus ich Bestleistung geworfen habe: Also ja, da habe ich dann schon meinen Lieblingsdiskus. Beim Speer ist das ähnlich. Ich habe immer noch den Speer, mit dem ich damals bei der U 18 persönlichen Rekord geworfen habe – den behältst du einfach, er gibt dir ein gutes Gefühl, du vertraust dem Gerät. Wobei, jetzt parkt der grade beim USC, weil unsere Jugendlichen damit werfen. Aber danach nehme ich ihn mir wieder.

Und bei den Stäben ist das noch mal ein ganz anderes Verhältnis. Weil vom Stab einfach viel mehr abhängt als von den Wurfgeräten. Die Stäbe sind unterschiedlich in der Länge und in der Härte. Da achtet man natürlich viel genauer auf das Gerät. Ich renne ja beim Absprung im vollen Sprint in diesen Stab rein – und wenn der bricht, ist das sehr unangenehm. Ist mir zum Glück noch nie passiert, dass ein Stab bricht, aber deshalb schaue ich sehr genau drauf, wie ich die Stäbe ablege, wie ich sie transportiere. Ich schaue auch nach einem Wettkampf, bevor ich mit den Stäben wieder springe, ob einer eine Macke abbekommen hat. Die werden selbstredend aussortiert, weil das ein zu großes Sicherheitsrisiko darstellt. Deshalb hast du zu den Stäben einen besonderen Bezug. Im Wettkampf darf ich meine eigenen Stäbe benutzen. Bei den anderen Geräten ist es unterschiedlich. Beim Meeting in Ratingen ist es zum Beispiel so, dass jeder Athlet für jede Disziplin zwei Geräte abgeben darf – zwei Disken, zwei Speere, zwei Kugeln. Die müssen auf einer Liste stehen, die von World Athletics herausgegeben wird und die festhält, was geprüft und zugelassen ist. Der Speer muss 800 Gramm wiegen, mehr darf er immer wiegen, zu wenig nicht. Ab 799 Gramm ist er nicht mehr zugelassen. Die Geräte werden vor Ort stets geprüft. Da wird gewogen und gecheckt, ob der Schwerpunkt stimmt.

Bei den großen Veranstaltungen, Welt- und Europameisterschaften, ist es so, dass der Veranstalter gewisse Geräte zur Verfügung stellt. Wenn das Modell meines Speers dabei ist, darf ich meinen eigenen nicht benutzen. Wenn er nicht dabei ist, darf ich meinen eigenen abgeben und dann im Wettkampf werfen.

Wenn du Geräte benutzt, die zertifiziert sind, kannst du sie auf jeden Fall im Wettkampf werfen. Allerdings ist dann die Frage, ob das genau meiner ist oder nur der baugleiche.

Von den vielen Speeren, die bereitstehen, suchst du dir deinen aus. Jeder hat seine Lieblingsspeere, denn sie sind unterschiedlich hart, das heißt, sie verzeihen unterschiedlich viele Fehler im Abwurf. Ein weicher Speer verzeiht dir kleinere Fehler, während er allerdings auch nicht ganz so weit fliegt – weil durch das Wackeln in der Luft Energie verloren geht. Ein harter Speer fliegt geradliniger, er verzeiht dir aber auch weniger Fehler – wenn du den nicht genau triffst, stellt er sich an, und du hast verloren.

Ein Teil des Materials gehört dem Verein. Ein Teil gehört dem Deutschen Leichtathletik-Verband (DLV), der Geräte kauft und sie den Vereinen zur Verfügung stellt. Speere habe ich mir aber auch schon selbst gekauft.

Bei Meetings bin ich selbst dafür verantwortlich, dass ich mein Zeug dabeihabe. Wenn wir zur WM fahren, melden wir vorher beim DLV an, was wir mitnehmen und was wir dabeihaben wollen. Vorher wirft man einen Blick auf die Liste, was an Geräten vor Ort ist, damit man nicht unnötig viel mitschleppt. Und dann wird über den DLV Zusatzgepäck gebucht. Aber am Ende bist du selbst dafür verantwortlich, dass deine Speere und deine Stäbe pünktlich zum Wettkampf kommen."

Ein halbes Leben in zwei Tagen

„Zehnkampf kann echt belastend sein. Zusätzlich zu den Selbstzweifeln, die du im Sport ohnehin häufig hast."

Kein Zehnkampf läuft ohne Probleme. Immer wieder droht der Moment des Scheiterns: Eine unglückliche Bewegung kann eine Verletzung nach sich ziehen. Eine eben noch sicher geglaubte Technik versagt, wenn es darauf ankommt. Nach zwei ungültigen Versuchen droht im dritten das Ausscheiden. Die Punktemaschine rechnet im Hinterkopf mit.

Wie damit umgehen? Wie kommt ein Athlet durch diese beiden harten Tage? Wie motiviert er sich? Wer motiviert ihn? Bei Niklas Kaul funktioniert das alles im Dialog mit seinen Eltern.

„Ich hatte bisher nicht das Gefühl, dass ich einen Mentalcoach brauche. Ich kann mir aber durchaus vorstellen, dass der Austausch mit einem Experten hilft. Zehnkampf ist nun mal nicht so einfach, weil du über zwei Tage hinweg eine hohe Wettkampfbelastung hast. Manchmal zieht sich ein Wettbewerb ewig hin. Mit einem Mentalcoach oder

einem Sportpsychologen zu arbeiten, kann sehr sinnvoll sein.“

Spiegelt der Zehnkampf das Leben an sich? Es gibt eine Metapher, die besagt, der Zehnkampf entspreche einem ganzen Leben in zwei Tagen – mit all seinen Höhen und Tiefen, Glücksgefühlen und Trauermomenten. Ist das so? Empfindet das auch Niklas Kaul? Kann er damit etwas anfangen?

„Die Metapher ist natürlich ein bisschen überdramatisiert. Aber es ist schon so, dass ein Zehnkampf im Normalfall nicht immer nur aus Hochs besteht, sondern auch aus zahlreichen Tiefs. Manchmal bist du zwischendurch extrem frustriert, und es geht dir wirklich schlecht.“

Kann man vom Zehnkampf fürs Leben lernen? Zum Beispiel Durchhaltevermögen, die Fähigkeit, sich über Rückschläge hinwegzusetzen?

„Das glaube ich in gewisser Weise schon. Man lernt, Dinge als Block für sich zu sehen. Man kann sich sagen: Okay, eine Sache ist jetzt nicht so gut gelaufen. Das heißt aber nicht, dass das nächste, was jetzt kommt, auch nicht funktioniert. Das, glaube ich, lernst du durchaus über den Zehnkampf – also konkret, Dinge voneinander abzugrenzen.

Aber ich glaube, dass Sport oder Leistungssport generell fürs weitere Leben eine Hilfe und Stütze sein kann, weil du sehr früh mitkriegst, dass das Leben ohne harte Arbeit nicht funktioniert. Klar, in gewisser Weise musst du auch Talent mitbringen. Aber wenn du Talent mitbringst und nichts dafür tust, dann kommt auch nichts dabei heraus."

Wissen, was gut ist!

Weiß der Athlet im Wettkampf unmittelbar, ob sein Versuch gut war, oder muss er erst das Ergebnis abwarten, um seine Leistung einschätzen zu können?

„Das merkst du schon, während du aktiv bist, ob deine Leistung gelungen ist oder nicht. Das schleift sich einfach so ein, dass du ein Gefühl dafür bekommst, wie sich ein Bewegungsablauf anfühlen sollte, damit du selbst einen Versuch als gelungen klassifizierst.

Du siehst das bei mir beim Speerwerfen, manchmal auch beim Diskuswerfen, dass ich mich schon über einen Wurf freue, bevor er gelandet ist. Weil ich durch mein Körpergefühl einfach weiß: Okay, der war gut.

Das Feedback funktioniert genauso beim Hochsprung. Beim Weitsprung auch, aber da stellt sich immer noch die Frage, ob der Sprung gültig war oder ob ich vielleicht 40 Zentimeter vorm Brett abgesprungen bin."

Wissen, wann es gut ist!

Auch Aufhören will gelernt sein. Nicht nur in Bezug auf die Karriere. Sondern bei jedem einzelnen Training.

„Vor vielen Punkten kommen Punkte."

Was übersetzt bedeutet: Als mitdenkender Sportler muss man es auch mal gut sein lassen beim Versuch, möglichst viel aus seinem Körper herauszuholen. Denn bevor ein Athlet viele Punkte anstrebt, musss er überhaupt erst einmal Punkte sammeln – und das kann er nur schaffen, wenn er sich nicht verletzt. Er darf es also mit seinem Ehrgeiz nicht übertreiben.

> *„Man muss ein Gefühl dafür entwickeln, was geht und was man lieber sein lässt. Es gibt im Zehnkampftraining eigentlich immer etwas zu tun, immer etwas zu entwickeln. Wenn an einem Tag der Beuger zu ist, tauschst du lieber die Programme und machst eher Wurf – und Sprint und Sprung an einem anderen Tag. Oder du machst weniger Wiederholungen. Ich glaube, stupide nach einem Plan zu trainieren, egal wie du dich an dem Tag fühlst, funktioniert nicht. Das kann auch zu Verletzungen führen.“*

Was zu trainieren ist, spricht Kaul mit seinen Eltern ab.

> *„Wenn wir allgemeine Sprünge machen, nehmen wir uns eine Anzahl vor, die wir machen wollen. Wenn aber die Ausführung schlecht wird, weil ich es im Fuß oder im Rücken nicht mehr halten kann, macht das keinen Sinn mehr, dann hören wir lieber auf, als etwas mit schlechter Ausführung durchzuziehen.“*

Gesund ist das alles nur bedingt. Sport zwar schon, Leistungssport aber nie. Und Zehnkampf schon mal gar nicht.

„Es gibt Dinge, die kannst du nicht beeinflussen, also klassische Unfälle, Verletzungen, die passieren einfach. Aber darüber hinaus musst du auch ein bisschen auf dich achtgeben. Kontinuierlich ordentlich durchtrainieren zu können, das ist immer wertvoller, als sich schnell hochzuziehen – und daraufhin wieder verletzt zu sein. Gerade im Zehnkampf mit den vielen technischen Disziplinen musst du schauen, dass du Kontinuität reinbekommst, dass du viele Wiederholungen in den Techniken machen kannst – aber eben nicht zu viele."

Zwar hat es Niklas Kaul dank des vorausschauenden Trainings geschafft, weitgehend unfallfrei durch seine bisherige Karriere zu navigieren. Doch auch er ist nicht vor Rückschlägen gefeit.

Das Fleisch ist schwach

Ellenbogen, Fuß, Nacken, wieder Fuß. Die Zahl der Verletzungen summiert sich, selbst bei einem mitdenkenden Athleten wie Niklas Kaul.

Im Juli 2020 erlitt er den ersten größeren Rückschlag. Kaul musste sich einer Ellenbogenoperation am rechten Arm unterziehen. Deshalb beendete er die Saison, bevor sie richtig begonnen hatte. Er konnte es in jenem Jahr verkraften, denn wegen der Coronapandemie war ohnehin der komplette Zeitplan obsolet geworden – die Olympischen Spiele als fixer Höhepunkt wurden auf das Jahr 2021 verschoben.

Die Schmerzen im Wurfarm waren drei Jahre zuvor erstmals aufgetreten. Allerdings nicht, weil Kaul eine schlechte

Technik angewandt hätte, sondern weil er sich nach einem Wurf mit den Händen auf dem Boden abfing. Dabei zog er sich den Riss eines Seitenbandes im Ellenbogen zu, der zunächst unentdeckt geblieben war, weil das kleine Band selbst im MRT kaum zu erkennen ist.

Kaul versuchte monatelang, den Ellenbogen durch gezielten Muskelaufbau zu entlasten, doch die Schmerzen blieben. Planmäßiges Speerwurftraining war für ihn deshalb nicht mehr möglich. Zu einem 79-Meter-Wurf bei der WM in Doha reichte es dennoch. Trotzdem weiß er um die Gefahr des frühzeitigen Verschleißes. Und da Speerwerfen seine Spezialdisziplin ist, konnte er sich nicht damit abfinden – und unterzog sich dem Eingriff an einem für ihn möglichst unverfänglichen Termin.

Zwar gibt es keinen guten Zeitpunkt für Verletzungen, aber 2020 war zumindest klar, dass Kaul keinen Terminstress wegen der Erlangung der Olympiaqualifikation bekommen würde. Die Operation war daher die sinnvollste Variante, zumal er zu jenem Zeitpunkt noch gut acht Jahre weiter Zehnkampf betreiben wollte, wie er damals sagte: bis zu den Olympischen Spielen 2028. Dass er sich 2020 nicht hätte operieren lassen, wenn die Spiele von Tokio pünktlich hätten stattfinden können, stand für ihn auch fest:

„Ein Wurf geht immer."

Doch als Olympia 2021 dann mit einem Jahr Verspätung durchgeführt werden konnte, kam Kaul gar nicht bis zum

Speerwerfen. Eine schmerzhafte Quetschung des Mittelfußes, die er sich beim Hochsprung zugezogen hatte, beendete seine Olympiaträume. Sein Anlauf hatte ihn zu nah an die Latte geführt, was er noch vor dem Sprung bemerkt hatte. Abgesprungen ist er dennoch, da sein innerer Gefahrenanalysator ausgefallen war.

Der 400-Meter-Lauf endete dann nach 280 Metern. Nichts ging mehr. Kaul wurde mit dem Rollstuhl aus dem Stadion geschoben. Nichts gerissen, keine Fraktur. Wenigstens das. Doch es war ein Schock. Zumal er nach den ersten vier Disziplinen bereits zwei Bestleistungen aufgestellt hatte. Doch „den Fuß verschleißen" bringt nichts, lautete sein Fazit. Und das Ziel Olympiamedaille? *„Muss ich mir dann wohl noch für Paris aufsparen"*, wie er sich damals sagte. 2024 wird Niklas Kaul 26 Jahre alt sein. Bestes Wettkampfalter.

Bei der WM 2023 in Budapest dachte Niklas Kaul schon wieder an Paris. Bis dahin glaubte er, seine Fußverletzung von Tokio stelle eine schmerzhafte Ausnahme dar. Doch dann unterlief ihm noch einmal das gleiche Malheur. Wieder war er im Hochsprung beim Anlauf zu nah an die Latte geraten, wieder hatte sich ein zu hoher Druck auf seinem Fuß aufgebaut – und wieder musste er den Wettkampf abbrechen.

> *„Ich habe beim Sprung über 1,99 Meter einen blöden technischen Fehler gemacht, von dem ich angenommen hatte, dass ich ihn in den vergangenen zwei Jahren in den Griff bekommen habe. Das war genau das, was nicht passieren durfte."*

Sein Vater hatte allerdings noch eine zweite Ursache für den Unfall ausgemacht: „Mondo." Der Bodenbelag. „Es ist zweimal schiefgegangen bei Niki, zweimal im Hochsprung, und zweimal war es der Mondobelag. Der ist sehr stumpf." Und stellt deshalb eine Gefahr für den Hochspringer Kaul dar. Die eigentliche Ursache, das weiß auch Michael Kaul: „Der Fuß steht nicht gut beim Absprung. Doch dann kommt es darauf an, wie sich der Boden verhält."

Weil die Kauls selbstredend keinen Einfluss darauf haben, welcher Belag bei den Olympischen Spielen in Paris verlegt wird, haben sie die Initiative anderweitig ergriffen. Niklas wechselte den Sprungfuß und wird in Paris mit links statt mit rechts abspringen, um aus dem alten Bewegungsmuster herauszukommen und die Gefahr einer abermaligen Verletzung zu vermeiden.

Immerhin hatte Niklas Kaul schon in Budapest insofern dazugelernt, dass er unmittelbar danach nicht mehr antrat, auch wenn es ein im doppelten Sinne schmerzhafter Entschluss gewesen war. Das Risiko, mit dem verletzten Fuß weiterzumachen, sei im Jahr vor den Olympischen Spielen nicht tragbar gewesen. Und in Budapest hätte er von sich selbst ohnehin keine Bestleistung mehr erwarten können.

„Es nutzt nichts, jetzt zu laufen, wenn man weiß, dass man morgen nicht richtig draufhauen kann. Denn beim Speerwerfen muss man draufhauen, sonst wird das nichts bei der WM."

Kaul wirkte gefasst, aber enttäuscht und verärgert über sich und seinen technischen Fehler, vor allem aber über seinen Körper, der nicht das aushielt, was er von ihm erwartet hat. Zuvor hatte er schon Schmerzen in der Hüfte gespürt, weil er beim Weitsprung falsch gelandet war. Doch das hätte man über Nacht wahrscheinlich hinbekommen. Den Fuß aber wohl nicht. Immerhin musste er diesmal nicht im Rollstuhl aus dem Stadion geschoben werden.

Dass er obendrein auch noch mit Corona infiziert war und auch deshalb in Budapest nicht ganz auf der Höhe seiner Leistungsfähigkeit, bemerkte er erst nach seiner Heimreise in Mainz.

Schmerzen als 11. Disziplin

„Voltaren war ein Grundnahrungsmittel", berichtet Christian Schenk über seine Zehnkampfzeit, in der das Motto galt: „Wenn du keinen Schmerz spürst, hast du zu wenig trainiert." Schenk war jede Woche 40 Stunden in den Übungen gefangen. „Wir müssen bekloppt gewesen sein."

Niklas Kaul trainiert 16 bis18 Stunden pro Woche. Und die prophylaktische Einnahme von Schmerzmitteln, wie es früher unter Zehnkämpfern Mode war, ist für ihn tabu.

Es gibt andere, krassere Beispiele. Michael Schrader, ein extrem begabter Athlet, der WM-Silber 2013 mit 8670 Punkten gewann, konnte alles. Nur nicht den Schmerz erkennen, der ein Signal ist.

Schrader gilt als Schmerzensmann unter den Zehnkämpfern. Einmal konnte er nach dem Stabhochspringen nicht mehr aufstehen. Saß auf einer Bank neben der Sprungmatte und kam einfach nicht mehr hoch. „Im Wettkampf hatte das Adrenalin die Schmerzen noch unterdrückt“, erinnert er sich. Deshalb habe er weitergemacht. Doch nach drei Fehlversuchen mit dem Stab war er ausgeschieden. Und da bahnte sich der Schmerz seinen Weg. Ende. Aus. Feierabend. Die Kollegen mussten ihn aus dem Stadion tragen.

Michael Schrader war als Zehnkämpfer ein Experte in der Disziplin namens Schmerzen unterdrücken. Meist hat er in seiner von großen Siegen und langen Zwangspausen geprägten Karriere zu lange weitergemacht und gegen den Schmerz gearbeitet. Bis es eben gar nicht mehr ging. Mit fatalen Folgen.

Sein Einstieg in die Welt der Zehnkämpfer ließ aufhorchen: Sieg in Götzis 2009 (8522 Punkte). Danach allerdings verpasste er die WM in Berlin wegen eines Ermüdungsbruchs. Die Pause entwickelte sich zu einer Geduldsprobe: Schrader fiel zweieinhalb Jahre aus. 2013 war er wieder topfit und ein Athlet der Weltklasse, er hatte sich aus seinem Tief herausgearbeitet und holte 8670 Punkte aus seinem Körper heraus, was bei der WM in Moskau zu Silber reichte. Was für ein Comeback. 2014 ging wieder nichts. Diesmal war seine Patellasehne entzündet. Aquajogging statt Handball, Fußball, Basketball oder Tennis. An Zehnkampf war erst recht nicht zu denken. Das ist hart für einen Menschen, der nachts nicht schlafen kann, wenn er nicht ausgepowert ist. „Am Tag nach einem Zehnkampf bin ich körperlich völlig am Ende“, sagte Schrader: „Aber vom Kopf her bin ich überglücklich.“ Bei der EM war er dann doch dabei: als Fernsehexperte.

Schrader trainierte, ohne Rücksicht auf seinen Körper zu nehmen. Irgendwann jedoch hatte er gelernt, sich und anderen gegenüber einzugestehen, wenn er irgendwo einen Schmerz verspürte. In diesen Fällen schritt sein Trainingspartner Rico Freimuth ein: „Ich sag ihm schon ab und zu, wenn es genug ist. Aber im Endeffekt muss er es selbst wissen."

Am Ende kam Pech dazu: Bei einem Trainingsunfall verletzte sich Michael Schrader im Januar 2016 schwer am linken Knie: Die Patellasehne, die Menisken, das Innen-, das Außen- und das vordere Kreuzband waren gerissen, der Schienbeinkopf abgebrochen. „Totalschaden", wie er sagte. Er kämpfte weiter verbissen gegen das Karriereende. Doch diesen Kampf verlor er. 2020 beendete er seine Laufbahn. Es ging nicht mehr.

Drogen und Doping

Um Schmerzen auszuhalten, ist die Einnahme von Schmerzmitteln im Profisport erlaubt. Leistungssteigernde Medikamente sind allerdings tabu. Doping gilt als Geißel des Sports, es ist weit verbreitet, obwohl es verboten ist, Substanzen zu sich zu nehmen, die auf der Dopingliste stehen, weil sie nachweislich die Leistung des einen auf Kosten des anderen – und der eigenen Gesundheit – verbessern helfen.

Mitte der 1970er-Jahre wurden im Leistungssport weltweit Dopingkontrollen eingeführt. Doch das Netz war und ist löchrig. Und es wurde und wird immer wieder umgangen. Im politischen Kampf der Systeme sahen die Politiker des Ostblocks den Leistungssport als eines der Mittel an, das eigene Image aufzupolieren und die Überlegenheit gegenüber dem Westen zu demonstrieren. Entsprechend ausgefeilt war die Vorgehensweise. In der DDR gab es von 1974 an systematisches Doping im Hochleistungssport, das wurde sogar in einem „Staatsplan“ festgeschrieben, er hatte die Ziffer 14.25.

Um in internationalen Wettkämpfen nicht nur zu bestehen, sondern möglichst zu gewinnen, erhielten Leistungssportler – bisweilen ohne ihr Wissen, was für einige eine willkommene Ausrede darstellte – Anabolika und andere leistungssteigernde Substanzen, die auf der Dopingliste standen. Das Mittel der Wahl in der DDR war das Produkt Oral-Turinabol, blaue Pillen, die den Athleten meist schon auf den jugendlichen Kaderschmieden ausgeteilt wurden, und zwar von Vertrauenspersonen, von Trainern und Ärzten. Auch Christian Schenk war Teil dieses Staatsplans, das bekennt er in seiner Autobiografie mit dem Titel *Riss*.

Es ist daher nicht verwunderlich, dass Schenk auch gut dreißig Jahre später immer noch und immer wieder auf seine Dopingvergangenheit angesprochen wird. „Die Frage ist: Was macht Doping aus?“, fragt er dann zurück – und stellt auch mit Verweis auf den zweiten, sauberen Teil seiner Karriere Anfang der 1990er-Jahre die These auf: „Es gibt keinen Beweis für die Wirksamkeit von Dopingmitteln.“

Er habe zu DDR-Zeiten aus „Hörigkeit“ gegenüber den Trainern und dem System mitgespielt und habe auch kein Unrechtsbewusstsein verspürt. „Heute“, sagt Schenk, „würde ich es nicht mehr machen.“ Allerdings belaste es ihn, wie mit ihm als geständigem Doper umgegangen werde: „Es ist schon komisch, dass du in dieser Gesellschaft die Wahrheit sagst und dafür angegriffen wirst.“

Selbstredend haben in einer Hochphase des Dopings ab den 1970er-Jahren auch Athleten aus dem Westen gedopt, das gilt nicht nur für den Westen Deutschlands. Es ging schlicht um eine Art der Chancengleichheit, nicht nur in athletischer, sondern auch in medizinischer Hinsicht. Dafür stehen die Berichte über systematisches Doping an der Freiburger Uniklinik, dem Dopingzentrum West des deutschen Sports.

Allerdings wurden sie nicht akribisch und systematisch dokumentiert, was die spätere Aufklärung erschwerte.

Es kursierten Parolen hinter vorgehaltener Hand, erinnert sich der frühere Zehnkämpfer Holger Schmidt – einer der wenigen westdeutschen Sportler, die ihr Dopingwissen und ihren Missbrauch öffentlich bekannten. In einem Zeitzeugeninterview mit den Forschern Gerhard Treutlein und Andreas Singler im Rahmen der Studie *Doping im Spitzensport* bekannte er Ende der 1990er Jahre seine Erfahrungen.

Schmidt, Jahrgang 1957, kam aus Gießen und betrieb seit 1975 Mehrkampf. Nach seinem Wechsel zum TV Wattenscheid wurde ihm dort 1979 erklärt, er könne seine Bestmarke mit leistungssteigernden Substanzen um bis zu 300 Punkte steigern. Damit wäre Schmidt, der zuvor deutscher Juniorenmeister war und knapp an die 8000-Punkte-Grenze herangekommen war, zur damaligen Zeit in die Weltelite vorgestoßen. „Da gabs kein Zögern“, erinnerte er sich.

Und er war nicht der Einzige. Der aus der DDR geflohene Trainer Peter Hunold hatte in Wattenscheid offenbar ein Grüppchen Sportler um sich geschart, die bereit waren, diesen Weg zu gehen, um ihre Leistungen zu verbessern. Allerdings hinter vorgehaltener Hand: „Offiziell hat keiner was genommen“, sagt Schmidt: „Das ist ganz klar.“ Auch war die Dosierung nicht wissenschaftlich untermauert. Schmidt erinnert sich, dass er nach der Einnahme bestimmter Mittel zwar den Diskus weiter werfen konnte, aber nicht mehr geschmeidig über die Hürden kam – seine körperliche Balance stimmte einfach nicht mehr.

Nach seinem Wechsel zum USC Mainz habe er auch dort Möglichkeiten gefunden, an Dopingmittel heranzukommen, die es offiziell nicht gab. Umschlagplatz soll ein Fitnessstudio gewesen sein, in dem auch Apotheker verkehrten.

Holger Schmidts Bestleistung datiert aus dem Jahr 1979, sie liegt bei 8079 Punkten. 1980 gehörte er zu den fünf besten westdeutschen Zehnkämpfern und machte sich Hoffnungen auf einen Startplatz bei den Olympischen Spielen von Moskau. Doch diese Ambitionen endeten mit dem Olympiaboykott.

Nach seiner aktiven Karriere blieb er dem Zehnkampf erhalten – als Trainer von Siggi Wentz, später betreute er auch Christian Schenk, und vor allem als Gründer des Zehnkampf-TEAMs, das sich dem dopingfreien Sport verschrieb.

Die größte Tragödie

Der Tod der Siebenkämpferin Birgit Dressel im April 1987 war ein Fanal. Die Sportstudentin starb im Alter von nur 26 Jahren an einem Multiorganversagen als Folge eines Kreislaufschocks, der durch massiven Medikamentenmissbrauch und eine exzessive Dopingpraxis ausgelöst worden war.

Dressel war seit 1981 Patientin des Sportmediziners Armin Klümper in Freiburg. Bei Ermittlungen nach ihrem Tod stellte sich heraus, dass sie bei dem Freiburger Sportmediziner in den letzten sechzehn Monaten ihres kurzen Lebens etwa 400 Spritzen erhalten hatte. Sie konsumierte unter anderem das anabole Steroid Megagrisevit sowie das vom Testosteron abgeleitete synthetische Anabolikum Stromba in Höchstdosierung. Klümper spritzte ihr fünfzehn verschiedene Arzneimittel, die schließlich zu einer Dauerimmunreaktion ihres Körpers führten.

Die Rekonstruktion ihres Todes offenbart Merkwürdigkeiten. Birgit Dressel hatte zwei Tage vor ihrem Tod nach dem Training beim USC Mainz über Schmerzen geklagt und sich an einen Arzt gewandt. Der verabreichte ihr Schmerzmittel, die aber keine Linderung brachten. Am nächsten Tag wurde die Dosis erhöht, doch die Schmerzen nahmen weiter zu. Am dritten Tag wurde die Athletin in die Uniklinik verlegt. Dort verlor sie das Bewusstsein, auch Bluttransfusionen und die verzweifelten Hilfsmaßnahmen eines siebenköpfigen Notfallteams auf der Intensivstation konnten sie nicht mehr retten.

Die Umstände von Birgit Dressels Tod wurden anschließend zwar detailliert aufgearbeitet, aber keiner der Verantwortlichen wurde zur Rechenschaft gezogen. Im Zuge der Dopingermittlungen kam Klümper lediglich in Bedrängnis. Der Freiburger beschuldigte vielmehr die Mainzer Ärzte, die Patientin falsch behandelt zu haben. Die wiederum hätten Dressel unter Umständen retten können, wenn sie von ihrer Dopingpraxis gewusst hätten.

Am Ende zeichneten alle mittelbar Beteiligten das Bild eines tragischen Einzelfalls. Die aus Bremen stammende

Birgit Dressel war zwar eine ehrgeizige Spitzenathletin, aber weit davon entfernt, als Topstar der Leichtathletik zu gelten. Sie wurde in ihrer kurzen Karriere viermal deutsche Meisterin, nahm an den Olympischen Spielen 1984 teil und belegte bei der EM 1986 den vierten Platz im Siebenkampf. Ihr Weg führte sie aber nicht in den Olymp, sondern auf den Mainzer Zentralfriedhof.

Dressels Tod sorgte für eine öffentliche Diskussion über den Dopingmissbrauch im Sport. Dressels Lebensgefährte Thomas Kohlbacher, zugleich ihr Trainer, gab keine Auskunft, ob er von der Dopingpraxis seiner Partnerin wusste. Er wird wissen, warum er schwieg.

No-Dope-Decathlon

Und dann kam die Wende. In den 1990er-Jahren sorgte der Verein Zehnkampf-TEAM mit seiner Selbstverpflichtung für Furore: Der „No-Dope-Decathlon" galt als Startpunkt einer neuen Zeit mit großen Zielen. Ausgehend von Mainz, mit Holger Schmidt und Christian Schenk als Protagonisten, den einstigen Dopingkonsumenten. Holger Schmidt hatte sich mittlerweile als Trainer von Siggi Wentz, dem EM-Dritten von 1986 in Stuttgart und WM-Zweiten von 1987 in Rom, einen Namen gemacht. Der Rostocker Christian Schenk schloss sich nach der Wende der Mainzer Trainingsgruppe an.

Unmittelbar nach der Wiedervereinigung der beiden deutschen Staaten herrschte allgemein eine große Unzufriedenheit bei den Zehnkämpfern. Es gab kein Miteinander zwischen den einstigen Blöcken. Zudem war keine Strategie zu erkennen, wie mit dem Dopingerbe des DDR-Sports umgegangen werden sollte, von einer Aufarbeitung des Westdopings war ohnehin keine Rede. Dahinter steckte womöglich kein Staatsplan. Aber eine Art Staatsgeheimnis war es auf jeden Fall.

Bundestrainer Claus Marek sollte abgelöst werden, was die Athleten aber verhindern wollten. Marek, Jahrgang 1954, hatte als Aktiver eine Bestleistung von 7962 Punkten vorzuweisen, er war bei den Olympischen Spielen von Montreal dabei, dort erreichte er Rang zehn. Seit 1983 war der Bochumer Bundestrainer, letztlich blieb er bis 2004 im Amt.

1990 gehörte er wie Wentz und Schmidt zu den Gründungsmitgliedern des Zehnkampf-TEAMs. Das Trio und seine Mitstreiter propagierten einen Neustart mit der Prämisse, dass es auch „clean" möglich sein sollte, Weltklasseleistungen zu erreichen. Siggi Wentz, der seinen letzten aktiven Zehnkampf bei der EM 1990 als Zwölfter beendete, blieb bis 1994 Präsident des Vereins. Holger Schmidt war der Geschäftsführer.

Bei einem Treffen in Bad Nauheim erlegten sich die Zehnkämpfer 1991 einen eigenen Ehrenkodex auf. Dazu gehörte, dass jeder Athlet mindestens für drei unangekündigte Dopingtests pro Saison zur Verfügung stehen sollte. Es wurde ein umfangreiches Handbuch entwickelt, in dem die Kontrollen eingetragen und abgestempelt wurden.

Zudem gaben die Sportler eine Ehrenerklärung ab, in der es hieß:

„Es wurde in den alten und neuen Bundesländern gedopt. Wir, auch die ehemals Schuldigen, verurteilen heute Dopingvergehen auf das Schärfste!“

Wer zum Zehnkampf-TEAM dazugehören wollte, musste eine Verpflichtungserklärung unterschreiben, nicht zu dopen und unangemeldete Kontrollen zuzulassen. Bei Verstößen sollten 3000 Dollar Strafe fällig sein.

Die Zehnkämpfer, durch die besonderen Anforderungen ihrer Disziplin ohnehin in einer herausgehobenen Position innerhalb der Leichtathletik, sahen sich als Avantgarde einer neuen, sauberen Sportbewegung. „Als Verein waren wir klein, schnell und handlungsfähig“, erinnert sich Schmidt.

Und er ist sich auch sicher, dass sich die Sportler an den Kodex hielten und die Athleten dennoch besser wurden. Als Kronzeuge dient Schmidt der Olympiasieger Schenk:

„Christian hatte in der DDR gedopt, seine Bestleistung erzielte er aber bei der WM 1993 in Stuttgart, bei der er Vierter wurde, mit 8500 Punkten – und zwar clean.“

Überprüfen lässt sich diese Behauptung gleichwohl nicht. Das Zehnkampf-TEAM gab sogar eine Vereinszeitung heraus, die Athleten traten mit eigenen Shirts an, die sie auch verkauften, und erregten mit ihren Maßnahmen erhebliche Aufmerksamkeit. Am Rande von Wettkämpfen wurde stets ein Weinstand aufgebaut, den ein Hausmeister der Mainzer Unihalle und Nebenerwerbswirt betrieb. „Wir hatten ein besonderes Standing, und wir standen zusammen“, sagt Schmidt.

Über den eigentlichen Leistungssportgedanken hinaus entwickelte das Zehnkampf-TEAM Ideen, die Königsdisziplin noch populärer zu vermarkten. Es wurde ein „Jedermann-Zehnkampf" initiiert, bei dem sich ambitionierte Hobbysportler zumindest für zwei Tage wie kleine Könige der Athleten fühlen konnten.

Das Zehnkampf-TEAM war angesichts seines revolutionären Charakters in Funktionärskreisen insgesamt nicht gut gelitten – bis der Tübinger Sportprofessor Helmut Digel den DLV-Vorsitz übernahm und die Chance erkannte, das Team mit seinen Antidopingaktivitäten zielführend in den Verband zu integrieren. „Er war clever und hat uns wieder integriert", erinnert sich Schmidt. Auch aus anderen Ländern bekam die Initiative viel Zuspruch. Zu einem internationalen Zusammenschluss ist es aber nie gekommen.

Selbstverantwortung gefragt

„Man kann im Zehnkampf Welt- und Europameister werden, ohne zu dopen", sagt Niklas Kaul über Niklas Kaul.

Aber er ist nicht naiv.

> *„Ich glaube, es ist eine Illusion zu sagen, dass Sport clean ist. Sonst bräuchten wir weder die Nationale Anti Doping Agentur, die NADA, noch die Welt Anti-Doping Agentur, die WADA. Dann hätten wir auch keine positiven Dopingkontrollen."*

Kaul empfindet den Generalverdacht gegenüber Sportlern als schade, weiß aber auch, woher das Misstrauen stammt.

„Das Problem ist: Alles, was man sagen kann, haben auch Leute, die dann später positiv getestet wurden und gedopt waren, vorher genauso gesagt."

Das Problem liegt auf der Hand:

„Warum soll man dem einen glauben, wenn ein anderer, der es so ähnlich formuliert hat, dann als Doper überführt wurde?"

Kaul kann nicht mehr tun, als sich ganz klar gegen Doping auszusprechen und diese Aussage zusätzlich klar auf sich zu beziehen:

„Ich habe nie gedopt. Ich bin in meiner Sportlerkarriere allerdings auch noch nie mit Dopingsubstanzen in Berührung gekommen. Ich habe aber auch den Vorteil, dass ich in einem Umfeld groß geworden bin, in dem das nie eine Rolle gespielt hat."

Und weil Niklas Kaul an das Gute im Menschen glaubt, spricht er sich auch für seine unmittelbaren Konkurrenten aus:

„Ich bin mir relativ sicher, dass im deutschen Zehnkampf Doping kein Thema ist. Und eigentlich kann ich für alle, die ich persönlich kenne, die Hand ins Feuer legen."

Die Dopinghochphasen aus den Zeiten des Kalten Krieges, der auch auf den Sportplätzen ausgetragen wurde, kennt

Kaul als Sportstudent durchaus. Seine Quintessenz bezüglich der damaligen Sportler:

„Du musst ein bisschen aufpassen mit Verurteilungen. Ich glaube, die Aufklärung bezüglich des Dopings im Sport war damals anders. Im Westen war es meiner Meinung nach nicht systematisch. Es war eine andere Zeit, und viele konnten auch gar nichts dafür. Meiner Meinung nach war es so, dass die einzelnen Sportler nicht immer nur die Täter waren, sondern auch Opfer des Systems. Aber es war, zwanzig Jahre bevor ich geboren wurde."

Was sich seit dieser Zeit in den 1970er- und 1980er-Jahren geändert hat?

„Dass es eine deutlich frühere technische Ausbildung im Sport gibt. Dass es eine deutliche Professionalisierung gibt, dass Training besser angepasst wird an die Einzelperson, weil es großartige sportwissenschaftliche Fortschritte gab."

Und dass der Verdacht noch immer mitläuft.

„Natürlich kann Doping ein Thema sein in einem Sport, bei dem es am Ende darum geht, wer am besten 1500 Meter laufen kann. Und wer über die beiden Tage am besten regeneriert. Zehnkampf ist eine Disziplin, bei der Doping durchaus Sinn ergibt – wie bei allen Ausdauersportarten."

Der alles entscheidende Punkt für Niklas Kaul ist, dass der Sport zwar einen wichtigen Teil seines Lebens darstellt, aber nicht alles ist.

> *„Wir nehmen jetzt mal den moralischen Aspekt heraus – nebenbei ist Doping ja mittlerweile auch strafbar. Aber es ist ja auch Selbstverantwortung gefragt, weil man nicht weiß, was man seinem Körper damit antut. Es gibt sicher Menschen, die gedopt haben, denen es gut geht, während es andere gibt, die mit den Folgen zu kämpfen haben oder sogar gestorben sind. Was möchte man für sich? Ist man bereit, für diese paar Jahre, die man Hochleistungssport treiben kann, ganz schwere Folgen in Kauf zu nehmen – zusätzlich zu der Tatsache, dass es strafbar und moralisch verwerflich ist?“*

Risiken und Nebenwirkungen

Christian Schenk erkrankte 2009 an einer bipolaren Störung. Er weiß es nicht, schließt es aber auch nicht aus, dass die Erkrankung eine Folge seines *Medikamentenmissbrauchs war.*

> *„Du wirst langsamer. Du wirst schwerfällig. Du wirst passiv. Du willst auf einmal nicht mehr mit Menschen sprechen. Ich habe mich immer auf den Boden gelegt und nichts gemacht, oder in die Badewanne, um Wärme zu spüren. Es war wie ein Burn-out, ich spürte totale Erschöpfung. Wenn dieses Gefühl noch durch etwas getriggert wird, wird es ernst. Bei mir war es der Tod meiner Mutter und dann*

der Anschlag von Anis Amri auf den Weihnachtsmarkt in Berlin 2016. Danach musste mir geholfen werden."

Christian Schenk verbrachte in mehreren Etappen fast drei Jahre in Kliniken. Die Behandlung dort, aber auch die Liebe seines Sohnes und die Fürsorge von zwei Freunden halfen ihm, durch diese schwere Zeit zu kommen. Inzwischen kann er offen über diese dunkle Zeit in seinem Leben sprechen.

„Ich bin so. Weil ich ja merke, dass viele das Problem haben und nicht wissen, wie sie aus ihrer seelischen Krise herausfinden können. Deshalb habe ich mein Buch geschrieben. Und ich schreibe noch ein zweites dazu. Weil es so viele Leute betrifft. Ich glaube schon, dass ich Menschen mit meinen Erfahrungen eine Hilfe sein kann. Allgemein gesprochen nennt man das ‚positive Verstärkung'. Das bedeutet, man sollte etwas beginnen, das man vor der Krankheit gut konnte."

Das kann Musik sein, Malerei oder eben Bewegung. Bei Christian Schenk war es der Sport, der ihn wieder auf die Beine brachte. Er begann auf einem niedrigen Level, um am nächsten Tag zu merken: „Es klappt besser als gestern." Am dritten Tag stellte er fest: „Es ist besser als gestern und vorgestern."

Schenk half beides aus seiner Krise, die medizinisch-therapeutische Versorgung und der Wille, selbst an sich zu arbeiten.

„Wenn du mal den Oscar im Sport gewinnst, möchtest du danach noch mal den Oscar gewinnen. Bloß nicht mehr im Sport, weil du ja zu alt bist. Bei mir war es Eventmarketing oder Sportmarketing oder Medien. Ich hatte aber vergessen, dass ich, um Olympiasieger im Zehnkampf zu werden, mit vier Jahren angefangen hatte und mit 23 erfolgreich war. Ich habe 19 Jahre gebraucht. Und dann wollte ich alles in drei, vier Jahren erreichen. Ich hatte mein Hirn abgeschaltet. Weil ich immer den Anspruch an das Höchste hatte, bin ich daran kaputt gegangen und auch krank geworden."

Hohe Ziele

Es ist eine magische Grenze, eine plakative Zahl, um das Besondere herauszustellen, gleichzeitig unvorstellbar hoch: 8000. Diese Marke gilt beim Zehnkampf wie beim Bergsteigen als das besondere Maß: Was für Alpinisten die Bezwingung von Mount Everest, K2, Lhotse, Nanga Parbat oder Annapurna ist, sind beim Zehnkampf die Leistungen von Kratschmer, Hingsen, Thompson, O'Brien, Dvořák & Co. mit der magischen Punktzahl jenseits der 8000.

Ein entscheidender Unterschied ist allerdings zu bedenken – es gibt zwar nur vierzehn Berge, die höher als 8000 Meter über den Meeresspiegel hinausragen, aber alljährlich Hunderte Versuche, sie zu bezwingen. Bis Ende 2018 haben es laut offizieller Statistik 8400 Menschen auf den höchsten Berg der Welt geschafft, bis heute dürfte die 10 000er-Grenze überschritten worden sein. Fragwürdiger Rekordtag war der 23. Mai 2010, als in Summe 169 Menschen auf dem Gipfel standen. Im Jahr 2023 erhielten 478 ausländische Bergsteiger von der nepalesischen Regierung für 11 000 Dollar Gebühr die Erlaubnis, den Mount Everest zu besteigen – die begleitenden Sherpas nicht mitgerechnet.

Dagegen ist der Klub der 8000er im Zehnkampf ein wirklich exklusiver Kreis. Bis Ende der Saison 2023 haben es nach der derzeit gültigen Punktetabelle gerade mal 460 Leichtathleten geschafft, einen Zehnkampf mit mehr als 8000 Punkten zu absolvieren. Und jeder Einzelne hat das aus eigener Kraft geschafft.

Gerade mal vier Athleten konnten sogar noch eine weitere Schwelle überwinden: Der Tscheche Roman Šebrle war am 27. Mai 2001 der Erste – er knackte beim Meeting in Götzis die Traumgrenze II und kam als erster Mensch über 9000 Punkte. Exakt waren es 9026 Punkte – ein Quantensprung war geglückt. Mit großem zeitlichem Abstand schafften es danach nur noch der Amerikaner Ashton Eaton (9045) bei seinem WM-Erfolg in Peking 2015, der Kanadier Damian Warner (9018) bei seinem Olympiasieg von Tokio 2021 sowie der Franzose Kevin Mayer, die 9000er-Marke zu übertreffen. Mayer setzte beim Meeting in Talence im September 2018 mit 9126 Punkten das bislang gültige Maß – sein Weltrekord steht weiterhin.

Klub der 8000er

Unter den 460 Zehnkämpfern, die es weltweit geschafft haben, 8000 Punkte zu übertreffen, sind 85 Deutsche, was die besondere Bedeutung der Sportart hierzulande verdeutlicht.

Entsprechend nennt sich das deutsche „Zehnkampf-TEAM mittlerweile auch „Klub der 8000er“. „Die Schallmauer hat sich nicht verschoben“, sagt Paul Meier, Bestleistung 8548 Punkte, der seit 2005 Präsident des Zehnkampf-TEAMs ist.

Für Meier, Jahrgang 1971, der sein Topergebnis 1993 bei der WM in Stuttgart erzielte, als er die Bronzemedaille gewann, gilt damals wie heute der besondere Spirit der Zehnkämpfer als das entscheidende Kriterium seiner Disziplin: „Es gibt nur wenige Sportarten, in denen es wirklich möglich ist, sich für den Mitbewerber mitzufreuen.“ Dadurch, dass man einen Zehnkampf zwei Tage lang gemeinsam bestreitet, habe man ein intensiveres Erlebnis als bei anderen Disziplinen. Man kämpft gegeneinander, man leidet miteinander – und man freut sich zusammen.

„Alle gratulieren sich gegenseitig im Ziel und es ist immer der gleiche Dreiklang der Gedanken und Gefühle“, sagt Meier, der bei seinen „Nachfolgern“ noch immer die gleichen Emotionen spürt wie zu seiner aktiven Zeit: „Erstes Kriterium: Geschafft! Dann erst kommt die Frage: Welche Punktzahl? Und schließlich die Platzierung.“

Nach Meiers Beobachtung steht am Ende des Wettkampfs angesichts der Vielzahl der Anforderungen sowie der Schwellen und Stolperfallen, die es zu überwinden gilt, niemals ein Zufallsgewinner ganz oben auf dem Podest – oder einer, der „nur Glück gehabt“ hat: „Es gibt keinen unverdienten Zehnkampfsieger.“

Auch deshalb zeichne den Typus des Zehnkämpfers der respektvolle Umgang untereinander aus: „Das heißt aber nicht, dass man nicht gegeneinander kämpfen kann.“

Große verbandspolitische Kämpfe hat das Team nicht mehr zu bestreiten. Die Reibungspunkte der Anfangsjahre sind abgeschliffen. Der vom Zehnkampf-TEAM offensiv propagierte Antidopingkampf gehört längst zum System.

Stattdessen betreibt der 8000er-Klub ein Mentorsystem für nachfolgende, talentierte Athleten. „Wir dürfen die zweite Reihe nicht vernachlässigen", sagt Meier.

Thorpe-Cup

Um seine Ambitionen in der Nachwuchsförderung zu verdeutlichen, richtet das Zehnkampf-TEAM seit 30 Jahren alljährlich den Thorpe-Cup aus. Das ist ein Ländervergleich zwischen Mehrkämpfern aus den USA und Deutschland – der abwechselnd in beiden Nationen durchgeführt wird. Startberechtigt sind jeweils sieben Athleten, die nicht zu den Top Drei des Jahres gehören und somit nicht bei EM, WM oder Olympia antreten können.

Neben der Einzelwertung wird noch ein Teamresultat errechnet, in das die jeweils fünf besten Ergebnisse einfließen. „Wir haben jedes Jahr mindestens fünfzehn Athleten, die sich Hoffnungen auf einen Startplatz machen", sagt Meier. Der Thorpe-Cup ist ein wichtiger Baustein für die zweite Reihe der Zehnkämpfer.

Initiiert wurde der Vergleichskampf außer durch das Zehnkampf-TEAM auch von Claus Marek und dem damaligen amerikanischen Teamtrainer Harry Marra. Ursprünglich beschränkte er sich auf den Zehnkampf, seit 2006 gehört auch der Siebenkampf der Frauen zum festen Repertoire. 2007 wurde der Wettbewerb nach Jim Thorpe benannt, dem ersten Olympiasieger im Zehnkampf.

Aufstieg und Fall

Jim Thorpe wurde bei der Rückkehr der amerikanischen Olympiamannschaft von Stockholm nach New York 1912 mit einer großen Konfettiparade auf dem Broadway gefeiert. „Ich hörte Leute meinen Namen schreien, und ich konnte nicht glauben, dass ein Kerl so viele Freunde haben kann", schrieb er in seinen Erinnerungen. Er war auf dem Höhepunkt seines Lebens angekommen.

Doch seine Erfolge wurden dem Zehnkampfolympiasieger auch geneidet. Nationalistisch gesinnte Amerikaner konnten es nicht ertragen, dass „ein Indianer" zum neuen Sportidol ihres Landes aufgestiegen war. Schließlich deckten Rechercheure auf, dass Thorpe 1909 in unterklassigen Baseballteams gespielt und pro Woche 25 Dollar dafür erhalten hatte.

Die Amateurstatuten waren damals streng. Und obwohl Thorpe nicht leugnete, für Geld Sport getrieben zu haben, und um Milde bat, erwirkte der amerikanische Sportfunktionär James Sullivan, dass ihm sämtliche Leichtathletikrekorde und Medaillen aberkannt wurden.

Der „größte Athlet der Welt", der in seinem ganzen Leben einen einzigen Zehnkampf bestritten hatte, machte aus der Not eine Tugend, die auf seiner Vielseitigkeit basierte. Er wurde nun tatsächlich Baseballprofi bei den New York Giants. Zudem spielte er hochklassig Basketball und American Football.

Doch das Leben neben dem Sport fiel ihm schwer. Thorpe musste sich nach seiner Karriere mit Gelegenheitsjobs über Wasser halten, auch als Statist in Hollywood. In Western wurde er zumeist als Indianerhäuptling besetzt. Er war dreimal verheiratet und zeugte acht Kinder. Später verfiel er zunehmend dem Alkohol, erkrankte an Krebs und starb 1953 im Alter von 65 Jahren verarmt an den Folgen eines Herzinfarkts.

Nach seinem Tod vollzog sich eine erstaunliche Wende. Thorpe tauchte wieder im Bewusstsein der Amerikaner auf, vergessen jedenfalls wurde er nicht. Zunächst benannte sich eine Kleinstadt in Pennsylvania nach ihm. Die Orte Mauch Chunk und East Mauch Chunk fusionierten, nannten die neu entstandene Gemeinde Jim Thorpe und verfolgten die Idee, mit dem neuen Ortsnamen den Tourismus anzukurbeln.

Erst dreißig Jahre nach seinem Tod wurde der fabelhafte Sportler Jim Thorpe halbwegs rehabilitiert, seitdem wurde er als Mitsieger des Zehnkampfs von 1912 neben dem eigentlich zweitplatzierten Schweden Hugo Wieslander geführt. Es dauerte aber noch bis 2022, ehe das IOC Thorpe zum alleinigen Olympiasieger erklärte.

Wertschätzung

Der von hehren Zielen eines Sportsgeistes geprägte, in seiner Konsequenz aber verlogene antiquierte Amateurstatus für Spitzensportler spielt heutzutage keine Rolle mehr. Profitum im Sport ist eine normale Alltäglichkeit.

Der Gedanke, dass Sport nur als Freizeitvergnügen, nicht aber als Beruf ausgeübt werden soll, entstammte einer Schicht finanziell unabhängiger junger Athleten, denen es lediglich darauf ankam, sich in Wettkämpfen zu messen. Die britische Upperclass, letztlich Erfinder des modernen Sports, wollte sich durch dieses Reglement die Konkurrenz aus der

Arbeiterschaft fernhalten. Daraus entwickelte sich das Ideal eines Amateursportlers, wobei die Bezeichnung „amateur" im Französischen für jemanden steht, der einer Tätigkeit aus Liebhaberei nachgeht, was den Sinn hinter dieser Ideologie wohl am besten erklärt.

Langfristig hatte diese elitäre Einstellung aber keine Chance, weil Sport sich zu einer gigantischen Unterhaltungsindustrie entwickelte, deren Stars, Schauspielern ähnlich, als Hauptattraktion auch den entsprechenden Lohn für ihre Auftritte erhielten. Heute sprechen wir von Kommerzialisierung.

Vor allem Großereignisse wie Fußballweltmeisterschaften oder Olympische Sommerspiele verwandelten den Sport in einen Zirkus für Sensationen – aber auch in einen großen Marktplatz.

Wie auch heute begann es bei der Ausrüstung der Athleten mit Sportschuhen und Kleidung. Dazu kommen Sponsorenverträge und schließlich Leistungsprämien von Vereinen, Verbänden oder auch kommerziellen Unternehmen.

Der Kalte Krieg zwischen dem Ostblock und den westlichen Alliierten, der in den 1970er-Jahren die Welt in zwei Blöcke teilte, sorgte auch für eine Spaltung des Sports in zwei Systeme, gerade in der Leichtathletik. Hier die „Hobbyathleten" aus dem Westen, die sich häufig als Studenten auf ihre Zukunft nach dem Sport vorbereiteten, dort die „Staatsamateure" des Ostens, die zumeist dem Militär dienten, angeblich aber nicht gegen Zulassungsregel 26 verstießen, wonach ein Olympionike kein Geld mit seinem Sport verdienen durfte. Doch das stimmte nicht. Sie waren Vollprofis.

Sebastian Coe, der heutige Präsident des internationalen Leichtathletikverbandes World Athletic (WA), erinnerte einmal daran, dass er 1979 – kurz nachdem er drei Weltrekorde über die Mittelstrecken gelaufen war – auf Jobsuche gehen musste. Der spätere 1500-Meter-Olympiasieger von 1980 und 1984 hatte damals gerade sein Studium der Wirtschaftswissenschaften und der Sozialgeschichte beendet.

Erst unter dem katalanischen IOC-Präsidenten Juan Antonio Samaranch, der von 1980 bis 2001 an der Spitze des IOC stand, wurde der Amateurstatus bei Olympischen Spielen abgeschafft, Profisportler wurden zugelassen. Nur so konnte es Samaranch gelingen, hoch kommerzialisierte Sportarten wie Tennis von 1988 an wieder ins Programm zu heben, deren Protagonisten längst Vollprofis waren und bestens vermarktet wurden.

Auch die Leichtathletik als Kernsportart der Olympischen Spiele profitierte von der ökonomischen Öffnung – auch wenn längst nicht alle Leichtathleten nach ihrer Laufbahn finanziell ausgesorgt haben.

Ein weiterer Zweig der Wertschätzung des Sports und seiner Protagonisten beruht nicht auf ihren finanziellen Möglichkeiten, sondern auf dem Ruf, den sie innerhalb der Gesellschaft genießen. Einer Umfrage der Stiftung Deutsche Sporthilfe zufolge gelten Spitzenathleten als Role-Models für Leistungsbereitschaft, aber auch für Fair Play, Vielfalt und ein strukturiertes Miteinander.

Niklas Kaul betrachtet sich selbst zwar nicht als das große Vorbild, erkennt zugleich aber an, dass es für Nachwuchssportler eine große Motivation darstellt, erfolgreichen

Sportlern nachzueifern. Er erinnert sich noch lebhaft an das „Wintermärchen" 2007, das eine Woche vor seinem neunten Geburtstag mit dem WM-Titel für die deutsche Handballnationalmannschaft endete: *„Danach hatte ich extrem viel Lust auf Handball."*

Aus seiner heutigen Position erkennt Kaul in Bezug auf die Wertschätzung allerdings ein Problem durch die mediale Begleitung des Sports – und einer Betrachtungsweise, die allzu oft nur schwarz oder weiß kennt. Gerade die deutschen Leichtathleten, die es schwer haben, sich gegen internationale Konkurrenz durchzusetzen, werden seiner Meinung nach hart kritisiert. Nach der medaillenlos verlaufenen WM in Budapest mahnte Kaul an, dass es Athleten hart treffe, wenn sie als Versager beschrieben werden, weil sie in der Qualifikation zu einem Endlauf scheiterten – obwohl sie dann immer noch in ihrer Disziplin zu den besten 24 Menschen der Welt gehörten: „Da fehlt mir die gesunde Einordnung", mahnt Kaul an. *„Sie würde helfen, die Athleten bei der Stange zu halten. Es wäre viel wichtiger, das Positive des Sports herauszustellen. Dazu gehört, dass man begreift, dass Sport neben Fair-Play-Werten auch gesundheitliche Aspekte beinhaltet."* Stelle man eine Kosten-Nutzen-Rechnung auf, könnte man eine gesündere Gesellschaft erreichen, wenn es gelänge, mehr Menschen durch sportliche Vorbilder dazu zu animieren, sich selbst zu bewegen.

Das Problem dabei: Deutschland hat massiven Nachholbedarf bei der Infrastruktur von Sportstätten. Viele Hallen und Sportplätze sind veraltet, ein neuer „goldener Plan" für den Ausbau der Sportstätten, so wie er einst zwischen

1960 und 1975 umgesetzt wurde, wäre in dieser Hinsicht hilfreich.

„Wir brauchen mehr Geld", sagt Kaul über den Sport als Gesamtsystem, was nicht nur den Bereich der Steine, sondern auch der Beine und Köpfe meint – oder übersetzt: Es muss mehr in die Ausbildung von Trainern investiert werden. *„Wir haben zu wenig Trainer für die Anzahl der Menschen, die Sport treiben wollen."* Im Freizeitbereich wird das immer noch hauptsächlich im Ehrenamt aufgefangen. Doch selbst im Spitzensektor basieren die Strukturen immer noch und erstaunlicherweise auf Zufälligkeiten – wofür Niklas Kaul mit seinen ihn trainierenden Eltern selbst das beste Beispiel ist.

Doch auch wenn das Modell Kaul bestens funktioniert, eine Blaupause für andere Athleten kann es nicht sein. *„Hoch motivierte Menschen brauchen Sicherheit, nur dann können sie professionell arbeiten."*

Dass es in der deutschen Leichtathletik ausreichend viele Talente gibt, lässt sich alle Jahre wieder am Medaillenspiegel von Jugendmeisterschaften ablesen. Der Übergang in den Bereich der Erwachsenen ist der entscheidende Wendepunkt: *„Da verlieren wir ganz viele Talente. Deutschland schafft es nicht, seine Nachwuchsathleten herüberzuretten."*

Gute Zeiten

> *„Natürlich hast du deine Lieblingsorte. Bei mir ist es Götzis. Auch wenn es da bisher noch keinen Zehnkampf gab, bei dem ich richtig gut war. Aber es ist einfach das schönste Meeting, das ich kenne."*

„Celebrate good times!“ schallt über die Sportanlage Mösle. Ein Evergreen von Kool and the Gang. *Celebration* – das ist der Sound aus den 1980ern, und er passt perfekt hierher. Gute Zeiten werden in Götzis traditionell gefeiert. Und auch große Höhen und erstaunliche Weiten. Schon seit 1975 lockt das Mehrkampfmeeting die Weltelite in die beschauliche Marktgemeinde im österreichischen Vorarlberg: „Come on!“ Götzis ist längst ein Synonym für Mehrkampf, ein Eldorado für Athleten, die ihre Bestleistung verbessern wollen. 12 000 Einwohner hat Götzis, und manche Zehnkämpfer sind dort eine Art Ehrenbürger, Daley Thompson etwa oder Roman Šebrle, zwei der großen Champions ihres Sports.

Angefangen hatte alles mit der fixen Idee, dass auch auf dem Dorf Hochleistungssport angeboten werden kann. Dafür allerdings ist eine moderne Tartanbahn die zwingende Voraussetzung. Konrad Lerch, heute 83 Jahre alt, erinnert sich mit einem versonnenen Lächeln, wie er und seine Mitstreiter die zuständigen Ämter in der Bundesrepublik Österreich Anfang der 1970er-Jahre davon überzeugten, Geld in die Hand zu nehmen und es in die Sportanlage zu investieren. Um etwas Großes aufzubauen.

Beim ersten Mehrkampfmeeting – neben dem Zehnkampf der Männer gab es von Anfang an den Fünfkampf der Frauen, der später in den Siebenkampf überging – regnete es zwei Tage lang durch, und im Etat klaffte danach ein dickes Loch. Dennoch war ein gewisses Feuer entfacht, eine Leidenschaft geboren. Lerch und seine Mehrkampffreunde machten weiter. Thompson stellte hier zwei Weltrekorde auf. Und als Šebrle 2001 die mythische Grenze von 9000 Punkten überbot, hier in Götzis, in der Provinz, als erster Zehnkämpfer überhaupt, fühlte es sich für die Stadionsprecher Wolfgang Berchtold und Christian Urban an „wie die Mondlandung".

Šebrle ist dem Meeting noch immer verbunden und auch 2023 wieder da, als Trainer von Ondřej Kopecký. Auch Christian Schenk schaut vorbei. Er hatte das Gefühl, erst dann ein „richtiger Zehnkämpfer" zu sein, wenn er auch in Götzis gewonnen hat. Das gelang ihm 1990. 33 Jahre später staunt er wie viele andere Zuschauer über die Höhe, die er einst übersprungen hat – 2,27 Meter. Auch das geschah hier in Götzis, die Lattenmarke ist anschaulich aufgebaut und dient als beliebtes Fotomotiv.

Bei den Zehnkämpfern war Damian Warner jahrelang der Mann, an dem sich die Konkurrenz orientierte. Der 33-jährige Kanadier macht keine Bewegung zu viel, ruht in sich, agiert eher zurückhaltend. In diesem Sommer wird der Olympiasieger mit 8619 Punkten Zweiter hinter seinem sechs Jahre jüngeren Landsmann Pierce LePage (8700 Punkte), der später im Jahr Weltmeister werden sollte – abermals vor Warner – und einen völlig anderen Typ verkörpert: LePage ist ein schlanker 2-Meter-Mann, der sehr lässig auftritt.

Der Zirkus in Götzis stützt sich derzeit auf einen Etat von 800 000 Euro. 29 Zehnkämpfer und 27 Siebenkämpferinnen aus insgesamt 23 Nationen sind 2023 mit ihren Darbietungen Teil der Manege. Knapp 15 000 Zuschauer schauen ihnen dabei an beiden Tagen zu. Sie kommen mit Campingstühlen und Sonnenschirmen, und sie kennen sich aus. Die Betonung von „Sportfest" liegt auf der zweiten Silbe: „Celebrate good times!"

Denn Mehrkampf braucht viel Zeit. Es wird kein atemberaubendes „Schneller, Höher, Weiter" als Dauerfeuer geboten, sondern Genuss mit Pausen zum Verdauen zwischen den Disziplinen. 450 freiwillige Helfer sorgen dafür, dass der Ablauf hinter den Kulissen funktioniert. Wenn im Stadion etwas passiert, sind die Zuschauer mit vollem Elan dabei, stehen in Zwanzigerreihen auf den begrünten Anhöhen, um den besten Blick auf das Geschehen zu erhalten. Sie feuern an und honorieren jede Leistung, unabhängig von der Nationalität der Athleten.

Matratzenlager

„Es war großartig und ein Meilenstein in meinem Leben, Olympiasieger im Zehnkampf zu werden", sagt Christian Schenk, „aber als Zehnkämpfer muss man auch einmal Götzis gewonnen haben." Erst als er das geschafft hatte, erschien ihm seine Karriere abgerundet. Schenk ist immer noch begeistert, wenn er an Götzis denkt, die Stimmung, das Ambiente, die Umgebung: „Es ist für mich das absolute Meetingmekka."

Ihm gefällt es, dass die Athleten nahbar sind, der Sportplatz Patina hat und provinziell wirkt. Begrünte Hügel bilden auf drei Seiten die Tribünen, auf denen sich die Zuschauer nach Belieben bewegen können. Je nachdem wo sich die Athleten gerade befinden: ob beim Hochsprung rechts von der Haupttribüne aus gesehen oder beim Kugelstoßen auf der linken Seite.

Den einzigen markanten Unterschied, den Schenk bei seinem Besuch 2023 erkennt, sind die Unterkünfte für die

Athleten. Das Athletenhotel entspricht modernstem Standard. „Wir haben früher im Landschulheim gewohnt. Dort haben wir die Matratzen auf den Boden gelegt, weil die Kastenbetten hatten, und wir waren zu groß, um darin zu schlafen."

Wolfgang Berchtold: „Das Meeting und ich"

Er hat keine Rekorde gebrochen und keine Medaillen gewonnen. Dennoch gilt Wolfgang Berchtold in Österreich als „Mister Zehnkampf" oder auch als Stimme des Mehrkampfmeetings.

Berchtold, 1955 in Dornbirn geboren, aufgewachsen in Götzis, ist bis heute der einzige Einheimische, der an dem legendären Meeting teilnehmen konnte – und das gleich dreimal. 1976 erreichte er mit 6850 Punkten Rang 22. Im Jahr darauf steigerte er sich auf 7048 Punkte und belegte den 13. Platz. 1978 kam er noch einmal auf den 24. Platz (6770 Punkte).

Bei seinem besten Zehnkampf wäre ihm die Nähe zu seiner Heimat beinahe zum Verhängnis geworden. Am zweiten Tag wollte er sich zwischendurch zu Hause ausruhen – und bekam dadurch die vorverlegte Anfangszeit im Stabhochsprung nicht mit. Kaum zurück im Stadion, musste er zu seinem ersten Versuch über 3,50 Meter antreten. Von 1983 an wurde Berchtold als Stadionsprecher zur Stimme von Götzis. Eine Marke wurde er auch über seinen Sport hinaus: als Trainer, Lehrer, Politiker und Autor. Ein typischer Zehnkämpfer auch im Leben.

Wie fühlt es sich an, als einheimischer Athlet in Götzis dabei gewesen zu sein?
Für mich ist es schon was Spezielles, weil ich bin bis heute der einzige Götzner, der jemals mitgemacht hat. Darauf wird man immer wieder angesprochen. Es ist ein bisserl was Besonderes in unserem Ort. Das Meeting und ich sind eine Verbindung eingegangen. Danach war ich ungefähr dreißig Jahre lang Stadionsprecher und wurde zur Stimme des Zehnkampfs.

War es als junger Athlet ein Ritterschlag, in Götzis mitmachen zu dürfen?
Damals war ich sehr in die Zukunft orientiert. Und als junger Athlet hatte ich die Perspektive nach oben. Da war das ein logischer Schritt, mitzumachen.

Wie haben Sie Ihre Zeit als Athlet in Götzis wahrgenommen?
Als Lokalmatador steht man besonders unter Beobachtung. Und war natürlich ein bisschen nervöser als sonst. Mein bester Platz war der dreizehnte – und das ist immer noch der beste Platz eines Vorarlbergers in 48 Jahren. Ich hatte über 7000 Punkte zusammengesammelt. Mein Handicap war, dass ich erst spät zum Zehnkampf gekommen war. Ich war zwar sprintstark und schnell, aber die Techniken müsste man im Alter zwischen zehn und vierzehn Jahren lernen und nicht erst mit sechzehn, siebzehn wie ich. Das wirkt sich natürlich aus.

Hat das Meeting einen Teil Ihres Lebens bestimmt?
Ganz sicher. Das war ein markanter Baustein meiner Existenz. Ich war Trainer – ich hatte Sport und Deutsch studiert – und

war dann auch Sportfunktionär, habe den größten Leichtathletikverein als Präsident übernommen. Im Verband war ich Pressesprecher und Lehrwart. Also die Leichtathletik war schon ein bedeutender Baustein in meinem Leben, und da spielt natürlich das Meeting eine entscheidende Rolle.

Kann man sagen, dass Götzis als Ort darüber definiert wird, dass es dieses Meeting gibt?
Unbedingt. Götzis erkennt man in Österreich und in Europa in erster Linie wegen des Meetings. Wenn man „Götzis" sagt und jemand ein bisserl Sportaffin ist, folgt sofort: „Mehrkampfmeeting." Es ist sicher das Hauptmerkmal der Marktgemeinde Götzis.

Und diese Grundvoraussetzung, um Zehnkämpfer zu sein, diese Vielseitigkeit, nutzt einem das auch im richtigen Leben?
Das ist eine These von mir: Nicht Spezialisierung, sondern Generalisierung hilft. So war ich im Leben auch. Ich habe immer viele Sachen gemacht, ich habe mich nie auf ein Einzelelement konzentriert. Mir war es immer wichtig, dass ich in mehreren Bereichen aktiv bin. Ich habe Ortsgeschichte geschrieben, habe sprachwissenschaftliche Bücher über Sprichwörter und Schimpfwörter veröffentlicht. Ich war auch Politiker: Ökologie war mir immer wichtig. Ich war ab 1990 der erste grüne Vizebürgermeister Österreichs. Wir haben da sehr viel bewirkt. Götzis war eine Modellgemeinde, was Ökologie betrifft. Ich hatte immer mehrere Standbeine. Dazu gehörte auch der Zehnkampf. Man geht

nicht in einer Disziplin in die Tiefe, sondern versucht, überall ein gewisses Niveau zu erreichen.

Was schwierig ist.

Der Mehrkämpfer ist immer auf der Suche nach einem ausgewogenen Training – das sich auch widerspricht. Wenn ich Gewicht zulege, habe ich bessere Leistungen im Wurf und Stoß. Aber es könnte sich negativ auf den Sprung und den Lauf auswirken. Es ist ein ewiges Abtasten. Wo muss ich zulegen? Was darf ich nicht tun?

Ist das eine Anforderung, die auch eine gewisse Intelligenz erfordert?

Es sind mehrere Techniken, und das erfordert intellektuelle Fähigkeiten, alles zu kapieren und umzusetzen. Aber diese Vielseitigkeit fehlt heute in der Gesellschaft ein bisschen. Wir haben lauter Spezialisten, aber wir haben zu wenig Generalisten, die das große Ganze überblicken. Ein Politiker müsste eigentlich auch ein Allrounder sein. Es ist nicht notwendig, überall ein Wissenschaftler zu sein. Aber es braucht Grundkenntnisse und Grundfertigkeiten. Und das ist auch das Lebensprinzip der Mehrkämpfer. Wobei ich nicht gerne „Kämpfer" sage. Denn es ist kein Kampf.

Was wäre das bessere Wort?

Ich habe nach einem Wort gesucht, aber es gibt keins. Du kannst nicht „Zehnspieler" sagen. Das französische „decathlon" ist ein bisschen schöner. Aber griechisch „athlon" heißt auch „Kampf".

Also vielseitiger Kampf im Leben.
Die Vielseitigkeit halte ich für eine gute Sache. Sie ist mir auch gelegen gekommen in meinem Leben. Ich hätte Direktor werden sollen vom Sportgymnasium. Das wollte ich aber nicht, weil ich wusste: Das wird mich von morgens bis abends in Beschlag nehmen. Ich habe mehrere Interessen und wollte mich auch auf mehreren Ebenen bewegen.

Und wie weicht man der Gefahr aus, sich zu verzetteln, wenn man so viele Interessen hat?
Die Gefahr der Verzettelung besteht tatsächlich. Ich bin auch ein Workaholic. Und als ich nebenbei in der Politik war und in jedem Job hundertprozentig gearbeitet habe, bin ich nach zehn Jahren in einen Burn-out reingerasselt. In jener Zeit habe ich mein Leben auch hinterfragen müssen und ein bisschen Tempo rausgenommen.

Ist das gelungen?
Das war so eine Sache. Ich habe im Sinne der Ökologie immer die Langsamkeit propagiert, aber im Grunde war ich ein totaler Hetzer.

Die Ökologie und der Sport – das sind Themen, die oft gegeneinander ausgespielt werden. Wie kann man sie miteinander vereinen?
Es gibt Sportarten, die haben einen hohen ökologischen Abdruck – wie Skilaufen. Aber der Mehrkampf in der Leichtathletik ist eine Sportart, die ökologisch vertretbar und nachhaltig ist. Und wir haben schon Mitte der 1990er-Jahre, als

ich Vizebürgermeister war, „Mehrkampf und Mehrweg“ propagiert, mit Besteck aus Holz. Die Teller konnte man sogar essen.

Auffällig ist, dass es im Mehrkampf sehr familiär zugeht. Dass es kein Gegeneinander gibt, sondern ein Miteinander. Ist das so?
Ja. Es ist so. Und unter den Athleten ganz besonders. Das ist ja das Besondere am Mehrkampf. Der Mehrkämpfer und die Mehrkämpferin müssen schon besondere Typen sein. Die können nur drei, vier Wettkämpfe im Jahr machen. Und deshalb hilft man auch einander. Es ist ein Miteinander. Auch im Publikum: Man hört an den beiden Wettkampftagen keine Pfiffe, sondern nur Anfeuerungen. Es gibt keinen Nationalismus. Es ist anachronistisch.

Warum?
Hier kommen Tausende Leute und sitzen zwei Tage lang herum. Und da ist nicht immer was los. Da gibt es Pausen. Da gibt es Disziplinen, die nicht so interessant sind. Trotzdem: Die Leute sind da. Das ist fast ein Gegenmodell. Heute muss alles in zwei Stunden erledigt sein, mediengerecht und vermarktbar. Dagegen ist es im Mehrkampf wie bei Asterix und Obelix. Es ist total gegen die Zeit.

Liegt in diesem Anachronistischen auch ein Reiz?
Es ist wie Slow Food, viele Menschen möchten das wieder. Ursprünglich war es immer so. Da sind die Sportler mit der Blasmusik in die Schweiz gewandert, haben dort Übungen

gemacht – Leichtathletik und Turnen. Dann hat man gefeiert und ist wieder zurückgewandert. Das geht uns heute ab. Diese totale Spezialisierung und die Fokussierung nur auf die Leistung haben auch Nachteile. Immer dieses Kommerzielle, diese Häppchen.

Das wäre das Gemeinschaftsgefühl. Was spricht aber für ein Individuum dafür, sich im Mehrkampf zu versuchen?
Der Körper. Die Vielseitigkeit führt zu besonders wohlproportionierten Athletinnen und Athleten. Es gibt keine Gruppe, die vom Körperbau her so ästhetisch ist. Auf der einen Seite ist der Marathonläufer, auf der anderen Seite der Kugelstoßer. Aber der Mehrkämpfer ist schlank, hat große Hebel, schmale Hüften, breite Schultern. Wie ein griechischer Gott. Es sind schöne Menschen. Viele Zuschauer schauen sich hier auch die Menschen gerne an.

Was sind die Nachteile?
Die Mehrkämpfer sind die Könige des Sports, aber bezahlt werden sie wie das Gesinde. Es gibt nur einzelne, die finanziell Kapital schlagen können. Also das Finanzielle kann nicht im Mittelpunkt stehen. Es ist ein brotloser Job. Ein Mehrkämpfer, der international unterwegs ist, verdient nicht mehr als ein Landesligakicker. Also muss es eine andere Motivation geben. Die Auseinandersetzung mit den vielen Disziplinen erfordert einen vielseitigen Menschen. Dass es nicht so kommerzialisiert ist, formt einen Charakter. Oder man findet als Charakter zum Mehrkampf: Das Geld darf einem nicht zu wichtig sein.

Bleibt die Frage, warum Sie der einzige Götzner sind, der jemals hier mitgemacht hat. Man müsste doch erwarten, dass es eine Schubwirkung hat, wenn jedes Jahr die Elite einer Disziplin im Ort ist
Müsste man eigentlich meinen. Gab es aber nicht. Aus der Nachbargemeinde hat es mal einen gegeben, der teilgenommen hat. Das widerspricht der These, dass so ein Event die Menschen motiviert, es auch zu versuchen.

Es motiviert zum Zuschauen, aber nicht zum Mitmachen?
Es wollten einige. Hinter mir saßen heute zwei auf der Tribüne, die wollten teilnehmen. Aber sie haben nie die Leistung erbracht, um die Startberechtigung zu bekommen.

Also ist das Anforderungsniveau sehr hoch.
Man hat nicht irgendjemandem eine Startberechtigung gegeben, nur weil er hier zu Hause ist.

Eigenes Erleben

Das Erlebnis, einen Zehnkampf absolviert zu haben, ist ein denkwürdiges – selbst wenn es als Sportstudent auf besserem Hobbyniveau ausgetragen wird. Der wichtigste Zehnkampf im Leben des Autors dieses Buches fand deshalb während der Olympischen Spiele 1992 statt. Allerdings nicht im Estadi Olímpic Lluís Companys von Barcelona – sondern beinahe gleichzeitig Anfang August im Unistadion von Mainz.

An zwei heißen Sommertagen absolvierten knapp zwei Dutzend Sportstudenten nach Abschluss des vierten Semesters ihre praktische Abschlussprüfung der Fachdidaktik

Leichtathletik: Es galt, ein gewisses Fähigkeitsniveau im Laufen, Werfen und Springen zu beweisen, die Prüfung bestand der Vollständigkeit halber aus einem kompletten Zehnkampf an zwei Tagen mit allen Höhen, Tiefen und Tücken.

In Barcelona wuchs ein gewisser Paul Meier mit 21 Jahren über sich hinaus; er lag als Führender nach dem ersten Tag auf Medaillenkurs. In Mainz wuchsen alle Beteiligten zusammen, denn es zeigte sich, dass ein Zehnkampf wie alle wahren Prüfungen des Lebens nur gemeinsam gewonnen werden kann. Den meisten von uns ging es nicht um das Erreichen einer maximalen Punktzahl, sondern um das Durchkommen – und das Erleben.

Unerwartete Unterstützung hatten wir in der Vorbereitung von einer Legende des Zehnkampfs bekommen: Christian Schenk. Er trainierte mittlerweile beim USC Mainz unter Holger Schmidt.

Das T-Shirt des Zehnkampf-TEAMs mit dem Slogan „No-Dope-Decathlon" empfand ich als Zeichen einer Klubmitgliedschaft und trug es mit Begeisterung während meines Prüfungszehnkampfs, auch wenn ich mit 1,80 Meter Körpergröße und 75 Kilo Wettkampfgewicht nicht ganz in das XL-Format passte.

Schenk trainierte im Frühjahr 1992 im selben Stadion wie wir und war sich nicht zu schade, uns Studenten, die er stets „Athleten" nannte, ein paar Tricks für das Diskuswerfen zu verraten.

Die einzelnen Resultate meines Zehnkampfs, letztlich unerheblich, aber doch notiert: 100 Meter in 12,2 Sekunden und Hürdensprint in 17,1 waren noch die besten Disziplinen.

Kugelstoßen mit dem schweren 8,25-Kilo-Eisen ein Debakel: 8,41 Meter. Beim Stabhochspringen zählte vor allem, es überhaupt gewagt zu haben: 2,70 Meter. Den 400-Meter-Lauf hatten wir vorher nie wirklich trainiert und mussten dafür ausgangs der Gegengerade bitter büßen – erreichten aber immerhin in weniger als einer Minute das Ziel.

Beim parallelen Event in Barcelona, den Olympischen Spielen, führte Meier nach dem ersten Tag völlig überraschend mit 4510 Punkten – am Ende belegte er den sechsten Rang (8192). Olympiasieger wurde der Tscheche Robert Změlík (8611). Schenk hatte verletzungsbedingt nicht teilnehmen können.

Den 1500-Meter-Lauf in Mainz absolvierte ich schließlich nicht nur für mich allein, sondern zog in einem zweiten Durchgang außer Konkurrenz noch zwei Kommilitonen hinter mir her, damit sie die notwendige Zielzeit erreichten, um die Prüfung zu bestehen. Meine Werte reichten für eine 3 minus nach Unibewertung. Die umgerechnete Gesamtpunktzahl (4681) erzielen veritable Zehnkämper fast schon an einem Tag.

Doch die gemeinsame La Ola nach dem Finale, barfuß auf der Tartanbahn im strahlenden Sonnenschein vor fünfzig, sechzig Zuschauern – zumeist Kommilitonen aus den anderen Semestern –, hatte fast schon olympische Qualität. Und das Gefühl, zumindest ein kleiner König der Athleten gewesen zu sein, trägt bis heute.

Die Motivationsfrage

Man muss kein Hochleistungssportler sein, um sich dem Thema Training zu widmen. Wie oft, wie lange, wie intensiv?

Das sind die Fragen, die sich auch Hobbysportler stellen. Zehnkampfchampion Kaul hat klare Ansichten dazu:

„Der wichtigste Punkt: Das Training fest einplanen. Dann fällt es leichter, auch hinzugehen. Wer vorher sagt, er guckt mal, ob es reinpasst, hat schon die erste Ausrede parat.

Das Training muss nicht immer schmerzen, sollte es aber gelegentlich. Wer nie an die Grenzen geht und immer nur im Wohlfühlmodus agiert, steigert sich auch nicht. Du solltest dein Leistungsmaximum anstreben, um einen guten Trainingseffekt zu erzielen. Das heißt nicht, sich zu quälen, wenn du verletzt bist. Dann musst du eine Pause einlegen.

Ob du besser lange und leicht oder kurz und heftig trainierst, das ist für manch einen Sportler eine Glaubensfrage. Du kannst aber beides machen, indem du es mischst. Die Abwechslung macht es. Wer seine Schwächen aufarbeiten will, sollte sich mehr Zeit nehmen, lieber lange und leicht trainieren. Wer sich mit Übungen beschäftigt, die er technisch schon draufhat, bei denen die Ausführung stimmt, kann kurz und heftig rangehen.

Jeder hat Übungen, die er nicht mag. Da muss man sich und seinen inneren Schweinhund eben überwinden. Wenn du aber merkst, es droht eine Verletzung, dann musst und darfst du dich aber nicht überwinden. Gesundheit geht vor.

Generell ist es wichtig, nicht zu einseitig zu trainieren, sondern zu versuchen, vielseitig zu bleiben. Die Stärken darfst du nicht ganz vernachlässigen, sonst sind es irgendwann nicht mehr die Stärken.

Um angesichts des kompletten Pensums nicht von vorneherein aufzugeben, musst du dir Zwischenziele setzen. Dann ist es einfacher, sich für die einzelnen Schritte zu motivieren. Der Berg, der sich einst vor dir auftürmte, wird so sukzessive kleiner.

Das Ziel sollte sein, zufrieden mit der eigenen Leistung zu sein. Auch wenn du weißt, dass du noch besser sein kannst. Wenn du irgendwann an den Punkt kommst, an dem du feststellst, du hast das Maximum erreicht, ist das gleichzeitig auch der Anfang vom Ende.

Nach dem Training darfst du dich belohnen. Gutes Essen gehört zur Regeneration. Es gibt sehr viele gesunde Gerichte, die wahnsinnig gut schmecken. Alkohol lass ich weg. Alkoholfreies Bier schmeckt genauso, man merkt ja kaum noch einen Unterschied."

Kauls Kochstudio

Niklas Kaul isst nicht nur gerne, er ist auch ein begeisterter Koch. Zu streng will er beim Bereiten seiner Mahlzeiten aber nicht mit sich sein: *„Ich habe keinen Ernährungsplan. Ich hatte bisher allerdings nie ein Problem mit Gewichtszunahme oder -abnahme."*

Wer dazu neigt, im Alltag zu viel Energie aufzunehmen, dem kann ein solcher Plan Orientierungshilfe bieten, um Gewicht zu halten. Kaul macht es anders.

„Ich habe durch mein Studium und meinen Sport sowieso schon einen relativ stark durchstrukturierten Alltag, und

deshalb möchte ich auch frei entscheiden zu essen, worauf ich Lust habe. Mich mit dem Kochen zu beschäftigen, macht mir Spaß, auch neue Dinge auszuprobieren. Deshalb koche ich viel frisch und dementsprechend gesund, ausgewogen. Es ist aber nicht so, dass ich genau abwiege, was ich koche, und ob das jetzt 35 oder 36,5 Gramm Eiweiß sind, ist mir letztlich egal. Aber es ist schon so, dass ich mich den Trainingseinheiten angepasst habe und mich unterschiedlich ernähre. Also nach dem Krafttraining wäre eine Eiweißzufuhr schon ganz gut. Aber das geht ja relativ einfach: Da macht man sich halt morgens früh schnell noch mal einen Smoothie mit Hafermilch, Quark, gefrorenen Früchten – das ist ja auch in fünf Minuten zubereitet.“

Hobbykoch Kaul weiß auch nicht, wie viele Kalorien er an einem Trainingstag verbraucht. *„Ich habe mich aus Spaß mal getrackt, das ist aber schon ein paar Jahre her. Das waren so um die 5000 Kalorien am Tag, glaube ich.“*

Zur Einordnung: Der Kalorienverbrauch eines Durchschnittsmenschen, der hauptsächlich einer sitzenden Tätigkeit nachgeht, liegt zwischen 2000 und 2500 Kalorien pro Tag.

„Wenn ich Hunger habe, esse ich. Da haben wir beim Zehnkampf auch den Vorteil, dass das Gewicht zwar in gewisser Weise mitentscheidend ist. Aber es geht nicht um die letzten 200 Gramm. Das ist bei anderen Disziplinen schon ein bisschen anders: Geh mal in den Mittel- und Langstreckenbereich, da spielt das noch mal eine ganz, ganz andere Rolle.“

Zirkus Maximus

Beim Mehrkampfmeeting in Götzis gehört auch Toni Innauer zu den begeisterten Beobachtern. Für den Vorarlberger ist es ein Heimspiel, seinen Wohnort erreicht er in einer knappen Dreiviertelstunde. Innauer, Jahrgang 1958, Skisprungolympiasieger 1980 in Lake Placid, begeistert sich für die Vielfalt des Sports.

Vielseitigkeit oder Spezialisierung? Oder anders gefragt: Ist es interessanter, Zehnkämpfer zu sein oder ein Skispringer?

Ich bin als Typ vielseitig interessiert, motorisch, sportlich, gesellschaftlich. Für mich wäre der Zehnkampf – wenn ich die Statur hätte – sicher interessanter gewesen als ein Einzelsport. Mir wurde nur Skispringen schnell zu langweilig. Ich habe immer nebenbei Tennis gespielt, Fußball, Leichtathletik betrieben und geturnt. Aber ich habe zu viel gemacht.

Besteht die Gefahr, dass man sich verzettelt?

Irgendwann merkst du: Wenn ich etwas wirklich gut können wollte, müsste ich mehr investieren. Das habe ich gelegentlich auch getan. Das war fürs Skispringen nicht immer gut. Ich hatte zum Beispiel zu viel Oberkörpermuskulatur für einen Skispringer, weil ich so viel geturnt habe. Mich hat auch Gewichtheben eine Zeit lang fasziniert. Das kann man sich für einen Skispringer gar nicht vorstellen. Aber ich hätte damals den Vorarlberger Juniorenrekord in meiner Gewichtsklasse aufstellen können. Mit 60 Kilo Körpergewicht habe ich als Sechzehn-, Siebzehnjähriger 100 Kilo stoßen können.

Erstaunlich.
Ich hatte sehr schnelle Muskelfasern. Ich lernte auch die Technik. Das war für Skispringen nicht kontraindiziert. Vom Bewegungsablauf her war es sogar super. Es ist gut, um die Muskulatur zu stabilisieren.

Wann kam Leichtathletik in Ihr Leben?
Unser Trainer war der erste bei den Skispringern in Österreich, der auch eine Ausbildung als Sportlehrer hatte. Wir wussten nicht, was die optimale Trainingsmethode für Skispringen ist. Deshalb haben wir herumexperimentiert und sind sehr vielseitig ausgebildet worden. Mich hat das alles fasziniert. Die Trainer mussten mich immer wieder zurückholen.

War es denn hilfreich, so vielseitig zu trainieren?
Für mein Gesamtleben war es hilfreich. Ich bin motorisch flexibler, interessierter und faszinierter. Ich versinke bei so einer Veranstaltung wie dem Zehnkampf. Mir gefällt das. Ich schaue auch gerne im Zirkus den Artisten zu. Was für Möglichkeiten der Mensch hat! Wenn du ein Topskispringer sein möchtest, ist die Vielseitigkeit aber eine gefährliche Begabung. Skispringer müssen fast immer pausieren und dürfen eigentlich nur sehr spezifische Übungen trainieren. Sie müssen jeden Ausdauersport meiden wie der Teufel das Weihwasser – ich bin aber auch gut 1000 Meter gelaufen, wenn ich trainiert habe. Mir wäre Skispringen heutzutage zu monoton. Nur beidbeinige Sprünge, strukturiert auf der Druckmessplatte, genau diagnostiziert: Das wäre mir zu wenig für meine

großen motorischen Bedürfnisse. Heute geht das eh nicht mehr als 65-Jähriger …

Gehört Show zum Sport dazu? Ist es sinnvoller, wenn der Athlet komplett fokussiert im Wettbewerb ist, oder muss er auch ans Publikum denken?
Für den modernen Sportler ist es gut, wenn ihm der Showteil nicht zu schwer fällt. Das war für mich ein Problem. Ich habe mich total auf den Sport konzentriert. Das ganze Drumherum, das damals erst entstanden ist, hat mich eher belastet. Heute gibt es Tools, die die Sportler lernen müssen. Sie müssen lernen zu verstehen, warum die Medien, warum die Wirtschaft, warum die Öffentlichkeit interessiert ist. Dass dieses Interesse, das sie viel Geld verdienen lässt, ein Austausch ist.

Sind die Athleten noch wie früher, oder haben sich die Typen verändert?
Es gibt noch Saurier, wie wir sie waren. Aber es gibt auch den Digital Native, der mit Social Media aufwächst und all diesen Dingen und der genau weiß, dass er als Spitzensportler besondere Möglichkeiten hat, dass die Ikonisierung zunimmt.

Hilft es, wenn man nachdenkt als Sportler? Oder muss man intuitiv vorgehen?
Die allerbesten sind die, die switchen können. Die wissen, wann es Zeit zum Denken ist: in der Planung, in der Analyse, in der Diagnostik, in der Konzeption von Trainingsmodellen. Die dann aber umschalten können, wenn es so

weit ist. Da hilft die Sportpsychologie mit ihren Methoden und Skills, die man lernen kann, um eine bestimmte emotionale Flexibilität zu erlangen. Die Leute, die sich verkopfen und nicht wissen, wie sie den Hebel umlegen, tun sich schwer. Umgekehrt tun sich auch diejenigen schwer, die kognitiv zu wenig draufhaben.

Wie erleben Sie einen Athleten wie Niklas Kaul – die Art, wie er Wettkämpfe bestreitet?

Ich habe ihm zugehört, wie er über den Zehnkampf redet. Aus seinen Worten kann man einiges rauslesen. Er ist Student, da wittere ich gleich einen anderen Hintergrund. Er ist äußerst begabt und strukturiert. Er geht geschickt mit seinen Ressourcen um. Und er kommt aus einer Familie, die leistungssportaffin ist. Er vermeidet manche dieser Anfangsfehler, die man begeht, wenn man aus dem Niemandsland in den Leistungssport schlittert. Ich denke, dass bei Niklas vieles zusammenkommt: motorische Begabung, Interesse, Faszination – aber auch ein kultureller Hintergrund im Spitzensport, der einen Startvorteil darstellt.

Einen Wettkampf zwei Tage lang zu meistern und erst ganz am Ende ein Resultat zu haben – dafür muss man wahrscheinlich auch eine besondere Begabung haben, im Gegensatz zum Skispringen, wo nach einer Sekunde das Ergebnis feststeht?

Das Spezielle beim Skispringen ist dieses Bündeln aller Kräfte und der Konzentration auf einen Punkt – das ist vielleicht vergleichbar mit dem Stabhochspringen, wenn man nur noch einen Versuch hat. Dann spürt auch der Zehnkämpfer diese Enge, die der Skispringer kennt. Andererseits hat ein Leichtathlet immer mehrere Versuche, bei denen er sich rantasten kann. Zehnkampf und Skispringen sind gänzlich verschieden. Du brauchst jeweils andere Routinen.

Hilft es, nach einem Misserfolgserlebnis sofort wieder anzutreten?
Bei uns ja. Skispringen ist eine Sportart, die sehr gefährlich ist. Wenn man länger mit dem Gefühl, gescheitert zu sein, unterwegs ist, brennt sich das ein. Dann musst du das Netz wieder neu knüpfen. Du musst sicher sein: Wenn ich meine Eckpunkte beherzige, funktioniert es wieder bei mir.

Glauben Sie, dass ein Meeting wie jenes von Götzis, das seit fast fünfzig Jahren stattfindet, auch einen Einfluss auf die unmittelbare Umgebung hat? Treiben die Menschen hier mehr Sport? Oder ist es das Interesse, den Stars zuzusehen?
Ich denke, es hat einen Einfluss. Wir haben alle mit Spitzensport begonnen, weil er uns fasziniert hat. Diese Leichtigkeit, diese ästhetisierenden Bilder. Im Fernsehen sieht man einerseits mehr als vor Ort, Stichwort Zeitlupe. Allerdings bekommt man keinen Eindruck von der Gesamtstimmung. Die Atmosphäre spürt man nur hier direkt. Zum Beispiel die Athleten beim Aufwärmen zu sehen, das finde ich wunderbar. Wie bei einem Konzert, wenn sich das Orchester einspielt. Das bekommt man im Fernsehen nicht mit.

Die Faszination für den Sport und die Bewegung ist das eine, das Resultat das andere. Das größte Ziel für alle Sportler, egal in welcher Disziplin, ist es, Olympiasieger zu werden. Ändert sich etwas, wenn man Olympiasieger geworden ist, also das Ziel erreicht hat?
Für mich hat sich definitiv etwas geändert. Weil es etwas Erfüllendes ist, wenn man lange Jahre einen Wunschtraum hatte. Wenn man sich dann plötzlich als derjenige erlebt, der sich seinen Traum erfüllt hat, erfüllt es einen mit Dankbarkeit. Zumal ich vier Jahre zuvor schon knapp dran war, als Siebzehnjähriger. Es geschafft zu haben, ist ein faszinierendes Gefühl.

Was hat der Olympiasieg für Ihr späteres Leben bedeutet?
Olympiasieger ist ein Etikett, das einen ein Leben lang wohlwollend begleitet. Auf allen Kontinenten. Das ist die gute Nachricht. Aber man muss damit klarkommen. Weil ich sehr früh raus bin aus dem Leistungssport, mit 22, war ich versessen darauf, nie davon abhängig sein zu müssen, dass ich mal Olympiasieger war. Das habe ich mir so vorgenommen.

Aber Sie werden immer noch auf Ihren Olympiasieg angesprochen?
Ja. Und nicht selten denke ich: Wäre ich nicht Olympiasieger, würde man mir nicht so zuhören.

Sportliche Herkunft

Es ist nicht bekannt, dass im internationalen Zehnkampfgeschehen ein ehemaliger Skispringer reüssiert hätte.

Andererseits fängt auch niemand unmittelbar mit Zehnkampf an. Wo kommen die späteren Stars der Szene also her?

In der leichtathletischen Ausbildung beginnen alle Kinder mit dem Mehrkampf – dem klassischen Dreikampf aus Laufen, Werfen und Springen –, ehe sie sich als Jugendliche auf eine oder zwei Hauptdisziplinen spezialisieren. Doch dann kehren manche wieder zum Mehrkampf zurück, so wie Frank Busemann, der eigentlich Hürdensprinter war, ehe er ihm Zehnkampf für Furore sorgte. Auch Siggi Wentz wurde noch 1986 deutscher Meister über 110 Meter Hürden – im gleichen Jahr gewann er EM-Bronze im Zehnkampf. Und Guido Kratschmer sicherte sich 1978 nebenbei einen deutschen Meistertitel als Hürdenläufer, nachdem er 1976 schon Olympiasilber im Zehnkampf gewonnen hatte.

Auch Jürgen Hingsen hatte eine herausragende Spezialdisziplin. Er wurde 1983 mit 8,00 Metern deutscher Meister im Weitsprung: „Einige von uns zeigten Leistungen in einzelnen Disziplinen, die man auch dort als Weltklasse bezeichnen konnte“, erinnert er sich. „Meine Bestleistung lag bei 8,04 Metern – mein Potenzial lag bei 8,20 Metern, ich war ziemlich sprunggewaltig.“

In vielen Fällen sind die Eltern die ersten großen Vorbilder ihrer Kinder. Frank Busemanns Mutter war Sportlehrerin, sein Vater ebenfalls Lehrer, begeisterter Leichtathlet und sogar ehemaliger Zehnkämpfer (7087 Punkte). Im Hause Busemann wurde schon mal auf ein neues Sofa verzichtet, wenn dafür Hürden oder Speere gekauft werden konnten. Niklas Kaul ist ein weiteres Beispiel für Idole aus dem eigenen Haushalt.

Vielseitige sportliche Begabungen der Eltern bieten beste Grundlagen: Der Vater des französischen Weltrekordhalters Kevin Mayer war Skiläufer, seine Mutter erfolgreiche Tennisspielerin, die es als Doppelspielerin bis zu den French Open in Paris schaffte. Mayer selbst begann mit Basketball, ehe er zur Leichtathletik wechselte – eine Karriere, die ihn mit dem Amerikaner Trey Hardee verbindet, Zehnkampfweltmeister von 2009 und 2011. Dessen Landsmann Tom Pappas spielte Baseball sowie American Football und versuchte sich sogar als Ringer, ehe er zur Leichtathletik fand – und Zehnkampfchampion 2003 wurde.

Roman Šebrle war ein hoch talentierter Fußballer, bevor er sich für die Leichtathletik entschied. Auch Rico Freimuth spielte als Jugendlicher Fußball, Arthur Abele war Turner. Und Niklas Kaul kombinierte Handball mit der Leichtathletik. Weshalb er einen besonders ausgeprägten Armzug entwickelte. Als Jugendlicher hatte er deshalb zumindest darüber nachgedacht, es als Speerwerfer bei den Spezialisten zu versuchen.

„Vor allem mit siebzehn, als ich im Speerwerfen im Vergleich noch besser war, als ich es jetzt bin, habe ich schon mit einem Wechsel kokettiert. Aber das war letztlich doch keine ernsthafte Überlegung. Weil der Zehnkampf etwas ganz Besonderes ist, ganz anders als eine Einzeldisziplin. Und weil man auch untereinander eine ganz andere Verbindung hat. Deshalb kam es für mich nie infrage, den Zehnkampf nicht mehr zu machen. Ich will irgendwann mal 80 Meter mit dem Speer werfen, das ist so ein kleiner

Traum. Aber ich werde mich nicht komplett aufs Speerwerfen spezialisieren. Dafür macht mir der Zehnkampf viel zu viel Spaß.“

König Fußball?

Als die deutsche Fußballnationalmannschaft noch Turniere gewann, gab es einen Nationalspieler, der aus dem Kreis der Balltreter herausstach. Hans-Peter Briegel, Europameister 1980 sowie Vizeweltmeister 1982 und 1986, war in seiner Jugend Leichtathlet, ein erfolgreicher sogar. Der 1955 in Kaiserslautern geborene Pfälzer wurde mit siebzehn deutscher Jugendmeister im Weit- und im Dreisprung.

In seiner Jugend sei es noch eher verpönt gewesen, Fußball zu spielen, sagte er einmal in einem Interview mit der *Zeit*. In Fußballerkreisen wiederum galt der eher robuste Abwehrspieler als „Zehnkämpfer“, was durchaus despektierlich gemeint war. Dabei hatte er nur zwei Zehnkämpfe in seiner Jugend bestritten und nebenbei auf dem Bolzplatz gekickt.

Mit siebzehn wechselte Briegel dann vom TV Rodenbach zum SV Rodenbach und somit die Sportart. Er war nun Fußballer. Briegel lebte von seiner Schnelligkeit und seiner Sprungkraft, die ihn vom Dorfverein zum 1. FC Kaiserslautern und bis ins Nationalteam führte. „Zehnkämpfer“ Briegel machte sich als „Walz aus der Pfalz“ mit seinem unbändigen Vorwärtsdrang einen Namen.

Seine Doppelbegabung war ihm selbst ein Rätsel: „Zusammenbringen kann ich das nur schwer. Leichtathletik und Fußball lassen sich schwer miteinander verbinden. Das ist wie Birne und Apfel.“

Den umgekehrten Weg ging Thorsten Dauth. Der 1968 in Bad Nauheim geborene Hesse war Fußballtorwart bei der SG Ober-Erlenbach, ehe er mit 21 Jahren sehr spät zum Zehnkampf wechselte. Zuvor hatte er ein Probetraining beim 1. FC Köln absolviert, wollte sich aber nicht auf das Angebot einlassen, Nummer 2 hinter Bodo Illgner zu werden. Dauth war begeistert von den Olympischen Sommerspielen 1988 in Seoul, vor allem der Zehnkampf hatte es ihm angetan. Der Wechsel war für ihn damit beschlossene Sache.

Sein erster Wettkampf war die hessische Meisterschaft, bei der er auf Anhieb mit mehr als 7000 Punkten die höchste Stufe des Podiums enterte. Schon 1990 knackte er die 8000er-Marke und gehörte trotzt unorthodoxen Laufstils und nicht ausgereifter Technik plötzlich zur nationalen Elite. Der Fußballtorwart im Zehnkampftrikot belegte den zehnten Platz (8069 Punkte) bei der WM 1991 in Tokio und nahm auch an den Olympischen Spielen 1992 in Barcelona teil, wo er mit 7951 Punkten Rang siebzehn belegte. Seine persönliche Bestleistung steigerte er 1995 in Götzis auf 8164 Punkte.

Und Niklas Kaul?

„Also, ich schaue ganz gerne Fußball. Aber selbst spielen? Ich habe als Kind mal drei Monate Fußball gespielt. Ich war damals schon relativ groß und musste Verteidiger spielen. Darauf hatte ich aber keine Lust. Deshalb habe ich schnell wieder aufgehört. Ich war aber auch nicht so das richtig große Talent. Fußball war nie so meins.“

Mein Freund ist aus Leder

Der kleine Ball ist dagegen sein Freund.

> *„Wenn ich in eine Halle komme, und da liegt ein Handball, dann kannst du eigentlich die Tür schließen und sagen: Wir holen dich in zwei Stunden wieder ab. Mir wird in so einer Situation nicht langweilig."*

Als „Katastrophe" bezeichnet Kaul selbst seinen ungebrochenen Spieltrieb, der unmittelbar aus ihm herausbricht, wenn er ein rundes Sportgerät sieht. Er muss es zwingend in die Hand nehmen, prellen, werfen, damit herumspielen.

In der Jugend spielte Kaul Handball im Verein, Rückraum links, die Königsposition für Rechtshänder mit einem starken Armzug – oder Rückraum Mitte, als Spielmacher, je nachdem auf welcher Position er gerade mehr gebraucht wurde.

Bei seinem Heimatklub SG Saulheim spielte Kaul Handball, bis er fünfzehn war, ehe er sich ausschließlich für die Leichtathletik entschied.

Wegen seines überragenden Speerwurfs bei seiner spektakulären Vorstellung während der Leichtathletik-EM in München wurde er Anfang September 2022 zum traditionellen Stadionfest in Berlin (ISTAF) eingeladen. Kaul durfte sich die Disziplin aussuchen, an der er teilnehmen wollte, und entschied sich wenig überraschend für den Speerwurf. Er belegte dort im Feld der Spezialisten mit 71,34 Metern Platz acht.

„Niklas kann über 80 Meter werfen", hatte ihm Julian Weber prophezeit, der aktuelle Speerwurfeuropameister, der in Berlin mit 84,90 Metern gewann. Weber, der bei der WM 2023 wie schon im Jahr zuvor sowie bei den Olympischen Spielen 2021 jeweils den vierten Platz belegte, ist Teil der Speerwerferelite. In der Jugend beschritt er einen ähnlichen Weg wie Kaul.

Weber startet wie Kaul für den USC Mainz und spielte in seiner Jugend ebenfalls Handball bei der SG Saulheim in Rheinhessen. Rückraum links, nur zwei Altersklassen höher. Ist die Saulheimer Handballschule womöglich auch eine Talentschmiede für Leichtathleten? „Es sind Bewegungsmuster, die man draufhat“, sagt Weber zur Verwandtschaft des Werfens mit Ball oder Speer. „Von den 10 000 Würfen“, die er als Handballer ausführte, habe er auch als Leichtathlet profitiert. Obwohl beim Rückraumwurf die Ausholbewegung fraglos viel kürzer ausfällt als beim Speerwurf – und der zeitliche Rahmen entsprechend enger gesteckt ist.

„Wenn ich da ewig aushole, ist der Ball weg“, sagt Kaul über die geforderte Handlungsschnelligkeit im Handball. Der Zehnkämpfer glaubt, dass sein generelles Wurfgefühl durch die jugendliche Erfahrung im Teamsport mit dem „variablen Werfen“ hervorragend ausgeprägt ist: *„Ich habe 100 000 Würfe Vorsprung“*, sagt er.

Auch Julians älterer Bruder ist Handballer, er stieg mit den Eulen Ludwigshafen sogar in die Bundesliga auf, seine Schwester schaffte es bis in die Zweite Liga. Und er selbst galt in der Handballfamilie Weber sogar als der Handballer „mit dem größten Potenzial“, sagt zumindest sein Vater. Der Sohn sagt dazu: „Ich war schon echt ganz gut.“

Zumindest verfügte er über den „härtesten Wurf der Liga". Bei einer Challenge in der Männeroberliga beschleunigte er den rund 450 Gramm schweren Handball aus dem Stand auf 122 Kilometer pro Stunde.

Bei einer Datenanalyse mit dem 800 Gramm schweren Speer wurde seine Abwurfgeschwindigkeit mit 30 Metern pro Sekunde gemessen, umgerechnet 108 Kilometer in der Stunde. Und so wie Kaul keinen Ball unberührt lassen kann, „muss" Weber stets Stöckchen werfen. Er habe sich auch schon mal im Wald „einen Speer geschnitzt", den er dann bei Spaziergängen vor sich her geschmissen habe.

Weber reizt es durchaus, es noch einmal mit dem Handball zu versuchen. Er schätzt den unmittelbaren Körperkontakt mit dem Gegner.

Und auch Kaul kann es nicht lassen. Zwar hat er schon lange nicht mehr gespielt, aber an der Uni wird er im Masterstudiengang Handball als Kurs belegen. *„Da freue ich mich jetzt schon drauf."* Nach den Olympischen Spielen von Paris wird es so weit sein.

Wasserlage
Gibt es eine Sportart, in der Niklas Kaul kein Talent hat?

„Ich habe die typische Leichtathletenwasserlage: Ich schwimme wie eine Bleiente. Die Leichtathleten haben halt leider immer zu schwere Beine im Vergleich zum Oberkörper, deshalb ist Schwimmen ein bisschen schwierig. Das gleichen auch meine großen Hände und großen Füße nicht ganz aus."

Glücklich beim Skifahren

Eine Sportart, die im Allgemeinen als gefährlich gilt, ist das alpine Skifahren. Profifußballer werden immer wieder davor gewarnt, für viele ist es wegen der Verletzungsgefahr sogar vertraglich verboten, Ski zu laufen. Und das nicht erst seit Manuel Neuers Skitour im Dezember 2022, bei der sich der Fußballnationaltorwart einen Beinbruch zuzog, der ihn fast ein ganzes Jahr Spielzeit kostete.

Niklas Kaul sieht das anders. Er fährt leidenschaftlich gerne Ski und hat sogar eine Skilehrerausbildung absolviert – gemeinsam mit seiner Mutter. Auf Instagram sieht man ihn in eleganter Kurvenlage auf menschenleerer Piste. „Letzter Skitag 2022" schreibt er am Tag vor Silvester. „Kann es kaum erwarten, im März 2023 wieder in den Alpen zu sein."

Schon im Oktober 2022 sah man ihn auf Brettern. „Endlich wieder Skifahren", textete Kaul zu einem Video, das ihn bei einigen schnittigen Kurzschwüngen zeigt. Unterlegt ist die Sequenz mit *Babel*, dem elegischen Electronic-Dance-Beat von Gustavo Bravetti, einem aus Uruguay stammenden DJ – dessen atmosphärischer Sound sich auf geradezu magische Weise als Musikuntermalung für Sportszenen eignet.

Auf die Frage, ob Skifahren nicht zu gefährlich sei für einen Hochleistungssportler, hat Stefanie Kaul eine bemerkenswerte Antwort: „Es geht darum, dass Niklas glücklich ist."

Große Kunst

Es gibt etliche Werke der Weltliteratur, die sich mit Sport beschäftigen. Zwei Beispiele wären *Die Angst des Tormanns beim*

Elfmeter und *Die Einsamkeit des Langstreckenläufers.* Dabei handelt es sich um Erzählungen.

Das Besondere: Beide Titel sind zu geflügelten Worten geworden – wobei beim Zitieren des Werks von Peter Handke aus dem Jahr 1970 selten auf den Zusatz verzichtet wird, dass in Wahrheit eher der Schütze Angst vor dem Elfmeter verspüre, da er mehr zu verlieren habe als der Torwart.

In die Einsamkeit eines Langstreckenläufers kann sich gewiss jeder Hobbyjogger hineinversetzen. Alan Sillitoe veröffentlichte sein Buch im Jahre 1959. Sillitoe schildert die Entscheidung eines jungen Mannes, die Kontrolle über seine Laufkunst und damit über sein Leben behalten zu wollen – egal zu welchem Preis. In einer Erziehungsanstalt, in die der Held der Geschichte wegen eines Einbruchs eingewiesen wurde, fällt seine Leistungsfähigkeit als Langstreckenläufer auf. Der Heimleiter ermöglicht ihm intensives Training, damit er den alljährlichen Sportwettkampf gewinnt und somit dem Ruhm der Anstalt und der Eitelkeit des Heimleiters dient. Der junge Mann wird somit zu einer Art Spielzeug des Direktors.

Als dem Läufer das bewusst wird, trainiert er zwar weiter, um das Rennen dominieren zu können – fasst aber den Entschluss, sich kurz vor dem Ziel einholen zu lassen. Er entscheidet sich für die Freiheit seiner eigenen Entscheidung und nimmt dafür die Rolle des Außenseiters an: die Einsamkeit des Langstreckenläufers.

In der populären Musik spielt die Leichtathletik so gut wie nie eine Rolle. Das einzige Lied, das es mit diesem Kontext einmal in internationale Charts geschafft hat, ist der Popsong *Hey There Delilah* von der Punkband Plain White T's aus dem Jahr 2007. Darin schildert Songwriter Tom Higgenson, wie er sich in die ambitionierte Hindernisläuferin Delilah DiCrescenzo und ihre wundervolle Art zu laufen verliebt hat.

Er lernt die attraktive Sportlerin auf einer Party in Chicago kennen und will ihr imponieren: „Ich werde ein Lied über dich schreiben." Delilah DiCrescenzo trainierte damals für die Olympischen Spiele in Peking, fühlte sich geschmeichelt, glaubte ihm aber kein Wort. Doch Higgenson setzte sein Vorhaben in die Tat um, komponierte einen Popsong, der so gar nicht zur Punkattitüde der Band passte – und landete einen Hit: *Hey There Delilah* wurde ein Nummer-1-Hit in Deutschland und den USA.

Der Song wird 2008 sogar für die Grammys nominiert – Delilah DiCrescenzo begleitet die Band zur Preisverleihung –, doch er unterlag gegen den Song *Rehab* von Amy Winehouse. Und auch Delilah DiCrescenzo verpasste über 3000 Meter Hindernis die Qualifikation für die Olympischen Spiele. Doch die Zeile bleibt für immer stehen: „Hey there Delilah. Don't you worry about the distance."

Und einmal – 1982 – schlug in den Kinos *Die Stunde des Siegers*. Der Sportfilm *Chariots of Fire* des englischen Regisseurs Hugh Hudson basiert auf wahren Begebenheiten aus dem Jahr 1924. Zwei britische Leichtathleten trainieren für die Olympischen Spiele von Paris: Harold Abrahams und Eric Liddell, beide sind 100-Meter-Läufer.

Abrahams fühlt sich als Jude an der Universität in Cambridge diskriminiert, die Leichtathletik ist sein Ventil, er möchte der Welt zeigen, wozu er imstande ist. Liddell ist tiefgläubiger Christ und weigert sich deshalb, an einem Sonntag im 100-Meter-Vorlauf zu starten. Beide Athleten gewinnen am Ende Goldmedaillen. Abrahams siegt über 100 Meter, Liddell völlig unerwartet über 400 Meter, auf die er ausweicht.

Der Sportfilm gewann 1982 drei Oscars: als bester Film, für das beste Drehbuch und für die beste Filmmusik – und ist vor allem deshalb noch in manchen Ohren präsent. Das Titelstück, *Chariots of Fire,* des griechischen Komponisten Vangelis wird weiterhin gerne für Zeitlupensequenzen verwendet. Vielleicht auch nach den Spielen von Paris 2024 – für den Sieger im Zehnkampf?

Bad Moon Rising

I see the bad moon a-risin'
I see trouble on the way
I see earthquakes and lightnin'
I see bad times today

Es ist nicht gerade ein Gute-Laune-Song, den Niklas Kaul vor dem bis dahin größten Moment seiner Laufbahn hört. Aber er rockt. *Bad Moon Rising* – ein Text wie ein Weltuntergangsszenario. Aber ein gutes Omen. Immerhin brachte es der amerikanischen Folkrockband Creedence Clearwater Revival um Songwriter John Fogerty ewigen Ruhm ein. Das Stück landete 1969 auf Platz eins der britischen Charts. Und es gewinnt mit einem coolen Sound, der bis heute trägt und als Evergreen noch immer klingt.

Für Niklas Kaul war *Bad Moon Rising* vor allem der Hit, den er als Teenager immer mit seinem Vater hörte, wenn er sonntags nach dem Speerwurftraining von Frankfurt zurück nach Hause fuhr. Und genau den knallte er sich in Doha vor dem Speerwerfen auf die Kopfhörer. Vor den entscheidenden Teildisziplinen, die sein weiteres Sportlerleben bestimmen sollten, versuchte er, noch einmal abzuschalten. Dank der vertrauten Töne des alten Hits vom bösen Mond gelang es ihm, seine Nervosität zu bezwingen.

Der Wechsel aus Anspannung und Entspannung ist eine Schlüsselqualifikation, die Niklas Kaul schon immer gut hinbekommen hat – auch und gerade in Momenten, in denen andere nervös werden. Ihm dagegen gelingt es, sich in solchen Situationen „an- oder abzuschalten", was ein unschätzbarer Vorteil ist. Dieses Switchen gelingt ihm – dank des festen Vertrauens in seine Stärken, dank der bewährten Routinen, die ihm helfen, sein Können abzurufen – und dank begleitender Musik.

Und auch wenn es ihm nicht bewusst war, könnte der Name der Band, die mit *Bad Moon Rising* einen ihrer größten Hits neben *Proud Mary* landete, als Fingerzeig durchgehen. „Creedence Clearwater Revival" bedeutet übersetzt einen zusammengesetzten Mischmasch aus Glauben („creed") und Vertrauen („credence"), ergänzt mit dem Wahren und Reinen („clear water") – sowie der Hoffnung auf Neubeginn („revival"). Alles Ingredienzien, die ein Sportler für seine Karriere brauchen kann.

Dennoch hat sich Kauls Musikgeschmack in der Zwischenzeit aus den Tiefen des Rock 'n' Rolls weit in die Neuzeit entwickelt. *„Das, was ich höre, ändert sich von Zeit zu Zeit"*, sagt er selbst. *„Mittlerweile geht es eher in Richtung EDM, Hardstyle,*

Techno – solche Sachen". EDM steht für Electronic Dance Music und ist für ihn eher etwas „zum Pushen". Will er sich dagegen runterfahren, hört er Filmmusik, „zum Einschlafen".

Olympische Visionen

Sollte Deutschland Olympische Spiele ausrichten? Mit der Leichtathletik als Kernsportart? Und dem Zehnkampf als Höhepunkt?

Die Geschichte der deutschen Bewerbungen um Olympia seit der Wiedervereinigung ist eine Abfolge von Niederlagen. Es begann bei der 101. Session des Internationalen Olympischen Komitees (IOC) 1993, als in Monte Carlo über die Milleniumsspiele abgestimmt wurde. Deutschland ging mit seiner selbstbewussten Hauptstadt ins Rennen und scheiterte grandios. Ganze 9 von 89 Stimmen vereinigte Berlin auf sich. Die Spiele des Jahres 2000 gingen nach Sydney.

Bei der Wahl zum Austragungsort der Sommerspiele 2012 setzte sich Leipzig 2005 in einer nationalen Vorentscheidung gegen Frankfurt, Düsseldorf, Stuttgart und Hamburg durch. Der Jubel war groß, das Cello des damaligen Bürgermeisters Wolfgang Tiefensee, auf dem dieser bei der Präsentation die Melodie des Kanons *Dona nobis pacem* („Gib uns Frieden") spielte, erlangte kurzzeitig Ikonenstatus – allerdings nicht weit über die Landesgrenzen von Sachsen hinaus. Das IOC akzeptierte die Bewerbung Leipzigs nicht. Die Spiele gingen schließlich an London.

Die mögliche Ausrichtung der Sommerspiele 2024 in Hamburg scheiterte am Votum der Bevölkerung. Mit 335 638

Neinstimmen gegenüber 314 468 Jastimmen votierten die Bewohner der Hansestadt im November 2015 gegen eine Bewerbung um die Olympischen und Paralympischen Spiele 2024. Da nutzte es Hamburg auch nichts, dass es sich zuvor intern gegen Berlin durchgesetzt hatte.

Bei der Bewerbung um Olympische Winterspiele sah die Bilanz nicht besser aus. München scheiterte bei der Abstimmung in Durban 2011 für die Spiele 2018 mit 25 : 63 an der südkoreanischen Region Pyeongchang.

Noch schlimmer waren nur die Coronaspiele von Peking 2022. München hatte auch für diese Austragung eine Bewerbung in Erwägung gezogen – schaltete diesmal aber einen Bürgerentscheid davor. Der ging im November 2013 nach hinten los, weil sich bei allen vier maßgeblichen kommunalen Abstimmungen (in München, Garmisch-Partenkirchen sowie in den Landkreisen Traunstein und Berchtesgadener Land) die Neinsager durchsetzten.

Berchtesgaden selbst hatte sich Jahrzehnte zuvor ebenfalls schon einmal für Winterspiele beworben und war bei der Abstimmung für Olympia 1992 mit 6 von 86 Stimmen krachend gescheitert und unter sieben Bewerbern als erster ausgeschieden.

Bleibt die Erinnerung an die Olympischen Spiele von München 1972 – die als „heitere Spiele“ konzipiert waren und dessen ikonografische Olympiaanlage noch heute Maßstäbe setzt.

Der palästinensische Terroranschlag auf israelische Sportler, bei dem siebzehn Menschen ums Leben kamen, überschattete die Veranstaltung. Dennoch gelang es der damals jungen Bundesrepublik, sich von den Berliner Nazispielen des Jahres 1936 zu emanzipieren.

Nach den hochwertigen und stimmungsvollen European Championships 2022 wurde nun der Ruf wieder laut, den Olympiapark von 1972 in München auch in Zukunft wieder als olympisches Gelände zu nutzen. Niklas Kaul hat dazu folgende Meinung.

> *„Es ist die Frage, wie sich Olympia entwickelt. Bis 2032 sind die Spiele vergeben. Mich würden Olympische Spiele in einer Stadt interessieren, in der die vorhandene Infrastruktur ausgebaut und auch nach den Spielen weiter genutzt werden kann. Ich halte nichts davon, Olympische Spiele auszurichten, dafür großartige Sportanlagen zu bauen, die danach brach liegen. Von diesen ‚weißen Elefanten' gibt es schon viel zu viele in der Welt. Ich glaube aber, dass es, wie wir bei den European Championships im Kleinen gesehen haben, schön sein kann, mit vielen Sportarten zusammen in Deutschland internationale Meisterschaften zu erleben."*

Das Versprechen

Von all den erfolgreichen und populären deutschen Zehnkämpfern – von Olympiasieger Willi Holdorf über Weltrekordler Jürgen Hingsen bis zum deutschen Rekordhalter Leo Neugebauer – hat nur ein einziger zwei Titel gewonnen: Niklas Kaul. Nur er war Welt- und Europameister. Welcher Titel ist ihm wichtiger?

„Die Titel sind nicht vergleichbar. Weil die Ausgangssituation jeweils eine ganz andere war. Der WM-Sieg in Doha war eine Riesenüberraschung. In München war es so, dass ich mich nach einer Zeit, in der es nicht so gut lief, darin bestätigt sehe, dass mein Weg doch der richtige ist. Und ich bin wahnsinnig erleichtert, dass es wieder so gut funktioniert hat. Der EM-Sieg ist für mich der emotional wichtigere Titel."

Erst Überraschungsweltmeister, dann Emotionseuropameister – was soll da noch kommen?

„Ich weiß nicht. Was gibts denn noch?"

Nun ja, Olympia zum Beispiel. Und mit den Ringespielen hat er noch eine Rechnung offen. Tokio verlief enttäuschend für ihn. In Paris 2024 wird er mit 26 Jahren im besten Wettkampfalter sein. Auch Los Angeles 2028 könnte für ihn mit dann dreißig Jahren noch interessant sein. Es gilt also: volle Konzentration auf Paris.

2024 will Kaul nur zwei volle Wettbewerbe bestreiten: die Leichtathletikeuropameisterschaften in Rom am 10. und 11. Juni, dort möchte er seinen Titel verteidigen, und schließlich den Zehnkampf im Pariser Olympiastadion, wo am 2. und 3. August 2024 der neue König der Athleten gesucht wird.

Niklas Kaul kann nicht in die Zukunft schauen, aber er gibt ein Versprechen: *„Ich werde mein Bestes geben, in Paris in noch besserer Form zu sein als in Doha."*

Epilog

Frank Busemann: „Zehnkampf ist geil"

Auch wenn seine Zeit als aktiver Zehnkämpfer nicht allzu lange andauerte, bleibt Frank Busemann als Zehnkampferklärer bis heute eine der prägenden Figuren der deutschen und internationalen Zehnkampfszene. Grund genug, ihn um eine Einschätzung der gegenwärtigen Situation zu bitten.

Welche Persönlichkeitsstruktur sollte man mitbringen, um Zehnkämpfer zu werden?
Man braucht Leidensfähigkeit, Neugier und Interesse an Vielseitigkeit. Man sollte offen sein für neue Dinge. Und braucht Geduld, weil es nie perfekt wird.

Wie geht man damit um, dass man so viel investiert und gleichzeitig weiß, dass man nie perfekt sein wird in dem, was man tut?
Das ist die Naivität des Zehnkämpfers. Er arbeitet darauf hin, dass er irgendwann den perfekten Zehnkampf abliefert, daran glaubt er, davon ist er überzeugt. Auf der anderen Seite weiß er, dass es kaum möglich ist. Aber das ist ja auch das absolut Geniale am Zehnkampf. Es ist das Streben nach

Perfektion, die man hofft zu erreichen, auch wenn es unfassbar schwer ist. Das ist die hohe Kunst der Naivität: dass man an der Startlinie steht und hofft: Die nächsten zwei Tage mache ich meinen perfekten Zehnkampf.

Und wie gestaltet man angesichts der Herausforderungen sein Training? Wie schafft man es, zu portionieren, dass man gut vorbereitet und nicht überfordert ist?
Das ist bei jedem Athleten individuell. Was braucht er? Wie ist er belastbar? Braucht er mehr Ruhe, braucht er mehr Zuspruch? Ist das ein technischer Athlet? Ist er schnellkräftig? Das kann man nicht verallgemeinern. Aber eine Grundlage muss gelegt werden, eine möglichst breite Basis. Und dann muss man gucken: Wo holt er die meisten Punkte? Welche Disziplinen stelle ich in den Fokus? Und welche Disziplinen schludere ich so durch?

Wie viel muss man trainieren?
Das fragen mich immer ganz viele Menschen: Zehnkampf, da muss man doch so viel trainieren! Aber ich sage: Körperlich trainieren wir nicht mehr als ein 100-Meter-Läufer. Jeder Athlet, egal ob er Weitsprung, Kugelstoßen oder 100-Meter-Lauf macht, belastet seinen Körper zu hundert Prozent. Mehr geht nicht. Und dann muss der Körper regenerieren und superkompensieren. Da gilt es anzusetzen. Dementsprechend können wir nicht so in die Feinheiten reingehen, wie das etwa ein Stabhochspringer bei den Spezialisten macht, der jeden zweiten Tag dreißig Sprünge macht. Dafür haben wir keine Zeit.

Also, was tun?
Du musst nach deiner persönlichen Struktur in der Punkteverteilung und den eigenen Fähigkeiten gucken. Wenn du einen Strich drunter machst, was kann ich am besten?

Was würden Sie Niklas Kaul raten?
Niklas Kaul muss nicht gucken, dass er seine Punkte über die 100 Meter holt. Er muss schnell laufen, weil das der Zubringer für alles andere ist. Aber das ist nicht der Hauptpunktegeber.

Das werde ich auch oft gefragt: Wo gibts die meisten Punkte? Ich sage: Das ist egal. Wenn ich die 1500 Meter eine halbe Minute schneller laufe als alle anderen, dann ist das genau meine Disziplin, obwohl die erst mal nicht so viele Punkte gibt wie der Weitsprung oder der Hürdenlauf.

Soll man seine Stärken stärken oder Schwächen ausmerzen?
Wenn du die Stärken normal ausspielst, dann ist das Sozialismus in persönlicher Form. Wenn wir alle gleich sind, stichst du durch nichts mehr hervor. Du musst deine Stärken stärken – und die Schwächen erträglich halten, ohne dass sie so schwach sind, dass sie dich reinreißen. Wenn du natürlich nur 9 Meter kugelstößt, dann solltest du darüber nachdenken, dich auf die Bank zu legen und ein bisschen mit der Hantel zu arbeiten. Aber es gibt Athleten, die können halt nicht so gut kugelstoßen. Die können pumpen, wie sie wollen. Die haben dann irgendwann 10 Kilo mehr Muskelmasse drauf und können die Kugel vielleicht einen Meter weiter wegschubsen, aber springen

gleichzeitig einen halben Meter weniger weit, weil sie schwerer sind. Das ist auch nicht zielführend. Deswegen muss ich individuell schauen, was macht mich persönlich stark. Meine Maxime ist: Mit den Stärken müssen wir wuchern, das macht uns besonders. Und die Schwächen dürfen wir nicht vergessen. Deshalb sprechen wir vom Zehnkampf, nicht vom Achtkampf. Wir können nicht sagen: Ich nehme zwei Joker.

Das mit dem Joker klingt spannend. Gab es schon mal die Idee, eine Jokerdisziplin einzusetzen, so als Streichresultat?
Nein, das wäre ja langweilig. Nein, da müssen alle durch.

Hat man die Punkte im Kopf während des Wettkampfs? Rechnen Sie während des Wettkampfs?
Ich habe das schon gemacht. Ich war ein sehr zahlengesteuerter Athlet. Der Kaul aber sagt, er macht acht Disziplinen oder neun, und dann guckt er, was er laufen muss. Neugebauer sagt das auch. Der macht sich nicht ganz so viele Gedanken über Punkte und Leistung. Der macht einfach. Das hat den Vorteil, dass du keinen Störfaktor hast, keinen Stressor, der dich pickelig macht, wenn es bei dir nicht so richtig läuft oder wenn dein Konkurrent plötzlich eine Höhe höher springt, als er normal schafft. Aber ich habe das immer auch als Ansporn gesehen.

Das ist ebenfalls typabhängig. Die Athleten heute konzentrieren sich, glaube ich, mehr auf sich selbst. Was in der Grundidee nicht verkehrt ist.

Hat sich die Generation der heutigen Athleten denn verändert im Vergleich zu Ihrer Zeit oder zu den Helden von früher?

Von der Psyche her würde ich das gar nicht so sagen. Du bist aus freien Stücken Zehnkämpfer geworden. Du hast eine bestimmte Intention und Lust an der Vielseitigkeit. Das ist ein ähnlicher Schlag Mensch. Das sieht man zum Beispiel an der obligatorischen Ehrenrunde – die wird aus voller Überzeugung von den Athleten gemacht. Dieses respektvolle Abklatschen vorher und nachher, das ist in der DNA des Athleten einfach drin. Wenn du Zehnkämpfer wirst, dann bist du so.

Was die Herangehensweise angeht: Da sieht man schon Veränderungen. Es wird schneller gesprintet. Es wird besser stabhochgesprungen. Das liegt aber auch an der Erkenntnis: Woher kriege ich meine Punkte? Bisschen mehr Aufwand im Stabhochsprung, dann kann ich zwei, drei Höhen gut machen, dann sind das 60 oder 90 Punkte. Da musst du dann abwägen, Aufwand und Ertrag. Und dann entscheiden.

Sind Zehnkämpfer tatsächlich die Könige der Athleten?

Der Zuschauer sagt das, wir Zehnkämpfer sagen das. Und die Spezialisten, die lachen dann immer. Die sagen: Ihr könnt alles nur so ein bisschen, aber nichts richtig. Das ist eine Grundsatzfrage.

Wenn man sieht, wie der Zehnkämpfer aussieht und wie er sich bewegt, wirkt das manchmal ein bisschen unbeholfen. Nehmen wir mal Damian Warner im 100-Meter-Lauf aus – so elegant, wie der läuft.

1500 Meter in 4:30 – sieht scheiße aus, ist aber wahnsinnig schnell. Da kommt kaum ein Freizeitläufer mit. Meine Frau sagt immer im Spaß: Bei euch würde ich nicht mal eine Runde mitkommen. Und ich sag dann: Du würdest nicht mal 100 Meter mitkommen.

Für Hobbyläufer sind 5 Minuten das Maß, allerdings für 1000 Meter.

Und das Problem ist: Wir sind doppelt so groß wie die 1500-Meter-Läufer, aber die sind eine Minute schneller. Wenn kleine Menschen sich bewegen, sieht das immer schneller aus als bei großen. Deswegen sieht das bei Zehnkämpfern immer aus, als würden wir joggen. Wenn ich mich habe joggen sehen, da hab ich immer gedacht: Warum laufe ich denn nicht? Warum bin ich so langsam? Wenn ich auf der Bahn war, dachte ich immer: Mann, bin ich heute schnell.

Trotzdem König?

Der Zehnkämpfer an sich, der muss so viel machen! Und das hat auch im Ansehen der Zuschauer eine hohe Strahlkraft. Laufen, werfen, springen: Die meisten haben früher alles mal gemacht. 100 Meter, Weitsprung und Ballwerfen kann jeder. Aber dann kommen noch sieben Sachen dazu. Die Leistung, die gezeigt wird, ist schon exorbitant.

Jeder, der es mal selbst gemacht hat, diese Anstrengung auch zu erleben, das ist ein unglaubliches Gefühl. Diese zwei Tage. Diese Anspannung, Entspannung, warm machen, Wettkampf, Pause machen, essen. Sich drauf vorbereiten. Nächste Disziplin. Diese Vielseitigkeit hat eine hohe Emotionalität. Das ist von der mentalen Seite eine Herausforderung. Das ist von der Begeisterung für die Bewegung großartig. Das wird nie langweilig. Also weder im Training noch im Wettkampf.

Würden Sie sagen, es nutzt im Alltag, wenn man so vielseitig unterwegs ist?
Ja, klar. Du lernst die Leidensfähigkeit. Du lernst es, dich breit aufzustellen, du weißt, dass Lamentieren nichts bringt. Wenn du im Weitsprung drei Scheißversuche hingelegt hast, kannst du nicht sagen: Ich fahr jetzt nach Hause. Es kommen noch acht Disziplinen.

Und das ist im Alltag genauso?
Das ist im Alltag genauso: Du hattest ein schlechtes Gespräch, dann wartet der nächste Kunde. Maulst du den an, weil du mies drauf bist? Nein, du musst den genauso bearbeiten, mit hundert Prozent, wie du das immer machen würdest. Der Zehnkampf ist eine Schule fürs Leben.

Würden Sie sagen, Nervenstärke ist die elfte Disziplin oder eher Schmerztoleranz?
Beides. Klar. Wenn du den Schmerz nicht liebst, bleibe zu Hause, Zehnkampf tut weh. Zehnkampf setzt sich zusammen aus dem Wort „zehn" – das ist viel – und „Kampf" – das tut weh. Und deswegen musst du dir im Klaren sein, dass du an Schmerzgrenzen und darüber hinausgehst. Wenn es ohne Schmerzen geht, ist das super, aber spätestens bei den 1500 Metern am Ende musst du dich überwinden.

Und Nervenstärke?

Nervenstärke ist das A und O. Das zeigt Niklas Kaul immer wieder. Die anderen werden nervös, und er springt genau dahin, wo die Goldmedaille liegt. Kevin Mayer fliegt bei der WM in Doha als Favorit raus: Die anderen kriegen schlottrige Hosen, und er macht den Sack zu.

Man sagt eigentlich, ein Zehnkämpfer ist erst mit 25 ausgereift. Weil er dann mit allen Widrigkeiten umgehen kann, die auf dem Weg lauern. Wenn du auf einmal vorne liegst, fängst du an nachzudenken. Dann denkst du: Jetzt muss ich genau so weitermachen, dann gewinne ich und hole Gold – und das ist schon der Anfang vom Ende. Und wenn du es nicht schaffst, Rückschläge zu verarbeiten, kannst du nicht gewinnen – und Rückschläge werden kommen. Keiner schafft einen Zehnkampf zu hundert Prozent. Und auch wenn es nur Nuancen sind. Es kommt schnell eine gewisse Enttäuschung hoch. Das musst du akzeptieren. Und sagen: Okay, weiter gehts, ich habe noch vier Chancen – und nicht: Ich habe nur noch vier Disziplinen und weiß nicht, wie ich die fehlenden Punkte kompensieren soll.

Die besten Disziplinen von Niklas Kaul liegen ganz am Ende, das Speerwerfen und der 1500-Meter-Lauf, das sind die Disziplinen neun und zehn. Das heißt: Am Anfang verschwindet er unter dem Radar. Aber er muss von vornherein cooler sein als die anderen, weil er immer als Letzter startet.

Ja genau. Und das zeichnet ihn auch aus. Er war froh, dass er in München gezwungen war, alles aus sich rauszuholen.

Wenn ich an der Linie stehe und weiß, ich muss jetzt in den dunkelroten bis schwarzen Bereich laufen – das macht Angst. Aber er nimmt diese Challenge an und sagt: Das ist geil. Und genau das macht diese Zehnkämpfer auch aus. Sich dahin zu stellen und draufloszurennen, und 1500 Meter sind wirklich nicht unsere Disziplin. Nein. Auch wenn Niklas Kaul das gut kann, ist das nicht seine Disziplin. Wenn das seine Disziplin wäre, würde er Ingebrigtsen heißen, Norweger sein, 3:30 Minuten laufen und das Maß der Dinge über diese Distanz sein. Aber er stellt sich an die Linie und sagt: Ich finde es geil, dass ich gezwungen bin, in den schwarzen Bereich zu laufen.

Und ist das auch die Persönlichkeitsstruktur, die ihn zum potenziellen Olympiasieger machen wird?

So weit würde ich nicht gehen. Das wäre zu viel Erwartung. Es ist ein unfassbarer Druck, der auf ihm lastet. Europameister zu werden nach dem WM-Titel – das war schon der Hammer. Und jetzt heißt es: Der ist Europameister, der ist Weltmeister … Olympia hat immer noch seine eigenen Gesetze.

Man muss erst mal schauen, ob die Jungs durchkommen. Wir haben eine sehr hohe Fehlerwahrscheinlichkeit auf dem Weg zum Ziel. Seien es Verletzungen, seien es krass schlechte Disziplinen. Und das macht es eben auch so interessant. Das ist ein Ritt auf der Rasierklinge. Du musst volles Risiko gehen, du musst dieses Risiko aber beherrschen. Es kann mit einem Fehler über die Hürden alles zu Ende sein. Eine Unachtsamkeit in diesen zwanzig Stunden, in denen man auf dem Sportplatz rumhängt, macht alles kaputt.

Ist es denn nicht sehr schade, dass man nur zwei, drei Wettkämpfe im Jahr machen kann?

Ja, klar. Aber das macht den Zehnkampf so besonders. Das macht ihn einzigartig. Wenn wir jede Woche so ein Ding machen könnten, würden wir sagen: Ist doch egal. Aber: Mit was für einer mentalen Fokussierung man auf diese zwei Tage hinarbeitet. Wie viel Energie sich in diesem Körper aufstaut, die dann entladen werden muss. Und wenn wir die in diesen zwei Tagen nicht rauslassen können, dann explodieren wir. Das ist total schlimm für einen Athleten, wenn er irgendwann verletzt ausscheiden muss oder mit drei ungültigen Versuchen rausfliegt. Weil er so viel Energie für diese zehn Disziplinen aufgestaut hat und die dann nicht rauslassen kann. Der weiß gar nicht, wohin damit. Und das macht es eben auch so einzigartig. Es ist nicht beliebig. Es gibt nur diese Chance. Zwei Tage, da musst du alles reinstecken. Big Stage. *Zehnkampf ist geil.*

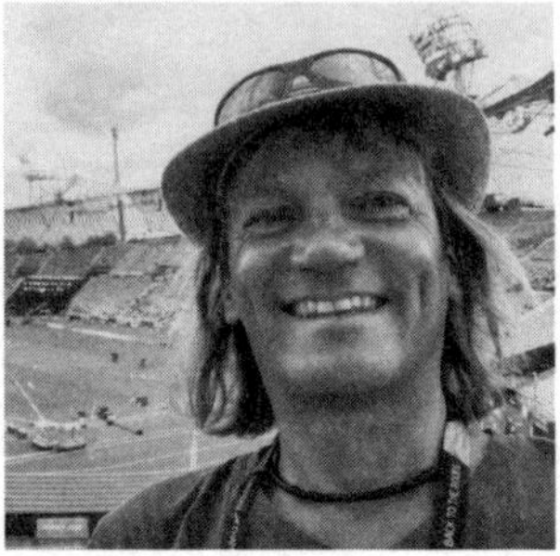
© Achim Dreis

ZUM AUTOR

Achim Dreis, geboren 1969 in Rüdesheim am Rhein, studierte Sport, Journalistik und Publizistik. Er war Talkshow-Redakteur und arbeitete für das Sportfernsehen und Lokalzeitungen. Seit 2008 widmet er sich als Sportredakteur bei der F.A.Z. faszinierenden Sportdisziplinen im Schatten des Fußballs wie Ski alpin, Beachvolleyball, Fechten, Judo, Curling und Leichtathletik.

IMPRESSUM

Projektkoordination und Lektorat: *Dr. Marten Brandt*
Layout und Satz: *Datagrafix GSP GmbH, Berlin | www.datagrafix.com*
Gestaltung von Umschlag und Bildstrecke: *Groothuis. Gesellschaft der Ideen und Passionen mbH | www.groothuis.de*
Lithografie: *Frische Grafik, Hamburg*
Druck und Bindung: *GGP Media GmbH, Pößneck*

1. Auflage 2024

Neumühlen 17
D-22763 Hamburg
ISBN: 978-3-98588-077-5

LIEBE LESERINNEN, LIEBE LESER

wie schön, dass Sie ein Buch von EDEL SPORTS lesen! Wir lieben große Geschichten, herausragende Persönlichkeiten und starke Meinungen aus der faszinierenden Welt des Sports und freuen uns sehr, dass Sie diese Leidenschaft mit uns teilen. Sport ist Emotion, Entertainment und Business zugleich. Geben Sie uns gern Ihr Feedback auf Instagram (@edel.sports) oder schreiben uns an: *info@edelsports.com*

UNSER VERLAGSHAUS

Mit Standorten in Hamburg und München zählt die Edel Verlagsgruppe zu den größten unabhängigen Buchanbietern Deutschlands. Zur Gruppe gehören die Verlage Dr. Oetker Verlag, Edel Sports, KARIBU und ZS.

EDEL Sports – Ein Verlag der Edel Verlagsgruppe
www.edelsports.com
www.instagram.com/edel.sports